어느 날 나는 그들이 궁금해졌다

TALES FROM A TRAVELING COUCH
Copyright © 1995 by Robert U. Akeret

Published in agreement with the author, c/o BAROR INTERNATIONAL, INC.,
Armonk, New York, U.S.A. through Danny Hong Agencyt, Seoul, Korea.
Korean-language edition copyright © 2019 by The Coveted Book

어느 날 나는
그들이 궁금해졌다

초판 1쇄 인쇄 2019년 1월 7일
초판 1쇄 발행 2019년 1월 14일

지은이 로버트 U. 아케렛
옮긴이 이길태

펴낸이 이효원
편집인 음정미
디자인 유경희
펴낸곳 탐나는책
출판등록 2015년 10월 12일 제 2015-000025호
주소 인천광역시 연수구 원인재로 180
전화 070-8279-7311   팩스 032-232-0834
전자우편 tcbook@naver.com
ISBN 979-11-89550-09-7 03180

이 도서의 국립중앙도서관 출판시도서목록(CIP)은 서지정보유통지원시스템 홈페이지(http://seoji.nl.go.kr)와
국가자료공동목록시스템(http://www.nl.go.kr/kolisnet)에서 이용하실 수 있습니다. CIP제어번호: 2018039507

어느 날 나는
그들이 궁금해졌다

로버트 U. 아케렛 지음

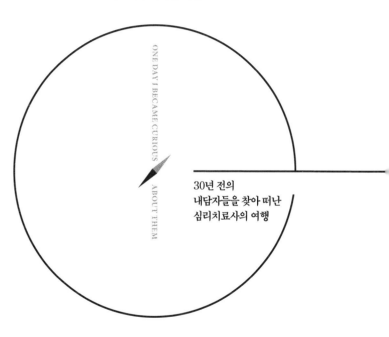

ONE DAY I BECAME CURIOUS ABOUT THEM

30년 전의
내담자들을 찾아 떠난
심리치료사의 여행

탐나는책

올리버 색스가 '아내를 모자로 착각한' 뒤로 나는 이렇게 지적이고, 재치 있고, 치료라는 주제를 정신적으로 건전하게 탐구한 책을 읽어 본 적이 없다. …… 어린 시절에 겪은 학대에서 가학피학성애, 살인, 공상, 집착에 이르기까지 사례 연구를 읽다 보면 스티븐 킹의 스릴러 소설을 읽는 기분이 든다. 사실이 소설보다 더 황당무계하다.
〈버밍엄 포스트〉

심리치료사 로버트 U. 아케렛은 가장 기억에 남는 내담자 다섯 명의 이야기를 간결하게 제시한다. 그런 다음 내담자들이 어떻게 지내는지 알아내려고 무려 30년 뒤에 내담자들을 찾아간다. 등장인물들은 기이하고, 상상을 초월하며, (한 명을 제외하고) 굉장히 가슴을 아프게 한다.
〈뉴 우먼〉

눈을 못 떼게 하는 이야기. 『나는 사랑의 처형자가 되기 싫다』 이후로 심리치료의 드라마와 마법을 아주 아름답게 포착한 책이 없었다. 아케렛의 이야기는 치료를 받은 뒤에 내담자의 삶이 어떻게 달라졌는지 우리에게 알려줌으로써 새로운 지평을 열었다.
일레인 마즐리시, 『천사 같은 우리 애들 왜 이렇게 싸울까?』의 공동 저자

정말 유쾌하게 잘 쓴 이 회고록은 대학에서 심리학 입문 강좌를 듣는 사람이라면 누구나 흥미를 느낄 책이다.
〈라이브러리 저널〉

무엇보다도 이 책은 심리치료 과정에 바치는 헌정 도서이다. 자칫 이 이야기는 정신적으로 괴짜인 사람들의 나열, 특이한 사례 연구의 열거 혹은 자아를 노련하게 구슬린 사례를 모아 놓은 성공담으로 그칠 수도 있었다. 그러나 아케렛의 진실한 의도에 맞물려 오히려 아케렛이 내담자들을 통해 교훈을 얻는 이야기로 탈바꿈했다. 그 결과 독자들에게 멋진 여행기를 선사한다.
〈더 타임스〉

아케렛은 통찰력 있고 자극적인 여행으로 우리를 안내한다. 덕분에 가장 기억에 남는 내담자 다섯 명의 삶을 30년을 건너 뛰어 아케렛과 함께 들여다보며 정신분석을 통해 더 나은 삶을 끊임없이 추구하는 일이 과연 가능한지를 놓고 새로운 차원에서 대화를 나누지 않을 수 없게 한다.
도나 잭슨, 『여자들을 위해 이 세상을 더 나은 곳으로 만드는 방법』의 저자

나의 내담자들,
나의 선생님들에게

― 로버트 U. 아케렛

차례

"나에게 정신분석은 두뇌를 영리하게 가동시키는 것 이상의 것을
의사에게 요구하는 아주 중요한 기술이다.
치료를 하는 과정에는 또한 심장도 개입된다.
인간의 감정이 기술의 의식과 신조보다 우위에 설 때가 있다."

— 로버트 린드너 『50분의 시간』

"인간이라는 주제, 즉 고통받고 괴로워하고 싸우는
인간적 주제를 중심에 다시 놓으려면
우리는 사례 기록을 깊이 있는 서술이나 이야기로 기술해야 한다.
그래야만 우리는 하나의 '무엇'은 물론이고
하나의 '누군가', 즉 하나의 진정한 사람을 얻게 된다."

— 올리버 색스 『아내를 모자로 착각한 남자』

프롤로그: 이야기의 결말을 찾아 떠난 여행

내 말을 따르라는 게 아니에요.
당신 자신을 따라가 보세요.

— 조지 그로텍, 『It에 관한 책』의 저자

심리치료를 하다 보면 아주 답답한 점이 한 가지 있다. 이야기의 결말을 도무지 알 수 없다는 것이다.

내담자가 마지막 치료를 받고 치료실 밖으로 나가버리면 그걸로 끝이다. 그 뒤에 펼쳐질 내담자의 인생이 내게는 수수께끼로 남을 뿐이다.

내담자를 치료한다는 것은 결국 삶의 대안을 제시하는 것이다. 내담자가 내 도움을 받고자 하는 이유는 여러 가지일 것이다. 정신적으로 고통스럽거나 결혼 생활이 파탄 났을 수도 있다. 혹은 난데없이 이런저런 목소리가 들려서 괴로울 수도 있다. 그러나 근본적으로 내담자가 추구하는 것은 새로운 삶이다. 이전보다 더 낫고 더 만족스러운 삶. 나는 그 삶의 대안이 무엇이 될 수 있을지, 그리고 내담자가 새로운 삶을 써나가도록 어떻게 도울 수 있을지 그림을 그리며 치료를 시작한다. 그러나 내담자가 스스로 새로운 삶을 헤쳐나갈 수 있을 만큼 강해졌다 싶을 즈음, 즉 새로 써내려간 삶을 마침내 실전에 옮길 준비가 되면 나는 그 연극을 더 이상 볼 수 없게 되는 것이다.

연극은 어떻게 전개되었을까?

자신을 스페인 백작부인이라고 믿기로 했던 여자의 정체성은 과연 흔들리지 않았을까? 서커스단의 곰에게 성적으로 이끌렸던 남자는 또다시 그런 심리적 성향에 휩싸이진 않았을까? 남자는 자신의 결혼을 끈질기게 반대하는 어머니를 거역했을까? 남자는 또 다른 소설을 썼을까? 여자는 다시 '살인'을 저질렀을까?

무엇보다도 내담자들은 만족스러운 삶을 살았을까? 더 이상 바랄 게 없었을까?

애당초 내담자들이 내 치료실에 발을 들이지 않았다면 더 만족스럽고 더 완벽한 삶을 살았을까?

내게는 내담자들이 들려준 이야기의 서막만 있을 뿐 결말은 없다. 마치 내 서재에 있는 모든 소설책의 마지막 페이지가 뜯겨 나간 듯한 기분이라고 할까. 내 호기심도 충족되지 않았을 뿐 아니라 미관상으로도 영 좋지 않은 모양새가 된 심정이다.

하지만 내가 느끼는 답답함은 그 정도가 아니라 훨씬 더 심각하다. 내담자들이 자신의 삶을 돌아보고 바꾸도록 돕는 일을 내가 평생 했다고 하자. 내가 그들의 인생에 도움이 되었는지 안 되었는지 어떻게 알 수 있을까? 내담자들이 치료가 끝난 뒤에 어떻게 되었는지 모른다면 그 여부를 무슨 수로 알겠는가? 최종 분석을 하지 않으면 내 평생 쏟은 일이 성공적이었는지 훗날 판단할 길이 없다.

결말을 모르는 상황에서 치료가 조금이라도 효과가 있다고 믿는 건 가당치 않다. 일반적으로 내담자가 처음으로 치료실에 들어올 때 그의 성격과 거기에서 비롯되는 모든 문제는 아주 오랜 시간을 살면서 축적된 결과이다. 그러니 치료사와 내담자 둘이서 불과 몇백 시간, 아니 그것보다도 더 적은 시간을 들여 심리치료를 한다고 해서 진정한 변화가 일어나기를 바랄 수는 없는 노릇이다. 여기서 변화란 내담자의 뼛속 깊은 변화, 즉 단순히 행동이 '개선'되는 것에 그치지 않고 삶의 방식이 근본적으로 바뀌는 것을 의미한다.

그런 근본적인 변화가 과연 가능할까 의문이 들겠지만 그런 일이 실제로 일어난다. 나는 치료를 받고 효과를 본 내담자들을 직접 보았다. 자신이 망상에 사로잡혀 있다는 것을 깨닫고 강박관념을 버리고 공포증을 극복한 사례를 본 적이 있다. 지독하게 불행한 삶에서 벗어나 새로운 삶의 언어를 배우는 사람들도 거듭 보았다. 지난 30년에 걸쳐 이런 특별한 기적이 일어나는 것을 본 것만 해도 수백 번은 될 것이다.

그러나 그러한 기적이 지속될까? 그러한 변화가 계속될까? 내가 등을 돌리는 순간 그 모든 것이 없던 일이 되어버리진 않을까? 심리치료를 받기 전까지 수십만 시간 동안 축적된 힘이 다시 영향력을 발휘해 우리가 싸워 이룩한 모든 것을 무너뜨리진 않을까?

갖가지 심리치료의 효과에 관한 추적 연구는 분명 굉장히 많다. 대부분은 치료가 끝나고 일 년 뒤에 내담자에게 보낸 설문지 응답을 기초로 한다. 내가 가장 좋아하는 연구 중의 하나는 내담자 중심 요법으로 치료를 받은 집단과 친구 삼으라고 개를 분배받은 통제집단을 비교하는 것이다. (두 집단 사이에는 아무런 차이점도 나타나지 않았다.) 물론 이러한 연구가 내 내담자들에 관한 어떤 정보를 내게 알려주는 것은 전혀 아니다. 더욱이 개인의 삶을 대상으로 하는 심리치료에 통제집단이 있을 수는 없다. 의미 있는 통제는 우리의 정신과 상상 속에 있을 따름이다. 가령 이런 질문 말이다.

이것이 내가 바라던 삶인가?

이것이 내가 피하고 싶었던 삶인가?

나는 강박적인 치료사이다. 내담자들에 대한 생각을 한시도 멈추지 않는다. 나는 나처럼 어린 시절에 대격변기를 보내며 고통을 겪은 내담자들에게 나도 모르게 끌린다. 내가 심리치료사 일이 특별히 적성에 맞는다면 다음과 같은 이유 때문이다. 나는 인간과 관련된 일이라면 뭐든 받아들일 준비가 되어 있다. 강박관념이나 망상, 공포, 의심에 사로잡힐 수도 있다고 생각한다.

그래서 결국 내가 몹시 답답해하는 것은 단순히 심리치료의 효과 여부를 입증할 과학적인 자료가 없다는 사실보다는 훨씬 더 개인적이고 고통스런 이유 때문이다. 치료에 성공하려면 치료 과정에서 심리치료사와 내담자 사이가 어느 정도 친근해져야 한다. 그런 친근감은 듣기만 해도 머리가 지끈거리는, 전이(내담자가 과거에 중요한 대상과의 관계에서 경험했던 감정이나 환상을 상담자에게 치환하는 것_옮긴이)와 역전이(심리치료 과정에서 치료사가 내담자에게 느끼는 감정의 총체_옮긴이)라는 전문적 용어로는 설명할 수 없는 것이다. 사실 나 자신과 내담자들 사이에는 헌신적으로 애정 어린 유대가 형성되는 것이 보통이다. 그래서 내담자가 마지막 치료를 받고 진료실에서 나가 버리면 마치 다 키운 자식을 집에서 떠나보내는 기분이 든다. 그럴 때면 아주 기쁘기도 하면서 서운한 감정이 들기도 한다. 그날은 우리가 목표 지점으로 삼아 줄곧 달려온 순간이다. 하지만 바로 그 순간에 두려움이 나를 엄습한다. 두 번 다시 내담자에게 아무 소식도 듣지 못할 것이라는 두려움이다. 그것은 가슴 아픈 일이다.

　나는 최근에 예순여섯 살이 되었다. 그 나이가 되자 내 동년배들 중 많은 이들이 낡은 졸업앨범과 바랜 편지를 뒤적이며 오래전에 연락이 끊긴 친구들과 애인들에게 마구잡이로 전화를 한다. 과거에 존재했던 것과 과거에 가능했을 수도 있던 일, 즉 그들의 대안이 되는 삶을 되짚으며 과거의 편린을 찾는 것이다.

그들과는 달리 나는 오로지 한 가지 질문에 사로잡혀 있다. 나에게 심리치료를 받은 내담자들은 어떻게 살고 있을까?

나는 작년부터 내담자들 중 몇 명을 찾기 시작했다. 미국과 유럽 전역에 있는 내담자들에게 밤늦게 무작정 전화를 걸었다. 심리치료에서는 초대받지도 않았으면서 내담자의 삶에 불쑥 개입하지 않는 것이 절대 원칙이다. 그렇지만 세월이 어느 정도 흘렀기 때문에 그 원칙에 더 이상 얽매일 필요가 없다고 결론을 내렸다. 그리고 통화를 하면서 내담자가 조금이라도 주저하는 기색이 보이면 더 이상 미련을 갖지 않기로 나 자신에게 약속했다. 그러나 그런 반응을 보이는 내담자는 아무도 없었다.

그리고 나서 지난 4월의 어느 화창한 봄날 아침에 나는 호기심과 불안감에 휩싸인 채 플리머스 보이저 호에 승선해 이야기의 결말을 찾아 떠나는 색다른 여행길에 올랐다.

오, 뿌리를 박고 서서 꽃을 피우는
커다란 밤나무여,
그대는 나뭇잎인가요? 꽃인가요?
아니면 줄기인가요?
오, 음악에 흔들리는 몸체,
오, 반짝이는 눈길,
춤과 댄서가 혼연일체가 된 그 속에서
어떻게 댄서를 구분할 수 있을까요?

— 윌리엄 버틀러 예이츠, 「학생들 사이에서」

나오미:
자신을 스페인 백작부인이라고
생각한 여자

◆

    나는 링컨 터널 중간에서 〈스케치스 오브 스페인〉을 테이프 재생기에 넣고 볼륨을 높였다. 그러자 캐스터네츠 소리가 여름 밤에 울어대는 매미들처럼 온통 내 주위에서 요란하게 딱딱거렸다. 그리고 나서 구슬픈 호른 소리가 간청하듯 흐느끼기 시작하더니 소리가 커지면서 승합차 안을 가득 채웠다. 그 곡은 60대 초반에 처음 들은 이후로 내가 가장 좋아하는 곡 중 하나였다. 마일스 데이비스의 우아한 연주로 감정을 가장 풍부하게 표현한 곡이었다. 그 곡은 스페인 민속음악의 가락에서 영감을 받은 호아킨 로드리고의 〈아랑후에스 협주곡〉에 흐르는 반복 악절을 마일스와 길 에반스가 연주한 것이다. 〈스케치스 오브 스페인〉을 인위적이고 거짓이라고 깎아내리는 순수주의자들이 있다. 진정한 민속음악의 표현 양식을 가볍게 흉내 냈다는 것이다. 내 생각은 다르다. 데이비스는 음악적 재능을 갈고닦아 그 표현 양식의 정수를 익혔고, 그 부분을 잘 살려서 연주했다. 심리치료사인 나 역시 정신분석학이라는 분야에서 결코 순수주의자라고 볼 수는 없다. 심지어 35년 전에 가장 정통적인 학설인 프로이트의 심리학을 새로 머릿속에 잔뜩 주입하고 대학원을 막 졸업했을 당시에도 그랬다.

    바로 앞에 눈부신 햇빛이 내리비치는 아치가 나타났다. 나는 가속 페달을 밟아 터널에서 빠져나와 경사로를 빙 돌면서 미소를 지었다. 오른편에 있는 허드슨 강 건너편에 맨해튼이 어렴풋이 반짝였다. 나는 이사벨라 코르테즈의 집이 있는 마이애미로 가는 길이었다. 이사벨라 코르테즈의 결혼 전 이름은 나오미 골드버그였다. 나오미는 내가 뉴욕 시티 칼리지의 상담사 겸 심리치료사로 처음 일하게 되었을 때 만난 첫 내담자들 중 한 명이었다.

나는 35년이 넘는 세월 동안 나오미에 대해 수백 번씩 생각하곤 했다. 나오미는 잊지 못할 선생님 혹은 첫사랑처럼 내 머릿속에 깊이 각인되어 있었다. 나오미는 처음부터 나를 시험했다. 내가 새로 습득한 심리학 지식과 기술뿐만이 아니라 생각의 유연성과 정신의 독립성, 즉 패기를 시험했다. 나오미는 낙제할까봐 늘 마음을 졸였던 시험과도 같은 내담자였다.

나오미는 내 여행 일정의 첫 목적지였다.

가는 길은 복잡하지 않았다. 서로 연결되어 있는 공원 도로, 대서양 해안을 따라 뻗은 유료 고속도로를 달리기만 하면 되었다. 비행기를 탈 생각은 하지도 않았다. 필요한 물건은 전부 승합차 안에 있었다. 테이프 덱, 기록용 녹음기, 공책, 사례사가 가득한 상자, 기타. 나는 백미러로 내 모습을 올려다보았다. 활짝 웃고 있는 듯한 벗겨진 머리가 눈에 들어왔다. 맙소사, 그러고 보니 젊은 시절 이후로 아내나 아이들, 혹은 손자들 가운데 아무도 대동하지 않고 이렇게 혼자 여행을 하는 건 이번이 처음이었다. 기분이 들뜨기도 했지만 조금 불안하기도 했다. 나는 마일스 데이비스 곡의 볼륨을 더 크게 높였다. 그것은 마지막 수록곡으로 〈솔레아〉라는 제목의 플라멩코(에스파냐의 남부 안달루시아 지방에서 발달한 집시들의 민속음악과 무용예능을 가리키는 말_옮긴이)였다. 솔레아는 '외로움'을 의미하는 안달루시아어이다.

"나오미 골드버그 양은 강의실에서나 학생 활동에서나 분위기를 흐리고 도발적입니다. 행동과 옷차림도 굉장히 부적절하고요. 하루빨리 나오미 골드버그 양을 보셔야겠어요."
나오미에 대한 의뢰서는 마닐라지 봉투에 담겨져 나에게 왔다. 그 대학 학생관리과의 딘 예이츠가 보낸 것이었다. 편지의 하단에는 내 상사인 학생 상담 지도교수 브리스코 박사가 펜으로 적은 다음과 같은 메모가 있었다.

> 로버트, 이 내담자와 꼬박 한 시간 동안 이야기를 나눠 봐요. 고충이 조금 있을 겁니다.
>
> — 브리스코 박사
>
> 추신. 골드버그 양은 직업 상담 건으로 당신을 만나는 걸로 알고 있어요.

나는 추신에 거론된 것처럼 장래의 내 고객을 고의로 속였다는 사실에 화가 치밀었다고 말하고 싶지만 실은 그렇지 않았다. 화가 난다기보다는 호기심이 앞섰다. 그 당시에는 상담교사가 아주 부족했다. 그래서 거의 모든 상담이 25분으로 제한되어 있었다. 만성 우울증에 시달리거나 심한 알코올 중독증이 있는 학생들의 경우에도 예외가 없었다. 그런데 도대체 왜 나오미 골드버그 양은 꼬박 한 시간 동안 상담을 받아도 되는 걸까? 다른 학생들에게 얼마나 지장을 주기에 그럴까?

나는 골드버그 양과 약속된 첫 상담을 위해 무료 개인 사무실이나 빈 교실을 알아보았다. 그러나 장소를 구할 수가 없어서 어쩔 수 없이 내 개인 사무실에서 만나기로 했다. 수학과 교수들이 쓰는, 하나같이 좁은 사무실이 미로처럼 얽혀 있었는데 그 한가운데에 내 사무실이 있었다. 얇은 벽으로 둘러싸인 가로 6미터, 세로 6미터의 좁은 공간이다. 그 벽을 통해 느닷없이 속사포로 힘차게 혼잣말을 하는 소리가 종종 들리곤 했다. 'X의 Y, 다각형, 그리고 10을 10의 100 제곱한 수 등등.' 이곳은 마치 카프카의 헌신적인 추종자가 인간이 가장 친밀하게 교류할 수 있는 공간을 설계하라는 의뢰를 받아 만든 사무실 같았다.

정확히 오전 10시에 내 사무실의 버저가 울렸다. 내가 막 일어서려는 찰나에 나오미 골드버그가 들어왔다.

나오미가 아주 작은 내 사무실에 불쑥 들어온 순간 내 눈에 들어온 그 모습을 뭐라고 표현해야 할까? 단순히 매력적인 젊은 여자라는 말로는 부족했다. 나오미는 굉장히 아름답고 육감적인 미인이었다. 다리가 길고 검은 머리카락은 윤기가 났다. 내 사무실에 발을 들이자마자 내 눈과 마주친 검은 눈이 이글거렸다. 나오미는 당시 대부분의 여대생들에게 유행한 동그란 핀을 하거나 피터 팬 블라우스를 입지 않았다. 대신 몸에 딱 달라붙는 검정색 전신 레오타드(무용수나 체조선수가 착용하는 의복으로 신축성이 좋으며 몸에 꼭 붙는다_옮긴이) 위에 진홍색 양모 스웨터를 걸쳤다. 나오미는 엉덩이와 어깨를 흔들며 춤을 추는 것 같기도 하고 으쓱하는 것 같기도 한 몸짓으로 어깨를 치켜세우고는 미소를 지었다.

"음, 여기는 따뜻하네요, 선생님."

나오미가 잠긴 목소리로 말했다.

"이것 좀 벗어도 될까요?"

나오미는 대답을 기다리지도 않고 앞으로 팔을 엇갈려 스웨터 끝자락을 잡고 천천히 끌어올렸다. 처음에는 엉덩이를 들썩이다가 몸통을 꿈틀대며 스웨터를 벗었다. 레오타드 속에 브래지어를 착용하지 않은 게 분명했다. 나오미는 과장된 몸짓으로 스웨터를 바닥에 떨어뜨렸다. 그러는 동안 시선은 줄곧 내 눈에 고정되어 있었다. 나오미는 긴 머리카락을 흔들더니 의기양양한, 아니 반항적인 표정으로 다시 미소를 지었다.

그제야 나오미가 '강의실에서 지장을 줄 수도' 있겠다는 생각이 들었다.

그러나 나는 나오미의 등장에 눈부시기는 했지만 흥분을 하지는 않았다. 확실히 나는 준비가 잘 되어 있었다. 멘토들이 매혹적인 내담자들에 대해 누누이 주의를 주었기 때문이다. 나는 그런 내담자들을 보고 어떤 성적 감정을 느끼더라도 그것을 드러내지 않도록 교육을 받았다. 그러나 사실 감출 것도 없었다. 나는 나오미에게 어떤 성적인 감정도 느끼지 않았기 때문이었다.

내 본능이 그런 경지에 오를 정도로 벌써 직업적으로 단련이 되어 있었던 걸까? 아니면 다른 이유가 있었을까? 정말로 성적 의도나 감정이 전혀 없는 성적 행동은 어떤 반응도 유발하지 않기 마련이다. 신체에서 그 차이가 나타난다. 나오미가 바로 그런 경우였다. 내가 방금 목격한 것은 연기에 불과했다. 고도의 예술적 기교를 보여준 연기였다. 그럼에도 불구하고 나는 그 뒤에 숨은 실제 감정이 무엇일지 궁금했다.

나오미는 내 바로 맞은편에 있는 사무용 철제 의자에 앉았다. 우리 두 사람의 무릎이 닿을 듯 말 듯했다. 나오미는 도발적인 자세로 앉아 있었고, 표정은 오만했다. 나는 상체를 앞으로 살짝 숙이고 최대한 사무적인 목소리로 물었다.

"나오미, 기분이 어때요? 행복한가요?"

그 순간 나오미의 얼굴이 멍해지더니 겁먹은 표정으로 바뀌었다. 세상에서 가장 충격적인 질문이라도 받은 것 같았다.

"네? 아니요!"

나오미는 불쑥 대답을 하더니 다짜고짜 울기 시작했다. 그것도 목놓아 울어댔다. 볼을 타고 눈물이 주르르 흘러내렸다. 나는 문득 우리를 에워싸고 있는 얇은 벽을 사이에 두고 수학과 교수들이 있다는 사실을 떠올렸다.

나는 대담하게 생각했다. 얼른 상담을 진행하고 잘 들어! 네 귀에 들리는 그 소리가 머릿속의 어떤 계산보다도 더 진실되니까!

그 울음은 완전한 절망에서 나오는 소리였다.

이번에야말로 본능적으로 강력히 솟구치는 욕망을 억눌러야 했다. 마음 같아서는 엄청난 충격에 빠진 이 젊은 여자를 안아주고, 내 어깨에 기대어 하염없이 울게 해 주고 싶었다. 그러나 나는 교육받은 방식을 따랐고 공감한다는 뜻으로 그저 고개를 끄덕이며 간혹 티슈를 뽑아 주었다. 마구 눈물을 쏟던 나오미가 드디어 진정이 되자 나는 무슨 일로 그렇게 기분이 상했느냐고 물었다. 그러자 나오미는 또다시 눈물을 줄줄 쏟아냈고 이번에는 독기까지 뿜어냈다.

"내 인생이 마음에 안 들어요!"

나오미는 꽥 소리를 지르며 말문을 열었다.

"이 빌어먹을 학교도 학교 안에 있는 사람들도 전부 싫어요. 착한 척하는 사람들이나 경찰이나 다들 나를 통제하려 들어요! 엄마도 아빠도 빌어먹을 이웃 사람들도 모두 증오해요……."

나오미는 몇 분 동안 속에 있는 말을 끄집어냈다. 적의를 품은 대상이 점점 많아지더니 사실상 자신의 삶과 관련된 모든 것, 모든 사람들이 거론되었다. 그 목록에 자신의 이름은 빠져 있었다. 그러나 나오미 골드버그가 누구보다도 자신을 싫어한다는 것은 아주 분명했다. 약속된 한 시간이 거의 다 되자 나오미는 갑자기 조용해지더니 처음으로 나한테서 눈을 떼고 시선을 아래로 향했다. 나는 잠시 기다렸다가 나직이 물었다.

"왜 그래요, 나오미?"

나는 이 일에 경험이 많지는 않지만 상담 시간이 끝날 무렵에 내담자가 갑자기 말을 중단하는 경우 엄청난 사실을 고백하는 일이 간혹 있다는 것을 알았다. 자리를 벗어나기 직전에 폭탄선언을 하는 것이다.

나오미는 눈을 들었지만 아무 말도 하지 않았다. 나는 격려의 뜻으로 나오미에게 최대한 엷은 미소를 지어 보였다. 지나치게 큰 몸짓은 어떤 요구나 침범으로 해석될 소지가 있을 것이고 그러면 나오미는 입을 꼭 다물 것이다. 나는 이번에도 기다렸다.

"가족을 잘못 만났어요."

마침내 나오미가 살며시 입을 열었다.

나는 실망한 기색을 내보이지 않으려 애쓰며 고개를 끄덕였다. '잘못 만났다'는 말이 꽤 식상하게 들렸다. 폭탄선언이라기보다는 그 당시 사람들이 한창 '정체성의 혼란을 겪고 있어요.'라고 하던 불평을 다르게 표현한 말처럼 들렸다.

"그냥 하는 말이 아니에요."

나오미는 더욱 단호한 눈빛과 한층 더 큰 소리로 말을 이었다.

"누군가가 엄청난 잘못을 했어요."

"정확히 어떤 잘못을 했다는 거죠?"

나는 상냥하게 물었다.

"맙소사, 제 말 못 들었어요? 가족을 잘못 만났다고 했잖아요."

나오미가 고함을 쳤다.

"그러니까 당신이 입양되었다는 거예요?"

나는 과감히 물었다.

"세상에, 아니요! 그 정도가 아니라고요!"

나오미가 말했다. 무덤덤한 내 반응에 답답해하는 기색이 역력했다.

"그것보다 훨씬 더 큰 잘못이라고요!"

나는 무척 당혹스러웠다.

"그 정도가 아니라고요?"

나오미는 무슨 뜻으로 한 말일까? 지금이 더 깊은 질문을 해도 되는 타이밍일까?

버저가 울렸다. 그 다음 내담자가 왔음을 알리는 신호였다. 나오미와 치달은 결정적인 순간은 다음으로 미루어야 했다.

나오미가 일어서서 바닥에 떨어진 스웨터를 집어 들고 어깨에 휙 걸쳤다. 그런 다음 사무실 문을 열고 뽐내듯 걸어 나갔다. 내 옆에 있는 사무실 문간에서 곱슬머리 수학 교수가 레오타드를 입고 살그머니 걸어가는 나오미를 입을 헤 벌리고 응시했다. 바로 그때 나오미가 멈춰 서서 허리를 돌리더니 유혹하듯 미소를 띠며 나를 바라보았다.

"다음 주 같은 시간에 오면 되죠?"

나오미는 검은 눈을 반짝이며 나직하고 진지한 어투로 물었다.

나는 고개를 끄덕였다.

내담자와 처음 만나 이야기를 나누다 보면 신기한 일이 생긴다. 내담자의 말 한마디 한마디에서 모든 것을 파악할 수 있으니 말이다. 50분 만에 나는 나오미의 대담한 팜므파탈의 모습과 그 이면에 숨어 있는 병적으로 낮은 자존감, 부끄러움을 모르는 것 같으면서도 부끄러워 할 줄 아는 양면성을 보았다. 심지어 '엄청난 잘못'이라는 말 속에서 나오미가 어떻게든 자신에게서 벗어나고 싶어 하는 너무도 강력한 욕망을 엿보았다. 나오미가 겉으로 뻔뻔하게 행동하는 것은 어릴 적에 거부를 당했던 트라우마에 대한 방어 장치임을 충분히 짐작할 수 있었다.

나오미는 그 다음에 상담하러 왔을 때에도 극적으로 등장했다. 이번에는 두 번 빙그르르 돌며 들어와 내 맞은편에 있는 철제 의자에 우아하게 앉았다. 지난번처럼 검정색 레오타드와 타이츠를 입고 있었다. 이번에는 허리 부분이 트인 남성용 흰 셔츠를 걸치고 볼레로(앞이 트인 짧은 여성용 상의_옮긴이) 스타일로 매듭을 지은 차림이었다. 이번에는 '스트립쇼'가 없었다. 그것 역시 참 다행이었다. 내 몸이 보이는 반응을 무시할 자신감이 무한정 있는 건 아니었으니까.

나오미는 곧바로 본론으로 들어가서 모든 것을 털어놓을 기세였다. 이번 시간과 그 다음 두 차례의 시간이면 나오미가 어떻게 그렇게 고통스러울 만큼 불행한 젊은 여자로 성장했는지 꽤 자세한 그림을 그릴 수 있었다.

나오미는 어머니 미리암에게 무자비하게 거절을 당했다. 재봉사인 미리암은 외동딸에 관한 일이라면 뭐든 못마땅해하고 실망했다. 나오미가 딸이라는 사실(자기는 아들을 달라고 '기도'했는데 하나님이 딸을 주어 '자신을 벌했다'는 것이다)과 외모부터 거슬려 했다(미리암은 나오미의 피부가 아주 '검다는 것'을 용서할 수 없었다. 딸을 줄 거면 적어도 '금발에 파란 눈'이어야 하지 않느냐고 투덜거렸다). 머리 색깔을 운운한다는 것은 미리암이 자신의 유산, 즉 딸의 유산을 대규모로 거부한다는 단적인 예였다. 미리암과 미리암의 남편 둘 다 검은 머리카락과 검은 눈이 특징인 아슈케나지 유대인 이민 1세대였다. 그런데 어떻게 미리암은 금발에 파란 눈의 아이를 낳을 생각을 했을까?

그 질문에 대한 답은 나오미가 유아였을 때부터 미리암이 이웃 사람들에게 떠들고, 나오미가 자주 들었던 그 잔인한 말 속에 있었다.

"저 아이는 제 아이가 아니에요. 계단에 있는 아이를 데리고 들어왔어요!"

무엇보다도 미리암은 나오미의 행동을 비난했다. 미리암은 나오미가 '조신한 아가씨'와는 거리가 멀다는 사실에 경악했다. 나오미는 가만히 있지 못하고 덜렁거린다고 수시로 꾸중을 들었다. 나오미는 그냥 걸어서 다니는 법이 없고 깡충깡충 뛰어다니고 춤을 추었다. 어린 여자아이답게 조용히, 얌전히 말할 줄을 모르고 꽥 소리를 지르고 시끄럽게 떠들고 노래하고 황홀경에 빠졌다. 두 사람의 민족적 유산이 여기에서도 문제가 되었다.

"어머니는 내가 이민자처럼 말을 한다고 늘 못마땅해하세요. 손을 너무 많이 사용하고 너무 큰 소리로 말을 한다고요. 유대인 같대요. 유대인처럼 말이 너무 많대요."

나오미는 열 살 무렵에는 못 말리는 말괄량이였다. 당시 여자 아이들로서는 아주 드물게 바지를 입고, 챙이 있는 모자 속에 머리카락을 종종 숨기고 다녔다. 또한 스틱볼(가벼운 공과 빗자루 따위로 하는 야구 비슷한 놀이_옮긴이)을 하고 자전거를 탔다. 영화관에 몰래 들어가고, 이웃에 사는 또래의 사내아이들과 거리에서 싸우기도 했다. 미리암은 노발대발했다.

"그때부터 어머니가 저더러 제정신이 아니라고 말하기 시작했어요. 늘 '넌 제정신이 아니야! 너 같은 건 정신병원에 집어넣어야 해!'라고 말했죠."

그 말은 어머니가 나오미에게 던진 온갖 악담 중에서 나오미의 가슴을 가장 아프게 했다.

나오미는 어린 시절 내내 책 속에서, 그리고 가끔 일요일에 아버지와 함께 시간을 보내며 위안을 얻었다. 나오미는 조숙하게 닥치는 대로 책을 읽었다. 『아라비안 나이트』는 특별히 가장 좋아하는 책이었다. 나오미는 열 살 때 여러 번 읽은 또 다른 책을 떠올리기도 했다. 그 책은 수녀원에서 운영하는 학교에서 가톨릭 신자 행세를 하며 전쟁을 보낸, 벨기에의 유대인 소녀에 관한 실화였다.

나오미의 아버지 칼은 델리카트슨(조리된 고기와 치즈, 샐러드를 파는 가게_옮긴이)에서 일하는 점원이었다. 아버지는 아내 앞에서 전혀 기를 못 펴는 심성이 약한 사내였다. 일주일에 하루 쉬는 일요일이면 종종 딸을 데리고 집에서 멀리 나가 낚시를 하고 하이킹을 하곤 했다. 그럴 때면 다른 낚시꾼들이 나오미를 사내아이로 착각할 때가 몇 번 있었다. 아버지는 사람들이 딸의 성별을 착각한다는 사실을 꽤 재미있다고 생각해 장난삼아 나오미에게 '토니'라는 사내아이 이름을 지어 주었다. 나오미는 일요일마다 아버지와 했던 여행을 떠올리며 행복해하면서도 씁쓸해했다. 나오미가 열두 살이 되면서 성적으로 성숙하기 시작하자 아버지가 갑자기 관심을 끊었기 때문이었다. 아버지는 마치 나오미가 갑자기 벌레라도 된 것처럼 멀리했다. 그나마 위안이 되었던 일요일도 추억이 되고 말았다.

나오미는 아파트에서 춤을 추고 다니곤 했다. 그럴 때마다 얼마 전 봉긋 솟아오른 젖가슴이 스웨터 안에서 출렁였다. 그러면 어머니는 나오미에게 '창녀 같은 계집애!'라는 새로운 별칭을 내뱉었다. 그때만 해도 나오미는 창녀가 무슨 뜻인지 전혀 몰랐다. 그러나 이제와 생각해 보면 나오미는 반항심에서 아주 의도적으로 최대한 자극적인 옷차림을 함으로써 말괄량이에서 섹시한 금발 미녀로 완전히 변신했다. 그러자 남자들이 나오미를 빤히 쳐다보고, 휘파람을 불며 외설적인 말을 건네기 시작했다.

"저는 처음부터 그게 좋았어요. 소란을 일으키는 게 좋았어요. 그렇게 하면 힘이 나서 좋더라고요."

나오미는 다른 여자들이 자신에게 보인 반응을 즐겼다는 사실을 인정하기도 했다. 나오미는 그 여자들을 특히 경멸했다.

"꽉 끼는 브래지어를 한 그 조신한 여자들은 마치 제가 인간쓰레기라도 되는 것처럼 저를 노려봐요. 다들 자신의 내면이 얼마나 무감각한지 전혀 모르죠! 죽은 사람과 다를 게 없다니까요!"

그런데 아버지마저 집에서 나오미를 창녀라고 부르기 시작했다. 나오미는 너무 큰 상처를 받아서 종종 울다가 지쳐 잠이 들었다. 몹시 괴로워한 나머지 '안에서부터 상처가 곪기' 시작했다. 이윽고 모든 남자들이 자신의 섹시한 모습에 반응을 보이자 자신에 대한 혐오감도 날로 커지기 시작했다. 그럼에도 불구하고 어느 누구에게든, 특히 어머니한테 굴복하여 '어린 숙녀'처럼 얌전히 행동하고 싶은 생각은 추호도 없었다.

"그럴 바엔 차라리 죽는 게 나아요!"

나오미는 내게 단언했다.

나오미는 열다섯 살 때 유부남과 첫 성관계를 했다. 그 뒤로 나오미는 몇 번 불륜 관계를 맺었고, 모두 어느 시점까지는 만족스러웠다고 말했다.

"불륜이 다 그렇듯 짧고 열정적인 관계였어요. 물론 하나같이 똑같은 결말로 끝났어요. 남자들이 나를 옭아매려고 할 때 끝났죠. 처음에 남자들은 섹시하다는 이유로 여자를 원해요. 그러다가 여자를 차지하고 나면 얌전하고 다정한 여자처럼 행동하기를 바란다니까요. 남자들은 질투가 많고 못됐어요. 질투심 많고 한 심한 남자들은 더 가관이죠."

묻지도 않았는데 나오미는 성관계 중에 보통 몇 번씩 절정에 이른다고 내게 말했다.

나오미는 연이어 몇 차례 상담을 하는 중에 '가족을 잘못 만났다'는 말은 두 번 다시 내비치지 않았다. 그런데도 나는 그 말에 대해 가끔씩 생각해 보았다. 나는 나오미가 그 말을 통해 내가 처음에 생각했던 것보다 더 많은 사실을 드러냈다고 결론을 내렸다. 그 말 속에는 나오미가 성장하면서 인내한, 거절당했던 모든 고통이 표현되어 있었다. 그 말은 나오미가 자신의 정서적 학대와 유기를 이해하도록 도와준, 마음 깊은 곳에서 우러난 은유적 표현이었다. 나는 그 말이 의식적이고 완전히 무해한 '안전밸브' 같은 공상이고, 나오미는 그 말을 내뱉음으로써 이따금씩 그런 거절의 고통에서 벗어날 수 있었다고 결론을 내렸다.

"저는 못생기고 끔찍한 딸이 아니에요. 가족을 잘못 만난 것뿐이죠."

한스 크리스티안 안데르센의 이야기에서처럼 미운 오리새끼인 줄 알았는데 사실은 '아주 멋진 백조'라는 말이었다. 나는 나오미의 말을 그 정도 의미로 이해하는 것이 적당하다고 여겼다.

다섯 번째 상담을 할 때 나오미는 어떤 과장된 동작도 선보이지 않고 의자로 터벅터벅 걸어와 앉았다. 그러더니 진지한 눈빛으로 내 눈을 응시하며 말했다.

"아케렛, 긴히 드릴 말씀이 있어요. 저는 당신이 생각하는 그런 사람이 아니에요."

나는 의아하다는 듯 눈썹을 치켜 올렸다.

"저는 이사벨라 코르테즈 드 세비야예요. 사실은 코르테즈 백작부인이죠."

나오미가 말했다.

나는 나오미가 윙크를 하는지 아니면 눈을 반짝이는지 지켜보았다. 또다시 나에게 장난을 치는 걸까 안색을 살폈지만 그런 낌새는 없었다.

"적어도 18세기에는 백작부인이었어요. 그 잘못을 저지르기 전까지는."

나오미가 덧붙여 말했다.

물론 나는 나오미가 어떤 '잘못'을 말하는 건지 짐작이 갔다. 잘못이란 브롱크스의 칼과 미리암 골드버그의 아이로 태어난 사실을 의미했다.

나는 다정하게 미소를 지었지만 맥박은 빨라졌다.

"그리니치 빌리지에서 점괘를 잘 보는 여자를 만난 적이 있어요. 그 여자가 내가 진짜 누구였는지 말한 순간 저는 그것이 사실이라는 걸 알았어요. 모든 게 딱 들어맞았거든요. 물론 저는 귀족이에요. 적어도 납치되기 전까지는 귀족이었어요."

나는 나오미가 말을 하는 동안 입가에 미소를 잃지 않았다. 나오미는 자신이 아름답고 젊은 백작부인이었을 때 집시들에게 납치되었다고 설명했다. 나는 대단히 흥미롭다고 생각했다. 도피

처로 삼은 공상 속에 또 다른 도피를 위한 공상이 있었다. 어쩌면 그것은 첫 번째 공상이 오래가지 않을 것이라는 내재된 불안때문일 수도 있었다. 현실이 그 공상을 거두어버리겠다고 위협할 때 의지할, 안전장치 역할을 할 공상이 필요하다는 감춰진 공포 때문일 수도 있었다. 어쨌든 나는 이것이 나오미가 자신의 공상이 취약하다고 생각하는 징후라고 확신했다. 나오미는 내 마음을 읽은 듯이 냉정하고 비난하는 눈빛으로 나를 쏘아보았다.

"아케렛, 그게 제 본 모습이라고요! 이건…….."

나오미는 두 손으로 자신을 가리키며 말을 이었다.

"이건 정말 끔찍한 잘못이에요. 그래서 너무 늦기 전에 조치를 취해야 해요. 본래의 나를 되찾아야 해요."

나오미는 의식적으로 그렇다고 믿기 때문에 내게 그 모든 이야기를 한 것이었다. 나는 그 점에 대해서는 조금도 의심이 없었다. 그러나 나는 여전히 한마디도 하지 않았다.

"제가 정신적으로 문제가 있다고 생각하는군요, 그렇죠?"

나오미가 갑자기 눈을 휘둥그레 뜨고 물었다.

"제가 이상하다고 생각하죠?"

나는 침을 꿀꺽 삼켰다. 그런 질문을 다루는 전문적인 매뉴얼이 있다. 나는 침묵을 유지할 수도 있다. 나오미에게 "당신 생각은 어때요, 나오미? 어째서 당신은 당신이 정신적으로 문제가 있을 수도 있다고 생각하나요?", 혹은 "'이상하다'는 말이 정확히 무슨 뜻인가요?" 하고 되물을 수도 있다. 아니면 그 질문을 들으니 기분이 어떠냐고 묻거나 그 질문이 어떤 특정한 기억을 떠올리게 하는지(물론 실제로 그러기는 했다) 물을 수도 있다. 요컨대 나는 그 질문에 직접적으로 대답하지 않아도 여러 방식으로 적당히 대답을 할 수가 있다.

"말해요. 아케렛! 알아야겠어요."

나오미는 애원하듯이 말했다.

"물론 당신을 이상한 사람이라고 생각하진 않아요. 많은 사람들이 환생을 믿지요."

나는 편안하게 미소를 지으며 대답했다.

그 말에 나오미는 멋지고 경쾌하게 웃음을 지었고 안심을 한 듯 눈에 눈물이 고였다. 나는 내가 나오미에게 할 수 있는 유일한 대답을 했고, 치료사로서 나오미와 여전히 신뢰할 만한 관계를 맺고 있다는 것을 절대적으로 확신했다. 다른 대답을 했다면 나는 나오미의 어머니와 똑같은 사람으로, 즉 나오미를 철저하게 통제함으로써 나오미의 이성을 위태롭게 하는 존재로 취급되었을 것이다.

그러나 나는 별안간 공포에 휩싸였다. 세상에, 내가 무슨 짓을 한 거지? 나오미가 나를 신뢰하고 나에게 고마워한다는 만족감에 잠시 젖어 내담자의 현실 감각을 시험할 드문 기회를 놓쳐버리다니. 어쩌면 내가 그 공상의 실체에 대해 살펴보도록 나오미를 돕는 것이 아니라 위험할 수도 있는 공상을 부추기고 있는 건 아니었을까?

"물론 당신이 전생에 누구였는가 하는 이야기와 지금의 모습은 전혀 관련이 없지만요."

나는 차분하게 말했다.

"지금의 내 모습이요?"

나오미는 코웃음을 쳤다. 얼굴이 다시 냉정해지고 뾰로통해졌다.

"이 시궁창 말인가요? 끊임없이 불운이 일어나는 지금의 인생이요?"

나는 나오미의 그 생각에 대해 더 이야기할 참이었다. 그러나 그럴 새도 없이 나오미는 고통스럽고 괴로운 또 다른 긴 이야기를 쏟아냈다. 나오미에게 내 생각을 과감하게 밀고 나가는 일은 당분간 미뤄두는 것이 좋을 것 같았다. 아무튼 환생을 믿는다는 것이 내세를 믿는 것보다 반드시 더 큰 착각에 빠진 것이라고 볼 수는 없지 않을까. 그리고 더 중요한 것은, 나오미가 브롱크스에서 어린 시절을 보내며 느낀 고통에 대해 큰 소리로 계속 불평을 한다는 자체가 그 인생이 나오미에게 얼마나 현실적인지를 증명한다는 것이었다.

나오미는 바로 그 상담 시간에 유아였을 때 있었던 일을 떠올렸다. 어머니는 아파트에서 종종 상의를 입지 않았다. 그러고는 자랑스럽게 커다란 젖가슴을 출렁대고 보란 듯이 걸어 다녔다. 미리암은 남편이 외출하고 나오미와 단둘이 있을 때만 그런 행동을 했다. 그로부터 몇 년 뒤, 성적으로 성숙하기 시작한 나오미는 어느 날 아파트에서 솟아난 젖가슴을 드러내고 춤을 추며 일부러 엄마 흉내를 냈다.

"엄마는 내 뺨을 세게 후려쳤어요. 네다섯 번이나. 한 대씩 때릴 때마다 '창녀 같은 계집애!'라고 반복해서 말했어요."

나오미가 말했다.

내 앞에 있는 이 여자아이는 항상 벌을 받았다. 처음에는 사내아이가 아니라 여자아이라는 이유로, 그런 다음에는 사내아이 같은 여자아이라는 이유로, 그리고 마지막으로 섹시한 젊은 여자라는 이유로. 나오미가 이길 방법은 없었다. 나오미는 어머니로부터 혼란스럽고 모욕적인 메시지만 받은 것이 아니었다. 어머니의 은밀한 성적 욕망을 표출하라는 '임무를 부여받은' 것이 분명했다. 분명 노출증도 그중 하나였다. 그 당시에 나는 이런 생각을 했다. 나오미는 그처럼 온갖 고난을 겪고 가족과의 관계가 원만하지 않았는데도 불구하고 성 정체성과 성적 취향이 기본적으로 안정적으로 보였다. 그 점이 굉장히 놀라웠다.

한 시간이 거의 다 될 무렵 나오미는 곁눈질로 나를 보더니 피식 웃기 시작했다.

"명색이 심리치료사인데 한마디 해 주셔야 되는 거 아니에요?"

나오미가 물었다.

"무슨 생각을 했어요?"

"알고 싶으시다면 말씀 드리죠. 이제 막 댄스 레슨을 받기 시작했어요."

"재미있겠는데요. 발레를 배우나요?"

내가 물었다.

"플라멩코요."

나오미가 대답했다. 나오미는 갑자기 일어서서 두 손을 우아한 아치 모양으로 머리 위에 올리고 손가락을 튕기더니 머리를 뒤로 젖히며 웃었다. 그런 다음 내 사무실 밖으로 성큼성큼 걸어 나갔다.

무엇보다도 나는 나오미가 파괴된 자아를 다시 재건하도록 도와주어야 했다. 자존감이 회복되면 더 이상 백작부인과 집시들의 공상 속으로 도피할 필요를 느끼지 않을 것이라고 생각했다. 그렇게 된다면 나오미가 공상 속의 자아를 버리도록 바로잡아 주려다가 나오미와 소원해지는 위험은 없을 터였다. 나오미가 현실 속의 자아에 대해 더 자부심을 갖게 되면 그런 공상 속의 자아는 저절로 잊힐 것이기 때문이다. 분명 나오미는 계속 가족을 미워하고 개인적인 환경을 탓할 수도 있다. 그렇더라도 그런 문제를 마법 같은 해결책을 요구하는, 어떤 우주 차원의 잘못으로 생각하기까지 하지는 않을 것이다.

그래서 나는 그 다음 3개월에 걸쳐서 나오미에게 어릴 때, 그리고 성숙해진 이후 집에서 계속 참아왔던 모든 학대와 거부에 집중하게 했다. 나오미는 격분했고, 그럴 만했다. 그리고 그런 식으로 분노를 표현하는 것을 내가 제지하지 않는다는 것을 알았다. 나오미는 소리를 지를 수도, 울 수도, 욕을 할 수도 있었다. 그래도 나는 여전히 그 자리에 있을 터였다. 나오미가 나에게 아무리 큰 충격을 주려고 해도 나는 나오미를 결코 거부하지 않는 부모였다.

나는 기회가 있을 때마다 미리암이 나오미를 거부함으로써 어떻게 나오미의 자존감이 낮아지고 궁극적으로 자신을 증오하게 되는지 설명해 주었다. 나는 나오미가 과거로 돌아가 어릴 때 엄마가 자신의 검은 머리카락과 피부색을 비난하는 소리를 들을 때 느꼈던 감정을 떠올리도록 조심스럽게 유도했다. 나오미는 자신의 외모에 대해 미리암이 내보인 경멸을 토대로 무의식적으로 자아에 대한 인식이 형성된 과정을 다시 경험했다. 그 과정은 나오미가 거울을 통해서 본 이미지를 완전히 탈바꿈시켰다.

미리암이 자기혐오로 만신창이가 되어 있다는 증거가 점차 드러났다. 예를 들어 미리암이 자기 딸의 외모를 경멸하는 것은 미리암 자신에 대한 인식이 왜곡되어 있기 때문이었다. 우리는 미리암의 자기혐오가 도리어 자신이 어릴 때 거부당한 경험에서 비롯되었다는 것, 미리암이 자기 자신에 대해 증오하게 된 면면을 나오미를 통해 거부했다는 것을 인식하기 시작했다.

어느날 나는 나오미에게 말했다.

"어머니가 당신에게 흉측한 유산을 물려줬네요. 수치가 수치를 낳지요. 그건 마치 한 세대에서 다음 세대로 전해지는 나쁜 씨앗과 같아요."

나오미가 물었다.

"그 사슬을 도대체 어떻게 끊지요?"

내가 대답했다.

"바로 지금 우리가 끊고 있잖아요."

사실 나오미는 변하고 있었다. 나오미의 말에 따르면 나오미는 더욱 큰 행복을 느끼기 시작했다. 학교에서 이야기를 나눌 수 있는 친구도 몇몇 사귀었다. 한바탕 울어대는 시간도 더 줄고, 우울증과 자기혐오에 빠지는 횟수도 줄었다. 집에서는 매일 불꽃 튀는 싸움이 일어나기는 했다. 그러나 가족 때문에 '미쳐 버릴 것 같은' 일이 예전처럼 자주 생기지는 않는다고 말했다. 그러면서 최근에 있었던 일에 대해 이야기했다. 데이트를 마치고 새벽 3시에 집에 왔는데 현관에서 아버지와 마주쳤다. 아버지는 나오미를 보더니 대뜸 얼굴에 침을 뱉으면서 또다시 나오미를 창녀라고 불렀다고 했다.

"여느 때처럼 저는 울기 시작했어요. 그리고 아버지에게 소리를 질렀죠. 그런데 갑자기 내가 천장에서 그 모든 장면을 내려다보고 있는 듯한 기분이 들었어요. 상심한 아버지가 침을 뱉고 식식거리며 말을 하고 있었죠. 왜냐하면 아버지는 엄청나게 불행하고 외로웠기 때문이에요. 그건 슬펐어요. 아주 슬펐죠. 하지만 저는 그런 일로 더 이상 상처받지 않아요. 그건 저와 아무 상관이 없으니까요."

나오미는 학교생활도 나아지고 있었다. 스페인어는 고급 수준으로 올랐고, 그 덕택에 스페인 문학과 문화 대학원 과정을 이수할 자격을 얻었다. 일주일에 세 번 오후에 댄스 강습을 받고, 강습비를 마련하기 위해 저녁마다 빌리지 커피숍에서 일했다. 이제는 레오타드를 입고 그 위에 치마와 스웨터를 입을 때가 많았다. 나오미는 봄이 왔다가 가기까지 백작부인이나 집시들에 대해 두 번 다시 거론하지 않았다.

어느 날 아침 내가 학교에 도착할 즈음에 학생 상담과 지도교수인 브리스코 박사가 수학과 건물로 통하는 문 앞에서 나를 멈춰 세웠다.

"그렇잖아도 당신에게 축하 인사를 하려던 참이었어요, 로비. 나오미 골드버그 양이 완전히 딴 사람이 되었던데요."

브리스코 박사가 말했다.

"고맙습니다."

내가 말했다. 상담을 시작한 지 얼마 안 된 젊은 시절에는 칭찬을 들으면 늘 감사할 따름이었다.

"골드버그 양이 마침내 얌전한 아가씨가 되었으니 말이오."

브리스코가 내 등을 탁 치며 말했다.

그때 나는 속이 거북해져 브리스코 박사의 시선을 피했던 것을 기억한다. 마치 나오미를 배신한 것 같은 기분이 들었다. 사실 정확히 어떻게 나오미를 배신했는지는 말할 수 없었을 것이다. 나는 브리스코에게 더 이상 아무 말도 하지 않았다. 나는 내 머릿속에서 그 사건을 가능한 한 빨리 밀어냈다. 그때가 1957년 이었고, 나는 서른 살이었다.

6월 중순, 내가 나오미를 상담한 지 6개월 이상 되었을 무렵이었다. 나오미가 그 학기 마지막 상담 시간에 부스스하고 비참한 모습으로 내 사무실에 왔다. 머리는 빗질을 하지 않았고 얼굴에는 화장도 하지 않았으며 충혈된 눈언저리는 벌겠다. 나오미는 의자에 털썩 주저앉았다.

나오미는 스패니시 클럽에서 사귄 친구와 여름에 멕시코에 가기로 한 모양이었다. 두 사람은 버스를 타고 가서 시티 칼리지와 결연을 맺은 멕시코의 한 학교 기숙사에서 머물기로 계획을 세웠다. 그러려면 부모 동의서가 필요했지만 미리암이 서명을 거부했다는 것이다.

"그러니까 국경 남쪽에 가서 창녀 짓을 하겠다는 거지? 어림 없는 소리!"

미리암은 고래고래 소리를 질렀다고 했다.

모녀는 어느 때보다 잔인하게 서로를 때려눕히고 질질 끌며 싸웠다. 싸움 끝에 나오미는 아파트 현관문을 열고 뛰쳐나가면서 허락을 하든 안 하든 멕시코에 가겠다고 말했다고 했다.

"엄마가 소리를 질렀죠. '멕시코에 가면 행여 여기 돌아올 생각은 하지도 마! 여기엔 발도 들이지 말라고! 자식 하나 잃은 셈 칠 테니까!' 그래서 저도 소리를 질러 맞받아쳤죠. '두 번 다시 저를 볼 일은 없을 거예요!'"

나오미는 그 이야기를 하면서 부들부들 떨었다. 중간중간 눈물이 차올라서 이야기를 하다 말고 몇 번 멈추어야 했다. 두들겨 맞은 자아가 힘겨워하고 있었다.

나는 가끔 자아를 생리학적 관점에서 생각한다. 즉 근력과 내구력을 키우는 훈련에 반응하는 일종의 정신 근육으로 보는 것이다. 몇 개월에 걸쳐서 나는 나오미의 자아가 더 강해지고 회복력이 더욱 커지는 것을 지켜보았다. 그리고 과연 상담이 진행될수록 나오미의 자아는 목소리를 내기 시작했다. 상담 시간이 끝나갈 무렵에 나오미는 갑자기 두 손을 탁 치더니 오래전에 집을 떠났어야 했다고 단언했다.

나는 나오미의 결론에 박수를 보냈다. 내담자가 심리치료를 받는 중에 인생에 큰 변화를 주는 일은 드물다. 그러나 그런 큰 변화를 줄 시점이 나오미에게 다가왔고, 나오미는 부모와 감정적으로 초연해진다는 목표에 아주 잘 근접했다.

"사실 가끔은, 집을 떠나는 가장 좋은 방법은 집을 떠나는 거예요."

내가 말하자 나오미가 미소를 지었다.

나오미가 떠나기 전에 나는 몇 번 더 상담 약속을 잡아 두었으면 했다. 나오미가 새로운 상황에 적응하도록 돕고 싶었다. 그러나 나오미는 며칠 안에 뉴욕으로 출발할 예정이었다. 8월 말에 돌아오면 곧바로 집에 있는 내 사무실에서 만나기로 약속을 했다. 나는 사무실 문까지 나오미를 배웅했다.

"멕시코에서 멋진 시간 보내고 와요."

나오미는 나에게 고맙다고 인사하고 구부정한 자세로 천천히 나갔다. 그때 내 옆 사무실 문이 열리더니 곱슬머리 수학 교수가 문간에 나타났다. 갑자기 나오미가 허리를 돌려 머리를 뒤로 젖히더니 나를 향해 관능적인 미소를 지으며 말했다.

"Adios(안녕), 로베르토."

해가 막 지평선 아래로 떨어지고 있었다. 그때 나는 버지니아주 리치몬드의 주간 고속도로 95번을 벗어났다. 나는 모텔 체크인을 하고 옛날 방식으로 운영되는 '참 수이(다진 고기와 채소를 볶아 밥과 함께 내는 중국 요리_옮긴이)' 메뉴가 있는 중국 식당을 발견했다. 나는 식당 안쪽에 빨간 비닐로 된 긴 의자에 앉았다. 나에게 식당에서 혼자 밥을 먹는다는 건 혼자만이 즐길 수 있는 큰 즐거움 중 하나이다. 하지만 여자들은 보통 그런 걸 즐기지 않는다고 내 딸들은 말한다.

나는 에그롤을 먹으면서 한 친구가 나를 위해 〈빌리지 보이스〉에서 오려 준 기사를 읽기 시작했다. 그것은 나의 모교인 컬럼비아 대학교의 두 심리학자에 관한 내용이었다. 그들은 부모 따돌림 증후군이라는 장애를 '발견'하고 이름을 붙였다. 부모 따돌림 증후군은 엄마들이 아버지에게 적대감을 갖도록 자녀들을 세뇌시키는 병적 태도이다. 그 기사에 의하면 양육권 분쟁을 맡은 변호사들이 이제 그 신드롬을 자녀 성추행으로 기소된 아버지들을 위한 반격에 인용하고 있었다. 그러나 미국 정신의학협회의 여성분과위원회 의장인 한 박사는 그 신드롬을 '정신의학으로 위장한 무시무시한 사기'라고 불렀다. 전남편에 대한 여성의 정상적인 감정을 정신병, 즉 여성 정신질환으로 둔갑시켰다는 것이다. 나는 새우 요리가 나오자 기사를 치웠다.

그날 저녁 늦게 나는 모텔 방에서 불을 끄고 눈을 뜬 채 누워 있었다. 그때 35년 동안 생각해 본 적 없는 한 사건이 별안간 떠올랐다.

나오미와의 상담이 마지막으로 잡혀 있던 어느 봄날이었다. 상담이 끝나고 나는 나오미와 함께 사무실 밖으로 걸어 나왔다. 건물 현관에 이르자 비가 억수같이 퍼부어댔다. 나오미는 지하철역까지 태워 달라고 내게 부탁을 했다. 나는 무척 난감했다. 혹시라도 나오미가 내 차에 함께 타는 광경을 상담실에 있는 누군가가 볼까봐 겁이 났다. 자신의 차에 내담자를 태우는 것은 심리치료사가 지켜야 할 규정에 어긋나는 행동일 터였다. 특히 나오미의 경우에는 성적인 것과 결부해 동료들이 상상의 나래를 펼칠 게 틀림없었다. 그러나 나오미의 눈빛에는 성적인 의도는 전혀 없었다. 오히려 슬픔에 잠긴 어린아이가 애원하는 눈빛이었다. 나오미는 나를 시험하고 있었다. 나는 거절했다. 나오미는 길고 검은 머리카락을 반항적으로 뒤로 확 넘기며 젠체하면서 빗속으로 걸어갔다.

나는 잠을 설치고 다음 날 새벽에 다시 주간 고속도로를 탔다.

나오미는 나와 8월에 만나기로 약속했지만 지키지 않았다. 그러다가 가을 학기가 시작되기 직전인 9월의 어느 늦은 저녁 내 아파트 사무실의 전화기가 울렸다.

"로버트 아케렛입니다."

"안녕하세요, 로베르토."

여자 목소리였다. 스페인어 억양이 강하고 수줍음을 타며 유쾌했다.

"나오미?"

"저는 이사벨라예요."

나는 책상 의자에 앉았다.

"멕시코는 어땠어요?"

나는 최대한 침착하게 물었다.

"fantástico(환상적이었어요)!"

나오미가 대답했다.

"그동안 어떤 일이 있었는지 다 듣고 싶어요."

나는 수첩을 펼치며 말했다.

나오미는 대답 대신 다짜고짜 이야기를 늘어놓기 시작했다. 내가 끼어들 틈이 없었다. 나오미는 멕시코 여행이 인생에서 가장 멋진 경험이었다며 밝고 자신감에 찬, 억양이 강한 목소리로 말했다. 마을 사람들과 음식, 음악이 무척 마음에 든다고 했다.

매일 밤 지역 카페에서 플라멩코를 추고, 투우사와 멋진 연애를 하기도 했다. 멕시코에 가니 고향에 돌아온 기분이라고 했다.

"나오미, 정말 멋지군요."

나는 마침내 중간에 끼어들어 말했다.

"제 이름은 이사벨라예요."

나오미는 사무적인 어투로 대답했다. 내가 나오미를 다른 사람으로 착각하기라도 한 것 같았다.

"아, 그래요, 이사벨라. 만날 약속을 합시다. 알겠죠?"

나는 말을 더듬었다.

"전 대학으로 돌아가지 않을 거예요."

"내 사무실로 오면 돼요."

나는 그렇게 말하고는 얼른 덧붙였다.

"상담료는 받지 않을게요."

"당신을 만나면 참 좋을 거예요, 로베르토. 하지만 요즘 제가 무척 바빠요. 친구와 같이 살려고 이사를 하고 있어요. 클럽에서 춤도 추고요. 생활이 안정되면 곧바로 전화할게요. 지금은 안 되겠어요."

"그래도 지금 약속을 잡자고요, 알겠죠, 이사벨라?"

"전화할게요, 로베르토. Más tarde(나중에요)!"

나오미는 웃으면서 전화를 끊었다. 나는 나오미가 조롱하는 미소를 머금고 춤을 추면서 내게서 멀어지는 광경을 상상했다.

나는 한 시간 가까이 사무실에 혼자 앉아서 나오미와 나눈 대화를 이해하려고 노력했다. 도대체 나오미에게 무슨 일이 일어난 걸까? 멕시코에서 경험한 모험에 단지 기분이 '들뜬' 것일까? 십대들이 여러 모자를 써 보고 다양한 말투를 흉내 내며 기분이 어떤지 느껴보는 식으로 스페인 사람 행세를 하는 걸까? 아니면 완전히 망상에 빠진 걸까?

나오미는 자신이 이사벨라라고 철석같이 믿고 있었다. 예전에 한 점술가가 나오미에게 전생에 나오미의 이름이 이사벨라라고 한 적이 있었다. 게다가 나오미의 억양은 단지 흉내를 내는 차원이 아니었다. 분명 목소리에 자연스럽게 배어 있었다.

그래도 런던에서 2년을 지내고 미국으로 돌아왔을 때 말투가 영국 억양으로 싹 바뀐 친구가 있었던가? 어느 정도 몸에 배거나 그런 척하는 경우가 있었나?

그러나 나오미는 멕시코에서 지낸 지 두 달도 안 되었다. 모국어 억양에 최근에야 습득한 스페인어 억양이 덧씌워져 있었다.

가장 걱정되는 것은 멕시코에 가니 고향에 돌아온 기분이라고 말한 부분이었다. 그 말만 들어보면 위험하게도 나오미가 자신의 상상으로 만들어낸 정체성을 결국 믿어버린 것 같았다. 결국 우리는 상담을 통해 그 정체성을 몰아내지 못한 것일 수도 있다. 나오미의 자아를 재건하려 했던 우리의 모든 노력이 허사가 된 모양이었다.

그러나 그렇다면 나오미는 왜 내게 전화를 했을까? 나와 완전히 연락을 끊고 싶어 하는 건 분명 아닌 것 같았다. 그 전화는 도와달라는 외침이었을까? 현실과 영영 절연하기 전에, 아니면 자신이 '이상해지기 전에' 말려달라는 간청이었을까?

3주가 지났지만 나오미는 전화 한 통도 하지 않았다. 어느 날 나는 여러 내담자들을 상담하다가 카운터에 전화를 걸어 나오미 골드버그라는 새로운 내담자가 접수를 하지 않았는지 물었다. 이사벨라 코르테즈라는 이름은 있느냐고 물으면 그 역시 없었다. 나는 맨해튼 나이트클럽 가운데 특별히 플라멩코 댄서를 고용하는 곳이 있는지 알아볼까 생각도 했다. 그런 곳이 많을 리 없었다. 나는 한가롭게 산책을 하다가 나오미가 춤을 추는 나이트클럽에 우연히 들어갈 수도 있었다. 심리치료사가 아니라 입장료를 내고 들어가는 한 사람의 손님으로. 물론 그것은 심리치료사가 지켜야 할 모든 규정에 어긋날 터였다. 그러나 일주일이 또 지나가도 아무 소식이 없었다면 나는 그렇게라도 했을 것이다.

경비원이 인터폰으로 내 아파트에 연락을 했다.

"네?"

"박사님, 어떤 여자 분이 박사님을 찾아왔는데요. 예약은 하지 않았다고 해요. 그럴 필요가 없어서."

나는 손목시계를 보았다. 밤 아홉 시가 막 지났다.

"이름을 밝히던가요?"

"코르테즈. 이사벨라 코르테즈랍니다."

"들여보내세요."

나는 현관 안에서 기다리며 엘리베이터 소리에 귀를 기울였다. 엘리베이터는 금세 올라왔다. 귀에 거슬리는 구두 굽 소리가 현관 가까이 다가왔다. 나는 현관문을 홱 열었다.

나오미가 내 앞에 서 있었다. 목에서 무릎 바로 위까지 밀착된, 소매가 없는 새빨간 원피스 차림이었다. 원피스의 목선이 가슴 사이로 가파르게 내려왔다. 내 기억보다 더 윤기가 흐르는 머리카락은 가운데에 가르마를 타서 V 자를 뒤집어 놓은 형상으로 얼굴을 감싸 광대뼈에 이르렀다가 방향을 바꿔 정수리에서 왕관처럼 솟아 있었다. 정수리에는 커다란 흰색 치자나무가 꽂혀 있었다.

"Hola(안녕하세요), 로베르토!"

나오미의 검은 눈이 반짝였다. 미소가 매력적이었다.

"갑작스럽기는 하지만 반가워요."

나도 모르게 얼굴이 붉어졌다. 그것은 부정할 수 없는 사실이었다. 이번에는 나오미의 성적 매력에 흔들리고 있었다. 전과는 어딘가 다른 성적 매력이 느껴졌다. 나오미는 자신감이 넘쳐 보였다.

"사무실로 들어갑시다."

나오미는 나를 따라 안으로 들어왔고, 나는 현관문을 닫았다. 없어서는 안 되는 소파가 그곳에 있었다. 의자는 내가 사용하는 가구라기보다는 내가 하는 일을 비유적으로 상징하는 도구였다. 벽은 황백색이었다. 테라스로 연결되는 프렌치 도어(가운데서 양쪽으로 여는 유리문_옮긴이) 주위에는 식물이 있었다. 그 옆에 편안한 의자 두 개가 있었다. 나는 의자 하나를 손으로 가리킨 다음 다른 의자에 앉았다. 나오미는 미소를 짓고 내 맞은편에 있는 의자 팔걸이에 앉았다.

"잠깐만 있다가 갈게요. 할 일이 많아서요. 내일 배를 타고 세비야에 가거든요. 로베르토, 그래도 당신은 꼭 보고 가야겠더라고요. 작별 인사는 해야 하니까요. 고맙다는 말도 하고."

나오미의 억양은 예전에 전화 통화를 했을 때와 변함이 없었다. 그러나 나를 깜짝 놀라게 한 것은 나오미의 몸짓이었다. 두 손과 팔, 얼굴과 눈이 말을 하는 동안 계속 움직였다. 나오미는 항상 과장된 몸짓을 해왔지만 이제 그녀의 표현 방식은 독특한 성격을 띠었다. 목소리와 원피스, 몸짓이 모두 혼연일체가 되어 있었다. 나오미 골드버그는 스페인 아가씨로 완전히 바뀌어 있었다.

그때 문득 이런 생각이 들었다. '미리암 골드버그가 지금 딸의 모습을 본다면 더 이상 나오미를 '유대인처럼 말을 한다고' 비난하지는 못하겠군.' 아니, 나오미는 유대인이 아니었다. 이제는 스페인 사람이었다. 순간 나는 어쩌면 나오미가 수천 명의 다른 유대인 2세들과 별반 다를 게 없지 않을까 생각했다. 유대인 2세들은 이름을 영어 이름으로, 얼굴을 성형으로 바꿔 미국에 동화하려고 한다. 그것 역시 어느 정도 자기 증오에서 발생한 현실 도피일 것이다. 그러나 그로 인해 병적으로 현실 도피를 하고 급기야 망상에 빠지게 된 걸까?

성공한 모든 이민자들이 자신이 수용한 문화에 색을 입히려하지 않았던가? 이민자들뿐만 아니라 자신을 사회의 고위 계층이라 생각하고(일부는 사실상 그 계급이 될 때까지) 자신들이 동경하는 계층의 의상과 예의범절을 모방함으로써 자신들의 행보를 시작한 국내의 선지자들도 마찬가지였다. 분명 그런 사람들 역시 싸워야 할 순수주의자들, '너의 혈통을 잊지 마!'라고 외치는 친척들과 친구들이 있었다.

그것이 내가 나오미에게 해야 할 임무였을까? '당신의 혈통을 잊지 마!' 같은 말을 외쳐 심리치료를 해야 했을까?

그렇지만 맙소사, 나오미는 순식간에 완전히 다른 사람이 되어 있었다!

문제는 이것이었다. 나오미는 배우나 스파이처럼 자신을 의도적으로 재창조한 걸까? 아니면 현실이 너무 고통스러워서 결국 망상에 사로잡힌 걸까? 그리고 만일 그것이 망상이라면 그것은 단순한 망상인가 아니면 심각한 정신병적 망상인가?

나는 모든 사람이 한두 가지 단순한 망상에 빠질 수 있다고 늘 생각했다. 가령 머리가 반쯤 벗겨진 남자가 자신이 대머리가 아니라고 스스로 믿는다고 해서 누가 뭐라고 할 것인가? 그런다고 피해를 볼 사람은 없기 때문이다. 그 자신에게나 다른 어느 누구에게도 그는 전혀 위협적인 존재가 아니다.

그러나 정신병적 망상은 완전히 다른 문제이다. 그것은 망상

양상태로 간주된다. 치료하지 않으면 결국엔 현실과 완전히 멀어지는 경우가 많다. 표준 진단상의 기준에 따르면 나오미의 증상은 '자신의 정체성을 거창하게 생각하는 망상'에 젖어 있음을 나타냈다. 그런 진단을 내릴 수 있는 한 가지 근거는 그 시작이 갑작스럽고, 상실에 대한 극심한 반응일 가능성이 꽤 있다는 것이었다. 아무튼 나오미는 사실상 가족을 잃은 것이나 다름없었다. 그러나 나오미가 자신을 이사벨라라는 젊은 스페인 여자라고 믿는다는 것은 얼마나 허황된 일인가? 만일 나오미가 자신이 예수님의 어머니인 마리아라고 주장하며 들어왔다면 나는 아마 주저하지 않고 나오미가 망상에 빠졌다고 생각했을 것이다. 그러나 이사벨라 코르테즈라고 한다면?

나오미는 자신이 새로운 정체성을 만들어냈다는 것을 거의 알기는 하지만 확실히 인식하지 못하는 건 아닐까? 자신이 만든 정체성을 인식한다고 해도 그 정체성을 버릴 수 없다는 사실을 알기는 할까?

어떤 배우가 한 인물을 제대로 연기하려면 자기가 실제로 그 인물인가 하는 불신이 들더라도 의도적으로 무시해야 한다고 말한 적이 있었다. 현실의 삶 전체가 연기라면 의도적으로 불신을 버리는 것이 어느 순간에 망상이 되는 것일까?

그리고 또 만일 망상이라면 얼마나 심각할까? 얼마나 위험할까?

단순한 망상과 정신병적 망상 중간에 분류된 병명은 없다. 앞으로도 일어날 일일 테지만, 세밀하게 분류된 심리치료의 진단 기준으로는 내 내담자를 충분히 설명할 수 없을 것 같았다.

"당신에 대한 고마움은 평생 잊지 못할 거예요."

"고맙다고요?"

"그럼요! 제가 처음에 당신을 만났을 때 얼마나 비참한 상태였는지 잊은 거예요? 당신은 내 생명을 구했어요, 로베르토."

나는 머리가 어질어질했다.

"세비야에서 뭘 할 계획이에요?"

"춤을 출 거예요. 〈발레 내쇼날 데 에스빠냐〉에서 멋진 제의를 받았거든요."

나는 의심스러워서 고개를 갸웃했다.

"정말요?"

"그럼요. 정말이죠. 농담할 일이 아니잖아요. 지난주에 감독이 직접 뽑는 오디션을 봤어요. 그 자리에서 채용됐어요. 그래서 내일 떠나요."

나오미가 사실을 말하고 있다는 것을 나는 직감적으로 알았다. 나는 심호흡을 했다. 시간이 얼마 남지 않았다.

"그 일을 따내려면 당신이 스페인 사람이라는 것을 그 감독이 믿어야 했겠네요?"

나는 의도적으로 물었다.

"전 스페인 사람이에요."

나오미가 대답했다. 나오미의 검은 눈이 번득였다.

"아마 전생에 그랬겠죠."

내가 부드럽게 말했다.

"이 생에서 그렇다니까요! 지금이야말로 진정한 나 자신이 된 것 같다고요, 로베르토!"

나오미가 발끈했다.

"그래요, 그것이 당신 모습이죠. 하지만 당신은 처음에는 나오미였어요……."

나는 부드럽게 내 주장을 밀어붙였다.

"내가 누구인지도 모를 것 같아요? 나는 이사벨라 코르테즈라고요!"

나오미가 소리치며 벌떡 일어서서 내 바로 앞에 섰다. 그러고는 두 손을 머리 위로 들고 세게 마주쳤다.

"이건 내 선물이에요."

나오미가 속삭였다.

나는 한마디도 하지 않았다. 미동도 하지 않았다.

나오미는 두 손을 다시 한 번 마주치더니 점점 속도를 높여 반복해서 박수를 쳤다. 느닷없이 목이 쉰 듯 울부짖는 소리가 귀청을 울렸다. 어린아이가 아파서 우는 소리 같기도 하고, 여자가 연인을 부르는 소리 같기도 했다. 내 아내와 딸이 아파트 벽을 통해 나오미가 우는 소리를 듣지 않을까 나는 아주 잠깐 걱정했다. 그러나 그 생각을 즉시 거두었다. 울음소리는 점점 더 높아지다가 잦아들더니 시작되었을 때처럼 뚝 그쳤다. 이번에는 난데없이 캐스터네츠가 나오미의 손 안에서 달그락대고 있었다. 그와 동시에 나오미는 가슴 옆에서 엉덩이를 따라 두 손을 흔들었다. 그러고는 머리를 뒤로 젖히고 환하게 미소를 지으며 발을 굴렀다. 나오미는 나를 위해 춤을 추고 있었다. 그것이 내게 주는 선물이었다. 플라멩코.

나의 선생님들은 춤은 에너지를 승화시키는 것이고 강력한 본능적인 충동을 대신하는 독창적인 것이라고 말했다. 춤은 아무런 해를 끼치지 않으면서 본능적인 충동을 발산시킨다. 춤은 우리를 짐승들과 구분해 준다. 춤은 내면을 숭고하게 해 준다.

나오미는 바로 내 사무실에서 자신이 살아오면서 겪었던 심리 상태를 춤으로 표현하고 있었다. 나는 몸을 흔들며 지나가는 나오미가 아파트에서 가슴을 드러내고 다니는 엄마를 그대로 따라 하던 사춘기 소녀로 보였다. 나오미가 두 팔을 앞으로 뻗자 나는 자신의 아버지를 위해 춤을 추며 아버지를 자신에게 다시 끌어당기려는 나오미가 보였다. 아버지가 일요일마다 놀아주던 말괄량이 소녀로서뿐만 아니라 젊은 아가씨가 되어서도 사랑해주기를 아버지에게 간청하는 모습이었다. 그리고 이제 나오미의 기다란 팔이 양 옆으로 갈라졌다. 나오미는 자신의 몸을 내려다보고 자신이 어쨌든 정말로 미인이라는 사실을 자랑스럽게 인정했다. 나는 그런 나오미의 모습을 지켜보았다. 나오미는 두 손을 머리 위로 들었고, 얼굴은 붉어졌다. 나오미는 그 춤을 통해 관능적인 매력을 발산하고 있었고, 거기에서 느껴지는 감각적인 쾌락을 부끄러워하지 말고 마음껏 즐기라고 초대하고 있었다. 얼굴에는 자신이 성행위와 그 느낌을 무척 좋아한다는 사실이 고스란히 드러나 있었다. 빨라지는 캐스터네츠 소리에 성행위의 규칙적인 율동이 주위에 퍼졌다.

그제야 문득 내 얼굴이 붉어지고 있다는 것을 깨달았다. 몸은 달아올랐고 땀이 났다. 내 방어벽이 무너진 것이었다. 나오미의 성적 의도는 진심이었고, 내 몸은 그것을 알았다. 그러나 나는 걱정하지 말라고 그 느낌을 좀 더 오래 즐겨도 괜찮다고 나 자신에게 말했다. 나는 통제력을 잃지 않고 있었다.

나오미가 내 눈을 응시했다. 나오미는 춤을 추며 나에게 다가왔다. 나오미의 몸통이 흔들리고, 원피스에 달린 주름장식이 내 종아리를 때렸다. 나오미가 나를 향해 두 팔을 뻗어 내게 손짓했다. 나는 나오미를 올려다보며 미소를 짓고 잠깐 주저한 다음 두 손을 들어 나오미의 손에 가져갔다. '그래요 당신, 나오미/이사벨라와 춤을 추겠어요. 당신 스스로가 이루어낸 성공을 축하해 주겠어요. 당신이 주는 감사의 선물을 받아들이죠.'

그러나 내 손이 나오미의 손에 닿은 순간 나오미는 내 손을 슬며시 치우며 웃었다. 목구멍 깊숙이에서 나는 거만한 웃음소리였다. 나오미는 발을 구르고 머리를 뒤로 젖히고 춤을 추며 내게서 멀어졌다. 빙빙 돌면서 웃고 두 손을 머리 위에서 흔들었다.

나는 어안이 벙벙한 모습으로 그 자리에 앉아 있었다. 얼굴이 화끈거렸다. 맙소사, 내 직업에 걸맞지 않은 상황이 지금 일어나

고 있다니! 상황이 걷잡을 수 없이 흘러갔고, 그것은 전부 내 잘
못이었다. 나오미가 춤을 추는 동안 나는 수동적으로 이 자리에
앉아 있음으로써 위험이 잠재된 망상을 암묵적으로 허용하고 있
었다. 나오미를 멈추게 하는 것. 나오미에게 당장의 현실을 직면
하게 하는 것은 내 책임이었다.

그러나 나는 한마디도 하지 않았다.

내가 그때 나오미에게 어떤 말을 하려고 했는지 확실하게 기
억이 나지는 않는다. 아마 "앉아요! 우리는 할 일이 있잖아요!"
같은 이야기가 아니었을까 싶다. 그러나 나는 입을 다무는 편이
더 나을 것이라 생각했다. 그때 나는 내 동기가 심리치료와는 거
리가 멀다는 것을 깨달았다. 그렇다, 나는 나오미를 벌하고 싶어
했다. 나를 놀린 대가로, 나를 민망하게 한 대가로, 그리고 내가
스스로에 대한 통제력을 잃게 한 대가로. 무엇보다도 나는 나오
미에게서 성적 능력을 빼앗아버리고 싶었다. 이를 테면 나는 브
리스코 박사가 나오미를 소개하면서 했던 당부 그대로 나오미에
게 해 주고 싶었다.

나는 심호흡을 하고 숨을 천천히 내쉰 다음 의자에 기대어 앉
아 나오미가 계속 춤추는 모습을 지켜보았다. 아, 그렇군, 플라
멩코가 이런 춤이었군. 그것은 카르멘의 플라멩코, 유혹과 거절
의 춤, 노골적인 성행위와 격렬한 독립의 춤이었다. 그것은 길들
여지지 않으려 하는 성욕이 왕성한 여자의 자부심 가득하고 거만
한 춤이었다. 나오미의 춤이 자신의 개인 이력을 상징적으로 요

약해서 보여주는 것에 머물지 않는다는 것을 나는 이제 알 수 있었다. 그것은 성의 역사, 즉 남성과 여성이 추는 접근과 회피의 춤, 지배하려는 의지와 독립하려는 의지를 표현하는 영원한 춤이었다.

나오미는 발을 굴렀다. 도전적인 스타카토였다. 나는 감탄한 나머지 나오미를 지그시 바라보았다. 플라멩코의 정신을 표현하는 데는 나오미의 열정과 분노가 적격이었다. 나오미는 내가 심리치료를 하면서 이제껏 보았던 어떤 젊은 여자들보다도 훨씬 더 큰 열정과 분노를 품고 있었다. 나오미는 과감하게 더 많은 열정과 분노를 갖추었다. 그것이 나오미의 재능이었다. 나오미가 춤추는 것을 보니 나오미가 브롱크스에서 미리암과 칼 골드버그의 딸로서 몹시 불행한 삶을 살았던 때가 언제인가 싶었다. 그때보다 젊은 스페인 댄서로 살아가는 지금이 더 빛나고 활력과 생명력이 넘치는 것이 분명했다.

나는 이런 생각이 들었다. 어쩌면 나오미는 어떤 망상에도 빠져 있는 게 아닐 수도 있었다. 우리의 상식으로 알 수 없는 어떤 초월적 의미에서 가족을 잘못 만난 것일 수도 있었다.

나오미 골드버그가 진정한 자신이 되기 위해서 자신의 정체성을 바꾼 것은 어쩌면 사실일 수도 있었다.

'오, 음악에 흔들리는 몸체, 오, 반짝이는 눈길. 춤과 댄서가 혼연일체가 된 그 속에서 어떻게 댄서를 구분할 수 있을까요?'

구르던 발이 멈추었다. 춤이 끝났다. 나는 일어서서 박수를 쳤다.

"훌륭해요, 이사벨라."

내가 말했다.

"어머, 고마워요, 로베르토."

나오미가 대답했다.

나오미는 내게 다가오더니 내 볼에 입을 맞추었다. 눈에는 눈물이 그렁그렁했다.

"이사벨라, 말해 봐요. 행복한가요?"

경쾌하고 멋진 웃음소리가 나오미의 목에서 터져 나왔다.

"그럼요. 로베르토, 아주 행복한 걸요!"

잠시 뒤에 나는 나오미를 떠나보냈다.

그것이 35년 전이었다.

그 뒤로 나오미를 만나지 못했지만 나는 늘 나오미에 대해 생각했다. 동시에 항상 걱정이 되기도 했다. 내가 세상 물정 모르는 젊은 시절에 나오미를 무방비상태로 험난한 현실 속에 내던져 놓고 남은 인생을 살라고 한 게 아닐까 해서.

사설탐정인 내 친구 벤 로즈가 컴퓨터로 나오미/이사벨라를 10분 만에 찾는 방법을 알려주었다.

"이름이 두 개니까 찾기가 쉽지."

벤이 말했다.

나는 이사벨라의 전화번호를 찾아낸 날 이사벨라에게 전화를 걸었다.

이사벨라는 "푸들입니다." 하고 전화를 받았다.

나는 내가 누구인지 밝혔다. 이사벨라는 웃으며 말했다.

"그렇지 않아도 바로 어제 당신 생각을 했어요, 로비."

이사벨라는 나를 로베르토가 아니라 로비라고 불렀다. 억양도 달랐다. 하지만 경쾌한 목소리는 여전했다.

우리 둘 중 누구도 전화로 많은 대화를 하는 것을 원하지 않았다. 그래서 나는 내가 계획하고 있는 순례에 대해 이사벨라에게 설명하기 시작했다. 그러나 추적 연구라는 단어가 내 입에서 나온 순간 나는 살짝 당황스러웠다.

"사실 일이라기보다는 개인적으로 만나려는 거예요. 아무튼 폐를 끼치고 싶지는 않아요."

나는 얼른 덧붙였다.

"바보 같은 소리 말아요. 하루빨리 만나고 싶은 걸요."

이사벨라는 자신의 집으로 찾아오는 길을 내게 알려주었다. 리틀 하바나라고 알려진 마이애미의 작은 동네였다.

"8번가 칼레 오초 629번지예요. 낮에는 보통 가게에 있어요."

나는 뉴욕을 출발한 지 2박 3일째에 주 경계를 건너 플로리다 주로 들어섰다. 마지막 남은 100마일의 여정을 위해 모차르트 테이프를 틀었다. 내가 이사벨라와 가장 멀리 떨어져 있는 거리가 그 정도 될 것 같았다. 나는 내 머릿속에서 이사벨라의 목소리와 이미지를 지우고 싶었다. 그래서 이사벨라에 대한 내 기억이 부담이 되지 않고 새롭게 이사벨라를 만날 수 있었으면 했다. 그러나 그것은 아무 도움도 되지 않았다. 이사벨라의 이미지는 계속 모차르트를 비집고 나왔다. 나는 마이애미에 진입할 즈음에 내 기억 속의 이사벨라를 지우는 것을 포기하고 마일스 데이비스의 연주곡을 한 번 더 틀었다.

나는 칼레 오초 629번지 앞으로 왔다. 가게 윈도우 안에 있는 산호색 표지판에 '버릇없는 푸들'이라고 적혀 있었다. 나는 유리창 안을 들여다보았다. 가장 가까운 벽을 따라 강철 우리 세 개가 나란히 놓여 있었다. 각 우리에는 털이 북슬북슬하고 방금 목욕을 한 푸들이 들어앉아 있었다. 푸들 두 마리가 짖어대는 소리가 창을 통해 들렸다. 뒷벽을 따라 넓은 카운터가 있고, 맨 구석의 높은 의자에 앉아 책을 읽는 사람이 이사벨라였다.

이사벨라는 어깨가 드러난 흰색 페전트 블라우스(등이나 가슴의 천에 잔주름을 잡거나 장식 스티치를 하여 무늬를 나타내는 넉넉하게 만든 블라우스_옮긴이)를 입고 있었다. 가슴이 2, 3인치 노출되어 있었다. 그리고 무릎 바로 아래까지 오는 검정색 스판덱스 바지를 입었다. 머리카락은 뒤로 모아서 청록색 스카프로 묶었다. 이렇게 멀찍이 떨어져 있는데도 이사벨라의 검은 눈이 여전히 반짝이는 것이 보였다. 이사벨라는 꼭 30대처럼 보였다. 많아야 서른다섯 살로 보였지만 나는 이사벨라가 쉰세 살이라는 것을 알고 있었다.

나는 잠시 그 자리에 서서 이사벨라를 살펴보았다. 내담자들이 혼자 있고 자신을 보는 사람이 아무도 없다고 생각할 때, 즉 내담자들이 그들 자신의 모습을 남에게 보여줘야 한다고 의식할 이유가 없을 때, 나는 종종 그들을 염탐해 보고 싶다는 생각이 든다. 그렇게 혼자 있는 자아가 다른 경우의 자아보다 더 참모습에 가깝다고 생각해서가 아니다. 혼자 있는 자아는 좀처럼 볼 수가 없다. 또한 그것은 오로지 내담자들이 남을 의식해서 말하는 이야기를 토대로 내가 추론을 해서 맞출 수밖에 없는 퍼즐의 한 조각이기 때문이다. 이사벨라는 밝고 기대에 차 있고 생기가 넘쳐 보였다. 그리고 푸들 가게에 앉아 있는 이사벨라는 불안해 보이지 않았고 굉장히 평화로워 보였다. 그 모습이 내게는 놀랄 만큼 순수해 보였다.

별안간 나는 이사벨라가 나를 보기 전에 뒷걸음질 쳐서 내 차로 달려가고 싶었다. 내 생각에 이사벨라는 분명 괜찮아 보였다. 이사벨라는 살아남았을 뿐만 아니라 건강하고 행복해 보였다. 나는 문득 생각했다. '긁어 부스럼을 만들지 말자. 내가 여기 있을 이유가 없어. 내가 나타나서 오히려 이사벨라가 위험한 생각을 떠올리면 어떡하지? 저렇게 멋지게 마음의 평정을 유지하고 있는데 내가 흐트러뜨리면 어쩌나?'

"로비! 당신이군요!"

이사벨라는 의자에서 일어나 성큼성큼 걸어오더니 가게 문을 열었다.

"그렇잖아도 나를 훔쳐보는 저 잘생긴 신사가 누굴까 생각했지요."

이사벨라는 가볍게 춤을 추며 나에게 다가와 내 볼에 입을 맞추었다. 나는 활짝 웃으며 고개를 절레절레 흔들었다. 눈 깜짝할 새에 35년이 흘렀다.

"근사해 보이네요."

내가 말했다. 진심이었다. 가까이에서 보니 이사벨라는 훨씬 더 젊어 보였다.

"가게 문을 잠글게요. 2층에 올라가서 차 마셔요."

이사벨라가 말했다.

"당신의 평범한 일상을 방해할 생각은 없었는데."

"로비, 내 인생에서 평범한 하루는 없었어요! 다른 사람은 몰라도 당신은 그걸 알 텐데요!"

그 걸걸한 웃음소리 역시 나이가 들지 않았다.

이사벨라는 문에 있는 카드보드지 표지판을 휴업/Cerrado(문 닫음)로 돌리고 나를 안내했다. 우리는 옥외 계단을 통해 가게 위에 파란색으로 치장한 벽토로 지어진 집의 현관으로 갔다. 방은 밝고 색상이 화려했다. 벽에는 영어와 스페인어로 된 책으로 빼곡한 책장이 늘어서 있었다. 그것 역시 나의 모든 내담자들이 내게 허락해 주기를 바란 특권이다. 내담자들의 생활공간을 구경하는 것, 벽을 장식하는 그들의 개성의 일부를 엿보는 것. 거실 안쪽에는 플라멩코 의상을 완전히 갖춰 입은 이사벨라의 커다란 포스터 액자가 걸려 있었다. 액자 속에서 이사벨라의 두 팔은 머리 위로 우아하게 아치 모양을 하고 있었다. 사진 속의 이사벨라는 나이를 가늠할 수가 없었다.

나는 포스터 바로 아래에 있는 등나무 소파에 앉았다. 이사벨라는 차를 내온 다음 소파의 다른 쪽 끝에 앉아서 책상다리를 했다.

"그래서 무엇을 알고 싶은가요, 박사님?"

이사벨라가 짓궂게 물었다. 이럴 수가. 이사벨라의 목소리에는 스페인어 억양이 조금도 남아 있지 않았다.

"어떻게 지내는지 알고 싶어요. 그게 가장 궁금해요."

내가 말했다.

이사벨라는 대답을 하기 전에 눈을 감고 심호흡을 했다.

"저는 좋아요. 행복할 때도 있고 슬플 때도 있지만 좋아요. 알잖아요."

이사벨라가 조용히 대답했다.

나는 고개를 끄덕였다. 나는 이사벨라가 눈물을 보이지 않을까 잠깐 생각했다. 그러나 이사벨라는 금세 밝아졌다.

"어디서부터 시작하죠?"

이사벨라가 물었다.

"1958년의 그날 밤 당신이 내 사무실 밖으로 나간 날부터 얘기하는 건 어때요?"

우리 둘 다 웃었고, 그런 다음 둘 다 조용해졌다. 이사벨라는 또 한 번 심호흡을 하더니 이야기를 시작했다.

"저는 12년 동안 발레 내쇼날에서 춤을 췄어요. 로비, 도저히 믿을 수 없는 일이 일어났지 뭐예요. 최고 중의 최고가 됐답니다. 나는 춤을 추었고, 사람들의 사랑을 한 몸에 받았어요. 신문에 늘 제 사진이 실렸죠. 거리에서 사람들이 '이사벨라! 이사벨라!'라고 외치곤 했어요. 거기서는 인기가 많은 플라멩코 댄서는 인기 많은 영화배우나 다름없어요. 왕자들과 한량들이 저를 쫓아다녔지요. 우리는 순회공연을 다녔어요. 남아프리카, 오스트레일리아, 하와이, 유럽 전역 등 안 가본 데가 없어요. 매 순간이 행복했어요. 2년 뒤에 저는 그 발레단에서 수석 여자 댄서 중 한 명이 되었어요. 6년 뒤에는 발레 오케스트라의 리드 기타리스트인 안토니오와 결혼을 했죠."

나는 뒤로 기대며 미소를 지었고 이사벨라는 기막히게 멋진 자신의 직업 세계에 대해 계속 이야기했다. 가끔 벌떡 일어서기도 하고 후다닥 다른 방으로 뛰어갔다가 프로그램이나 포스터 혹은 신문 기사를 오려 모은 스크랩북을 들고 돌아오곤 했다. 마지막에는 사진첩을 꺼내왔다.

"여기는 세비야에 있는 우리 저택이에요. 방이 열여섯 개예요. 정원이 아름답죠?"

이사벨라는 눈부신 부겐빌레아(분꽃과에 속하는 덩굴 식물_옮긴이) 앞에서 연철로 된 의자에 앉아 있는 자신의 사진을 가리켰다.

"로비, 당신이 이 집을 봤으면 무척 마음에 들어 했을 거예요. 여긴 옛날에 어느 백작부인의 저택이었어요. 놀랍지 않아요?"

나는 놀라서 씩 웃어 보였다. 세비야에 자리한 저택의 '이사벨라 코르테즈 백작부인.' 이사벨라는 사진첩의 페이지를 넘겨 저택의 테라스를 찍은 사진을 보여주었다. 머리털이 부스스하고 기타를 손에 들고 있는 이목구비가 날카로운 남자, 그 남자 뒤에서 그의 어깨에 한 손을 올리고 서 있는 나이 지긋한 여자. 그 여자는 잘생긴 얼굴을 마치 왕족인 양 높이 쳐들고 있었다. 놀랍게도 이사벨라와 닮은 모습이었다.

"이 여자 분은 누구예요?"

내가 물었다. 이사벨라가 얼굴을 붉히며 주저했다.

"어머니예요. 저를 보러 한 번 오셨어요."

이사벨라가 마침내 말했다. 나는 고개를 끄덕였다.

"어머니가 신문에서 제 기사를 보고 제가 무척 자랑스럽다는 전보를 보냈어요. 그러자 다 용서가 되더라고요. 어떤 면에서 제 꿈을 이룬 거죠. 어머니는 저를 보러 오고 싶다고 했고, 저는 거절할 수가 없었어요. 어머니한테 제 집과 남편, 제가 누리는 이 멋진 인생을 고스란히 보여줘야 했지요."

"아버지는요?"

"아버지는 돌아가셨어요. 제가 집을 떠나고 나서 몇 년 뒤에요. 저는 한참 뒤에야 그 소식을 들었어요."

"어머니는 얼마 동안 머물고 가셨나요?"

이사벨라가 어깨를 으쓱하며 대답했다.

"아마 몇 주 정도요."

이사벨라는 사진첩을 넘겼다. 이번에는 맨발의 아름다운 여성들이 마을의 거리에서 춤을 추는 모습을 확대한 사진이었다.

"여기는 안달루시아에요. 여기서 다른 집시들과 진짜 플라멩코를 추었어요. 집시들은 내가 정말로 미국인이라는 것을 믿지 못하더군요."

이사벨라가 쾌활하게 말했다.

나는 소름이 돋았다. 나는 아무 말 없이 이사벨라의 눈을 똑바로 응시했다.

이사벨라는 더 나직한 목소리로 재빨리 이야기를 이어갔다.

"로비, 거기에서는 마음이 영 편하지가 않았어요. 스페인 사람들은 아주 엄격해요. 특히 남자들이요. 그런 걸 마초 기질이라고 하더군요. 제가 봤을 때는 꽉 막힌 건데 말이죠. 스페인의 모든 어린 소녀들과 내 친구들의 딸들을 생각하면 마음이 아파요. 스페인 남자들은 딸들을 은식기처럼 가두어 놓거든요. 아무도 딸들을 데리고 낚시 가지 않아요. 이 가엾은 소녀들은 인생에서 두 가지 길밖에 갈 수가 없어요. 숙녀로 성장하든가 매춘부로 성장하든가 둘 중 하나죠. 다른 선택권은 전혀 없어요. 거기 있는 사람들은 전부 아주 교양 있게 행동하지만 그건 가식에 불과해요. 그들은 자신이 정말로 어떤 사람인지, 자신의 깊은 내면을 결코 알고 싶어 하지 않아요."

나는 정말로 숨을 죽였다. 이사벨라에게 묻고 싶은 질문이 아주 많았지만 조용히 있었다.

"이런 표현 들어본 적 있어요? '어떤 소망을 마음에 품을지 신중하라. 반드시 그것을 얻게 될 테니까.'"

이사벨라가 물었다.

"네."

"바로 그런 일이 제게 일어났어요. 그곳에서는 다들 나를 무척 좋아했어요. 나를 스페인 사람으로 온전히 받아들였죠. 그리고 저는 스페인 사람이었어요. 첫 몇 년 동안은 스페인 사람이었죠. 속속들이 스페인 사람이었어요. 그렇지 않고서야 어떻게 그렇게 춤을 출 수 있었겠어요? 크게 노력을 기울일 필요도 없었거든요. 그 모든 것이 자연스럽게 되더라고요. 데자뷔처럼요. 그런데 얼마 뒤에 저의 미국적인 성향이 반란을 일으켰어요. 그 성향이 다시 나오고 싶어 했어요."

이사벨라가 어깨를 으쓱하면서 나를 보고 미소를 지었다. 검은 눈이 반짝였다.

"당신의 미국적인 성향이요?"

나는 되물었다. 내 심장이 두근거렸다.

"네. 아시잖아요. 제게 제멋대로인 성향이 있다는 거. 가만히 있지 못하고 상자 안에 갇혀 있기 싫어하는 제 기질. 그게 제 미국적인 성향이에요. 억누를 수가 없죠. 무슨 뜻인지 아시죠?"

"그래서 예전의 자아로 돌아갔다는 거예요?"

나는 이사벨라처럼 아무렇지 않은 척하느라 필사적으로 애쓰며 물었다.

"미국적인 자아, 나오미 골드버그로 돌아갔다는 거군요."

나는 그 이름을 꺼내면서 이사벨라의 얼굴을 유심히 살폈다. 이사벨라는 눈 하나 깜짝하지 않았다.

이사벨라가 활기차게 대답했다.

"어머, 그게 그렇게 쉽지는 않았어요. 정말 힘들었어요. 사투를 벌였다고나 할까요? 내 말은, 난 다른 사람들에 대해서는 몰라요, 로비. 하지만 내 안에는 모두 스타가 되려고 싸우는 많은 자아들이 있어요. 그리고 저는 항상 그들 사이에서 심판을 봐야 해요. 그때그때 맞는 자아를 택하는 거죠. 스페인 자아와 미국적 자아는 여전히 가끔 싸움을 벌이곤 해요."

이사벨라가 고개를 갸웃하며 말을 이었다.

"하지만 놀랍지 않아요, 로비? 그러니까 한 번 사는 인생에 그렇게 많은 사람이 될 수 있다는 것이요."

이사벨라는 심야토크 쇼에 출연한 영화배우처럼 차분하게 미소를 지으며 그 말을 했다.

나는 거침없이 웃음을 터뜨렸다. 설사 웃음을 참고 싶어도 참지 못했을 터였다. 그래, 바로 이것이었다. 대단원, 오랫동안 내 머리에서 떠나지 않았던 질문에 대한 답. 그 수십 년 세월. 나오미 골드버그로 태어나 사업을 하고 훌륭한 집을 소유했으며 건강미로 눈이 부시고 감정이 풍부한 쉰세 살의 이사벨라 코르테즈는 많은 인생을 한 인생으로 뭉뚱그릴 수 있다는 것이 참 멋지다고 생각한다. 결국 그것이야말로 이사벨라가 지닌 '망상'의 총체인 것 같았다.

맙소사, 내가 그동안 도대체 무슨 걱정을 했던 거지?

"뭐가 그렇게 재미있어요, 로비?"

이사벨라가 물었다.

"나 때문에요. 내가 인생을 너무 복잡하게 만드는 건 아닌가 하는 생각을 가끔 해요. 아마 직업 탓인가 봐요."

내가 대답했다.

우리는 두서너 시간 동안 이야기를 나누었다. 이사벨라는 서른두 살에 발레단에서 나왔다. 한물간 스타 취급을 받고 싶지 않아서 전성기일 때 떠났다. 안토니오와 런던에 댄스 학교를 세워서 몇 년간 운영했지만 결국 미국으로 돌아가고 싶었다.

"그 뒤로 쭉 이곳에서 지냈어요. 시간이 얼마나 지났죠? 16년, 17년? 우리는 여기에도 플라멩코 학교를 세우려 했지만 그러지 못했죠. 아무튼 안토니오가 미국에 전혀 적응을 하지 못해서 결국 스페인으로 돌아갔어요. 때가 된 거죠. 우리는 몇 년 동안 사이가 좋았지만 멀어지고 말았어요. 중간에 아이가 생겼으면 사정이 달라졌을 텐데 적당한 기회가 없었어요."

한편 이사벨라는 푸들에 열렬한 관심을 보였고, 이곳 마이애미에 가게를 차렸으며, 여전히 클럽이나 축제에서 가끔 춤을 추었다. 안토니오와 헤어진 뒤로 몇 번 연애를 했지만 그다지 뜨겁지는 않았다. 현재 프레드리코라는 남자를 만나고 있는데 아주 매력적이라고 했다.

이사벨라의 거실이 점점 어둑해졌고 이제는 분홍빛으로 채워졌다. 나는 창밖으로 리틀 하바나 항구에 해가 지는 광경을 보았다.

"밖에 나가서 저녁을 대접하고 싶은데 어때요?"

내가 물었다.

"우리 둘이 가기 딱 좋은 곳이 있어요."

이사벨라가 소파에서 일어나며 말했다.

이사벨라는 외출 준비를 하러 방에 들어갔고, 잠시 뒤에 딴 사람이 되어 돌아왔다. 이사벨라는 금발로 된 가발을 쓰고 있었다. 길고 탄력 있는 나선형의 곱슬머리였다. 입술에는 선홍색 립스틱을, 눈에는 금가루가 반짝이는 검정색 아이섀도를 발랐다. 검정색 원피스는 상당히 밀착되고 선탠을 한 다리가 드러날 정도로 매우 짧았다.

"왠지 오늘밤은 내가 특별히 섹시하게 느껴지네요."

이사벨라가 내게 팔짱을 끼며 말했다.

우리는 내 승합차에 올라탔다. 내가 이곳에 온 뒤 처음으로 우리 사이에 침묵이 흘렀다. 이사벨라는 라디오를 켜더니 콩가 음악을 틀어주는 스페인 방송국을 찾았다. 갑자기 앞좌석이 들썩이기 시작했다. 나는 이사벨라를 흘끔 보았다. 이사벨라의 발에서 발 구르는 소리가 나고 몸통이 흔들리고 어깨가 빙빙 돌았다.

이사벨라는 앉아서 춤을 추고 있었다. 나는 미소를 지었다. 이 아이는 가만히 앉아 있는 법이 없다니까.

우리는 방향을 틀어 해안 도로를 탔다. 그때 소나기가 쏟아지더니 열린 창으로 비가 들이쳤다. 나는 비가 내리던 날, 젊은 내담자에게 차에 태워주지 못하겠다고 했던 일을 떠올렸다.

"기억나요? 나한테 차에 태워달라고⋯⋯."

이사벨라가 불쑥 끼어들었다.

"지하철까지 태워달라고 한 거요? 물론 기억하죠! 그때 당신이 얼마나 미웠는지 몰라요, 로비! 바로 그때 그 자리에서 치료를 그만둘 뻔했다니까요."

"어쩔 수 없다는 거 알잖아요. 내가 당신을 태워줬다면 심리치료사로서 자격이 없는 거죠."

"그래서 그런 거 아니잖아요!"

이사벨라가 쏘아붙였다. 나는 침을 꿀꺽 삼키고 대답했다.

"맞아요. 남들이 오해할까봐 걱정이 됐을 거예요."

나는 이사벨라를 흘끔 보았다. 이사벨라는 앞유리를 통해 비가 퍼붓는 광경을 물끄러미 바라보았다.

"미안해요."

내가 나직이 말했다. 이사벨라는 어깨를 으쓱하며 웃었다.

"난데없이 웬 사과예요? 35년 전의 일을 누가 신경이나 쓴대요?"

"내가 신경이 쓰이나 봐요."

내가 말했다.

나는 옛날이야기를 꺼내기 전에 심호흡을 했다. 그 이야기는 할 계획이 아니었는데 이제는 해야 할 것 같았다.

"당신에게 해주고 싶은 말이 있어요, 이사벨라. 학교 이야기예요. 실은 사람들이 거짓 핑계를 둘러대고 당신을 나한테 보냈어요."

나는 이사벨라에게 브리스코 박사의 쪽지에 대해 말했다. 그리고 내가 의뢰받은 일은 이사벨라에게 직업 상담을 해주는 것이 아니라 이사벨라가 강의실에서 보이는 행실을 수정하는 것이었다고 말했다.

"치료사가 누군가를 통제하는 데 동원되는 게 그때가 처음은 아니죠. 특히 여자를 통제하는 일에는요. 당신이 섹시해서 학교가 위태롭다고 그러더군요. 하지만 사실은 그 사람들이 자신이 느끼는 충동에 죄책감이 들어 불안했던 거죠. 당신은 모든 중년 남자가 가장 두려워하는 존재, 즉 진정으로 성생활을 좋아하는 여자로 인식되었어요. 그 점 때문에 그들이 겁을 먹은 거예요. 하긴 나도 겁이 났어요. 우리 모두 당신 같은 여자를 못 다룰까봐, 당신이 우리를 웃음거리로 만들까봐 두려워하죠. 그래서 우리는 당신을 길들이려고 애써요. 그것이 나의 임무였어요. 당신을 길들이는 것."

"카르멘처럼요."

이사벨라가 중얼거렸다.

"맞아요. 내가 심리치료사를 하면서 만난 첫 '카르멘'이 당신이 었어요. 하지만 나중에, 그러니까 60년대와 70년대에 나는 카르멘을 많이 만났어요. 부끄러운 줄 모르고 성생활을 하고 싶어 하는 여자들이요. 그들은 성욕을 숨겨야 했던 얌전한 어린 소녀들에게 넌더리를 내더군요. 그것이 내가 다루고 있는 신경증적 증상이 아니라는 것을 깨닫기까지 오랜 시간이 걸렸어요. 그건 사회가 바뀌고 있는 과정이었어요. 당신이 시대를 앞서간 거죠, 이사벨라."

나는 이사벨라를 흘끗 보았다. 이사벨라는 당황하고 불안해 보였다.

"하지만 그 여자들 중 누구도 플라멩코를 출 수 있었던 건 아니잖아요. 안 그래요, 로비?"

이사벨라가 다급한 어린 소녀 같은 목소리로 물었다.

"맞아요. 그들 중 플라멩코를 출 줄 아는 사람은 없었어요."

내가 대답했다.

"그러면 그 여자들은 정말로 카르멘이 아니었던 거죠, 그렇죠?"

"그런 것 같네요, 이사벨라."

우리는 바닷가에 제멋대로 뻗어 있는 스페인 식당으로 갔다. 등불이 비치는 테라스에 자리를 잡고 파엘라(납작하고 둥근 팬에 쌀과 고기, 해산물 등을 함께 볶은 스페인의 전통요리_옮긴이)를 먹었다. 식당 안에서 남녀들이 마림바(실로폰의 일종으로 분류되는 공명기가 달린 타악기_옮긴이) 음악에 맞춰 춤을 췄다. 그곳 남자들의 반수가 이사벨라를 아는 것 같았다. 이사벨라가 지나가자 그들은 상그리아(슬라이스한 과일과 탄산수, 설탕 등을 넣은 와인에 얼음을 넣어서 마시는 술_옮긴이)가 담긴 유리잔을 들어 보였다. 이사벨라는 그들에게 스페인어로 인사했다.

커피가 나온 뒤로 이사벨라는 조용해졌다.

"저도 당신한테 털어놓을 게 있어요."

잠시 뒤에 이사벨라가 살며시 말문을 열었다.

"어머니에 대해서 말하지 않은 부분이 있어요. 어머니가 우리 집에 한 번 오신 게 아니라는 사실이요. 안토니오와 내가 미국에 돌아왔을 때 우리는 어머니와 함께 살았어요. 그렇게 8년을 지냈죠."

맙소사, 드디어 올 것이 왔다고 나는 생각했다. 추적 연구가 될 만한 진짜 이야기. 내가 결코 추측할 수도 없었지만 늘 두려웠던 이야기. 이사벨라가 어머니의 집에서 함께 살았던 8년 동안에 대해 이야기하는 동안 나는 입을 다물고 커피를 조금씩 마실 수밖에 없었다. 끔찍한 이야기였다.

이사벨라와 안토니오는 뉴욕에 댄스 학교를 세우는 동안 자금을 절약할 임시방편으로 미리암의 집에 들어가 살았다. 그것이 불가능한 모험이라는 것을 깨달았지만 두 사람은 이사벨라가 대안을 마련하는 동안 계속 머물렀다. 그 당시에 이사벨라는 이제 어머니쯤은 충분히 상대할 수 있다고 자신했다고 말했다. 오랜 세월 유명인으로 독립적인 생활을 하면서 쌓인 내공으로 어머니를 감당할 수 있을 만큼 충분히 강해졌다고 생각한 것이다. 반면 미리암은 늙고 쇠약해졌으며, 마침내 이사벨라를 존중하는 듯 보였다. 그러나 이사벨라가 마흔 살에 집에 돌아온 뒤로 하루하루가 이사벨라의 어린 시절을 떠올리게 하는 악몽으로 점점 변해 갔다.

"안토니오는 할 일이 없어서 무척 우울해했어요. 아파트에서 빈둥거리면서 기타를 치는 게 전부였죠. 그러는 동안 저는 우리가 생계를 유지할 수단을 찾고 있었어요. 이윽고 안토니오와 어머니는 잔뜩 취할 만큼 같이 술을 마시고 담배를 피우고 종일 텔레비전을 봤어요. 제가 일자리를 찾다가 집에 돌아오면 두 사람은 정장을 차려 입은 저를 쓱 쳐다보았어요. 안토니오는 저한테 욕을 하기 시작했어요. 안토니오는 제가 밖에 나가서 몸을 팔고 다닌다고 철석같이 믿고 있었어요. 안토니오에게 그 생각을 주입시킨 건 어머니였어요."

이사벨라는 생기 없는 목소리로 그 사건에 대해 이야기했다. 당연했다. 나는 더 이상 이야기를 하고 싶지 않다면 할 필요 없다고 이사벨라에게 몇 번 신호를 보내려고 했다. 그러나 이사벨라는 35년 전처럼 고통스런 모든 일을 상세히 이야기하지 않으면 못 배기는 듯했다.

"떠날 생각도 수백 번 했어요. 그런데 어머니가 몸이 더 안 좋아지더라고요. 알고 보니 방광암이었어요. 그리고 저는 여전히 안토니오에 대해서 책임감을 느꼈죠. 머나먼 이곳까지 안토니오를 데리고 왔잖아요. 죽어버릴까 생각도 했어요. 십대 이후로, 당신을 처음 만나고 온 뒤로, 당신이 내 생명을 구해준 뒤로 그런 생각을 한 건 처음이었어요."

이사벨라는 진정 어린 커다란 눈을 들어 나를 바라보다가 갑자기 다시 미소를 지어 보였다.

"하지만 잘 들어요, 로비……. 어느 날 더 이상 이런 생활을 하루도 더 못 견디겠다는 생각이 들었어요. 그래서 복도 벽장에 들어가서 명상을 하기 시작했죠. 어머니와 안토니오가 다른 방에서 술을 마시고 웃는 소리가 들렸어요. 그래서 온 힘을 다해 한 가지 생각에 집중했어요. 두 사람이 없어졌으면 좋겠다는 생각이요. 그런데 그 일이 정말로 일어났지 뭐예요! 이틀 뒤에 어머니가 돌아가셨어요. 그리고 일주일 뒤에 안토니오는 스페인으로 돌아갔어요. 다 끝난 거죠. 또 해낸 거예요!"

이사벨라의 목구멍에서 깊고 저속한 웃음소리가 터져 나왔다. 이사벨라의 눈이 다시 반짝였다. 나는 와인 잔을 들고 이사벨라를 바라보며 말했다.

"이사벨라, 당신을 위해 건배! 모든 시대를 통틀어 가장 훌륭한 생존자들 중 하나를 위해!"

우리는 말없이 해안도로를 따라 다시 달렸다.

고통스러운 8년의 세월은 무엇을 의미할까? 결국 내가 이사벨라에게 도움을 주지 못했다는 의미일까? 내가 충분히 이사벨라를 이끌지 못했던 게 분명했다. 그래서 이사벨라가 어머니가 던져 놓은 또 다른 악랄한 깊은 덫에 빠지고, 신경을 굉장히 날카롭게 하고 삶을 지치게 하는 패턴의 반복을 피하지 못한 게 아닐까? 그것은 성공적인 치료의 결과와는 확연히 거리가 멀었다.

내가 학생일 때 헤겔의 역사 철학을 읽었던 것이 기억난다. 헤겔은 역사의 원동력이 정−반−합으로 순환하고, 나선형을 그리며 더 높은, 더 복잡한 수준의 실재로 올라간다고 보았다. 이사벨라는 마흔 살에 브롱크스에서 태어난 나오미와, 본래의 정체성에 반대되는 존재인 플라멩코 스타 이사벨라가 합쳐진 존재로 살았다. 마지막으로 이사벨라는 자신이 만들어낸 인물이 되었다. 그리고 그 만들어진 자아는 다시 한 번 괴물 같은 어머니에게서 살아남았다.

이사벨라는 어떤 경우에든 살아남을 수 있는 강력한 생명력으로 삶을 헤쳐 온 것 같다. 이사벨라는 전 시대를 통틀어 훌륭한 생존자들 중 한 명이었다. 어쩌면 이사벨라가 그 생명력을 키울 수 있도록 내가 일찌감치 도움을 준 것일 수도 있었다. 어쩌면 이사벨라가 개인적인 역사에 갇혀 있지 않도록 내가 막아준 것일 수도 있었다.

하지만 나는 그 두 가지 모두 아닐 수도 있다고 밤새 운전을 하며 생각했다. 내가 애써 나 자신을 정당화하는 것일 수도 있었다.

치료를 받은 뒤에 인생에서 성공했다고 어떤 기준으로 판단할 수 있을까? 어느 누구도 영원히 행복했다는 결말은 있을 수 없다. 추적 연구를 하는 일은 쉽지 않을 것 같았다.

만일 내가 1957년에 나오미를 '바로잡았다면' 어떻게 되었을까. 내가 나오미에게 자신을 이해하고 받아들이라고 그 당시의 개념을 적용해 기존의 매뉴얼대로 이끌었다면 어떻게 됐을까. 아마 나오미 골드버그는 학교를 마치고 좋은 남자와 결혼하여 교외에서 자녀들을 키우며 사는 삶에 만족했을 수도 있다.

그러나 나오미가 왕자들을 위해 춤을 출 수도 있었을까?

우리가 칼레 오초로 접어들었을 때 나는 이사벨라의 집으로 들어가는 계단 앞에 한 남자가 서 있는 것을 보았다. 키가 크고 잘생겼으며 머리는 뒤로 빗어 넘긴 스타일이었다. 나이는 서른다섯이나 마흔 살 정도 되어 보였다.

"프레드리코예요! 매력적이지 않아요? 내가 당신하고 함께 있는 걸 보면 엄청 질투할 텐데."

이사벨라가 흥분하며 말했다.

나는 미소를 지었다. 갑자기 이사벨라가 내 팔을 잡았다.

"오, 로비, 비밀 지켜줄 수 있어요?"

이사벨라가 다급하게 속삭였다.

"그럼요. 무슨 비밀인데요?"

"프레드리코요. 프레드리코는 어딘가 좀 이상한 구석이 있어요. 그래서 프레드리코에게 저에 대해 전부 말해주진 않았어요. 그러니까 프레드리코를 만나면 알죠? 내가 그렇다는 거 이야기하지 말아요."

나는 걱정하는 이사벨라의 눈을 바라보았다. 내가 이사벨라의
나이를 밝힐까봐 불안한 걸까?

"당신의 어떤 면이요?"

나는 슬며시 물었다.

"유대인이라는 거요."

이사벨라가 눈을 피하며 말했다.

나는 프레드리코를 만나지 않았다. 나는 이사벨라를 길 건너
편에 내려주었고, 우리는 그 자리에서 작별 인사를 했다.

"내일 만날까요?"

이사벨라가 물었다.

"아니요. 그 다음 목적지로 가야죠."

내가 대답했다.

"오, 로비. 당신은 삶이 영원히 계속되면 좋겠다고 생각하지
않나요?"

이사벨라가 한숨을 내쉬며 말했다. 그리고 내 볼에 입을 맞추
고는 내가 대답할 새도 없이 가버렸다.

그런 다음 그녀가 깨어났을 때
눈앞에 무엇이 보이든
그것이 사자든 곰이든
혹은 늑대든 황소든
참견하는 원숭이든 바쁜 유인원이든
그녀는 사랑의 영혼으로
그것을 뒤쫓으리라.

— 윌리엄 셰익스피어, 「한여름 밤의 꿈」

찰스:
북극곰을 사랑한 남자

나는 주간 고속도로 75번을 타고 마이애미에서 북서쪽을 향해 새러소타로 갔다. 새러소타는 연중 해가 내리비치는 도시이며 서커스의 왕 고故 존 링링의 마지막 안식처이기도 하다. 나는 어느 화요일 한낮에 새러소타에 도착했다. 이제 24시간 뒤에 찰스 엠브리와 만나기로 되어 있었다. 찰스 엠브리를 마지막으로 만난 것이 거의 30년 전이었다. 찰스와 재회하기 전에 하루라는 시간이 주어진 것이 고마웠다. 이사벨라와 헤어졌지만 이사벨라와의 만남에 대해 아직 곰곰이 생각해 볼 게 있었다.

　나는 컴포트 인에 숙소를 잡고 수영장에서 오랫동안 상쾌하게 수영을 했다. 그런 다음 시내를 구경하러 나갔다. 새러소타는 지중해의 분위기가 물씬 풍기는 화려한 건축물이 돋보인다. 그 화려한 기교는 도시 한복판에 있는 아름다운 식물원과 베이쇼어 드라이브 외곽에 있는 웅장한 존 앤 메이블 링링 미술 박물관, 베니스의 두칼레 궁을 모델로 한, 우아한 링링 저택 카드잔에서 볼 수 있다. 위스콘신 주 배러부에서 낭만적인 꿈을 꾸며 성장한 링링은 이탈리아의 화려하고 퇴폐적인 문화에 자연스럽게 이끌렸다. 이탈리아의 콜로세움에서 공연된 원시적인 동물 연극(기독교인들을 사자들과 싸우게 하는 짓)의 형태로 최초의 서커스가 시작되었다고 한다.

나는 정박지가 내려다보이는 카페에서 점심으로 프라이팬에 재빨리 구워낸 참치를 먹었다. 그런 뒤에 차를 몰고 이웃 마을인 베니스로 갔다. 베니스는 존 링링이 이름을 붙였고 그의 서커스 양성소 클라운 칼리지가 설립된 곳이다. 그곳의 상설 대형 천막 아래에서 링링 형제와 바넘 앤 베일리 서커스를 위한 새로운 공연 리허설이 진행 중이었다. 방문객들은 환영을 받았다. 지붕 없는 관람석은 거의 비어 있었다. 나는 중앙 무대 위의 높은 곳에 자리를 잡았다.

타이츠와 민소매 티셔츠 차림의 젊은 남자가 공중그네에 거꾸로 매달려 있었다. 곱슬머리에 몸은 근육질이었다. 밀착된 의상을 입은, 유연하고 아름다운 젊은 여자가 공기를 가르며 남자 맞은편으로 건너갔다. 음향 장치에서 차이콥스키의 〈백조의 호수〉 중 마지막 독주곡이 흘러나왔다. 젊은 여자의 동작이 어찌나 우아한지 하늘 높이 날아오르는 발레리나를 보는 것 같았다. 그러나 단지 그 이유 때문에 내가 젊은 여자에게 눈을 뗄 수 없었던 건 아니었다.

젊은 남자는 이제 젊은 여자의 움직임에 맞춰 몸을 흔들고 있었다. 남자는 여자를 잡는 역할이었다. 여자는 이윽고 몸을 던져 15미터 상공을 날아 남자가 뻗은 두 팔을 잡을 터였다. 분명 그물이 준비되어 있지만 여자가 그물을 벗어나 톱밥이 깔린 바닥으로 떨어질 수도 있다는 것, 혹은 여자가 불구가 되거나 죽을 수도 있는 각도로 그물에 곤두박질칠 수도 있다는 것을 나는 잘 알았다. 불과 몇 년 전에 그 유명한 플라잉 왈렌다스 서커스 단원 중 한 명이 그런 운명을 맞이했다. 음악 소리가 커졌다. 나는 조마조마해서 실눈을 떴다. 심장이 두방망이질 쳤다.

사실 나의 어두운 면이 그 위험에 사로잡힌 나머지 나는 매혹적인 천사가 남자가 쭉 뻗은 두 팔을 놓치고 바닥으로 추락하는 장면을 계속 상상하고 있었다. 그것은 우리 모두를 도저히 자리에서 뜨지 못하게 하는 극적인 순간이다. 성공과 실패의 갈림길에 흐르는 긴장의 순간이다. 만일 그 젊은 여자가 그렇게 매력적이지 않았다면 분명 나는 그렇게 뜨거운 관심을 가지고 지켜보지 않았을 터였다. 그러나 여자가 언젠가는 죽을지도 모르는 위험한 순간에 처해 있지 않았더라면 그렇게 완전히 넋을 빼놓고 주시하지도 않았을 게 틀림없다. 최종 분석을 하자면, 나는 아마 로마의 원형극장인 서커스 네로니스에 있는 로마 황제 칼리굴라의 관중과 그다지 다를 게 없을 것이다. 그들은 벌거벗은 검투사들이 굶주린 사자들에게 쫓기는 광경을 흥분하며 구경하지 않았던가. 성性과 위험은 쇼 비즈니스에서 늘 흥행을 보장하는 조합이다.

젊은 여자는 공중으로 몸을 날렸다. 여자는 허공에서 공중제비를 두 번 하고는 거꾸로 매달려 있는 남자를 향해 두 팔을 뻗었다. 남자가 여자를 붙잡았다. 나는 안도의 한숨을 내쉬었다. 나는 여자가 곤두박질쳐서 죽음에 이르는 광경을 보고 싶어 했던 게 아니었다. 역시 나는 삐딱한 사람이 아니다.

그런데 그 여자의 공연을 한 번 더 보고 싶다는 생각이 드는 건 왜일까.

"로비, 자네가 봐줬으면 하는 까다로운 사례가 있어. 롤로가 그러더군. 당신이 그 일에 적격자일 거라고. 색다른 접근법이 필요할 거야."

뉴욕 대학 상담과 학장인 골드맨 박사가 전화로 말했다. 그때가 1965년이었다. 나는 그 당시에 개인 상담소를 운영하고 있었다.

"어떤 사례인데요?"

"굳이 많은 말을 할 필요는 없을 것 같아. 자네가 직접 보고 판단하는 게 좋을 거야. 그 젊은이의 이름은 찰스 엠브리일세. 예전에는 대학생이었지."

골드맨 박사는 잠시 말을 멈추었다가 덧붙였다.

"현재는 서커스를 해."

만일 나를 더 설득해서 그 일을 맡게 할 생각이었더라도 그 말 한마디면 충분했을 터였다. 언제부터인지는 모르지만 난 서커스 광이었다. 테니스장에서 내 손에 공 두 개가 쥐어져 있으면 나는 어김없이 저글링을 하기 시작한다. 혹은 적어도 저글링을 하려고 애쓴다. 그리고 애디론댁 산맥의 숲에서 혼자 말을 타고 있을 때는 안장을 하지 않은 채 말을 타고 슈만 서커스의 중앙 무대로 가는 공상에 빠지기 일쑤이다. 그러나 사실 찰스 엠브리를 맡으라고 더 이상 나를 설득할 필요는 없었다. 내가 대단히 존경하는 롤로 메이 선생님이 그 일의 적임자로 나를 추천했다는 사실 하나만으로도 충분했다. 대다수의 사람들처럼 내 마음속에는 '아버지의 기대'에 부응하고 싶은 욕구가 아직도 남아 있다.

　찰스 엠브리는 금요일에 아침 일찍 나를 처음 만나러 왔다. 둥근 얼굴에 텁수룩하게 턱수염이 나고, 장발에 몸이 둥실둥실한 젊은이였다. 왼쪽 눈썹 위에는 넓은 흰색 밴드가 머리 선까지 붙어 있었다. 찰스는 고개를 좌우로 돌려 사무실의 가구를 살피며 침울한 표정으로 나를 향해 느긋하게 걸어왔다. 찰스는 턱수염이 있는데도 어딘가 모르게 덩치만 큰 사내아이 같았다. 많은 남성 내담자들이 처음 만날 때 으레 하듯 찰스는 나와 악수를 하고 싶어 했다. 악수는 그 역사적 기원을 살펴보면 숨겨 놓은 무기가 없는지 서로 확인하기 위해 나누는 의식이었다. 찰스는 내 손을 슬며시 쥐었다. 찰스의 손은 놀라울 만큼 부드러웠다. 나는 내 맞은편에 있는 의자를 가리켰고, 우리 둘 다 자리에 앉았다.

　"무슨 일로 오셨나요?"

　나는 부드럽게 물었다.

　"지금 하는 일을 계속해야 할지 결정을 내리기가 좀 힘들어서요."

　찰스가 대답했다. 찰스는 어떤 불안한 기색도 없이 내 눈을 정면으로 응시했다. 목소리는 낮고 약간 걸걸하지만 듣기 좋았다.

　"가끔은 직업을 바꿀 때가 되지 않았나 하는 생각이 들어요."

　나는 새로운 내담자를 처음 만나고 나서 1, 2분이 지날 즈음이면 시각적인 단서나 청각적인 단서를 찾아내는 것이 보통이다. 심지어 무의식중에 영향을 미치는 떨림을 찾아낼 때도 있다. 그러한 것을 통해 내담자가 어떤 짐을 지고 있는지 대강 알 수 있기 때문이다. 심한 우울증, 불안감, 과도한 공포가 있을 수도 있다. 가끔은 편집증이나 특정한 공포증의 비언어적 징후를 감지한 적도 있다. 그러나 이번에는 사실상 아무것도 알아내지 못했다. 정상적인 '젊은 남자의 우울감'이 살짝 엿보인 정도라고나 할까. 나는 찰스에게 고개를 끄덕여 보이며 이야기를 계속하라고 권했다.

"하지만 저는 서커스를 무척 좋아하거든요."

찰스는 눈에 띄게 열의를 보이며 말했다.

"서커스에 관한 거라면 뭐든 좋아요. 그 냄새, 솜사탕, 동물들."

찰스는 어깨를 으쓱하며 수줍게 미소를 지었다.

"모르겠어요. 아직 철이 안 들었나 봐요. 어릴 때부터 서커스장으로 도망치고 싶었어요. 이제야 서커스를 하고 있는데 사실 서커스를 떠나고 싶지는 않아요."

그때까지 들어본 찰스의 상황은 꽤 괜찮아 보였다. 맹세코 그 정도는 어렵지 않게 알 수 있었다. 나는 도대체 무엇이 문제일까 골똘히 생각했다. 찰스의 부모가 아직 젊은 아들을 위해 염두에 두고 있는 더 평범한 직업이 있는 걸까? 이것이 과연 심리치료사의 '색다른' 개입이 필요한 '까다로운' 문제라고 할 수 있을까?

"그러면 서커스를 계속하면 되지 뭐가 문제죠?"

찰스가 다시 어깨를 으쓱했다.

"서커스가 좀 위험한 일이라서요."

찰스가 내 시선을 피해 눈을 내리깔며 말했다.

"위험하다고요?"

"사실 위험해요."

찰스는 여전히 나와 눈을 마주치지 않고 말했다.

아, 알 것 같았다. 찰스는 위험한 연기를 하는 모양이었다. 아마 공중에서 줄타기 곡예를 하거나 공중 그네를 타는 게 아닐까? 그러나 찰스는 그런 연기를 하기에 적합한 체형으로 보이지는 않았다. 어쩌면 찰스는 인간 포탄일 수도 있었다. 그런 일이라면 직업을 바꾸는 것을 심각하게 고민할 법도 했다.

나는 기다렸다. 찰스는 텁수룩한 머리를 숙이며 한숨을 내쉬고는 다시 어깨를 으쓱했다.

"서커스단에 있는 누군가와 사랑에 빠졌거든요."

찰스가 마침내 심란해하며 털어놓았다.

그렇다면 다른 종류의 위험을 말했던 것이었구나. 심장의 위험. 나는 이번에도 기다렸다. 그러나 찰스가 몇 분 동안 말을 하지 않자 나는 "그래서 어떻게 됐어요?" 라는 말로 재촉했다.

"기복이 있어요. 사실 그다지 좋지 않아요."

찰스가 커다란 머리를 앞뒤로 흔들었다. 그러더니 갑자기 열정적으로 말했다.

"내 평생 누군가를 그렇게 사랑한 건 처음이에요. 선생님. 정말이에요!"

나는 공감하는 눈빛으로 찰스를 바라보았다. 짝사랑을 하다가 상처 입은 내담자들을 사무실에서 수없이 많이 봤는데도 그런 사람들을 바라보는 건 늘 고통스럽다.

"말해 봐요. 그……."

나는 '그 여자에 대해'라고 말하려다가 중단했다. 성별을 언급하지 않는 편이 좋을 것 같았다.

찰스가 불쑥 끼어들어 열정적으로 말했다.

"그녀는 얼마나 아름다운지 몰라요. 관능적이고 열정적이며 도발적이에요. 처음 본 순간부터 그녀를 몹시 원했어요."

"그녀는요?"

"그녀를 설득해야 해요. 그것만 이루어지면 더 바랄 게 없어요."

찰스가 숨 가쁘게 말했다.

"그런데 할 수 있을 것 같아요. 시간문제예요."

그러더니 찰스는 셔츠 주머니 안에 손을 넣고 뭔가를 찾았다. 사진이었다. 찰스는 애정이 듬뿍 담긴 눈으로 사진을 잠깐 보더니 내게 건넸다.

사진을 보니 찰스가 서커스 무대에서 북극곰 옆에 서 있었다. 찰스는 더 마르고 수염이 없는 모습이고, 북극곰은 뒷다리로 똑바로 서 있었다. 나는 몇 초 동안 그 사진을 바라보았다. 그러나 특별히 심각한 점을 발견하지는 못했다. 그러나 잠시 뒤, 마침내 무엇이 문제인지 깨달았을 때 나는 내 안에 있는 자제력을 총동원해 차분하게 미소를 짓고 태연한 목소리로 말해야 했다.

"그녀가 사랑스럽네요."

찰스는 한시름 놓았는지 얼굴이 밝아졌다. 나는 찰스 나름의 애정관을 받아들였다.

"그녀의 이름은 지로예요."

찰스는 감사의 선물로 살짝 알려주는 정보라도 되는 것처럼 비밀을 털어놓듯 말했다.

바로 그때 뒤늦게야 나는 덜컥 겁이 났다. 내가 아는 모든 진단 기준으로 볼 때 찰스는 아주 심각하게 아픈 젊은이였다. 더욱이 지금까지 내가 쌓아온 직업적 경험으로 볼 때 나는 그런 특이한 장애를 다룰 만반의 준비가 되어 있지 않았다. 그러나 롤로 메이 선생님이 골드맨 박사에게 내가 그 일에 적격이라고 말했다. 나는 심호흡을 하고 내 맞은편에 있는, 상사병에 걸린 젊은이를 바라보았다.

그러고 나서 나는 또다시 공포에 휩싸였다. 찰스의 이마에 붙어 있는 밴드를 다시금 보니 찰스의 일이 왜 그렇게 위험한지 문득 알 것 같았다.

"지로가 왜 당신에게 상처를 냈죠?"

나는 부드럽게 물었다.

찰스는 수치스러운 표정으로 바닥을 내려다보았다.

"지로가 아직 저를 받아들일 준비가 돼 있지 않아서 그래요."

찰스는 상처 입은 목소리로 계속 말했다.

"지로는 준비되어 있지 않았는데 제가 재촉했거든요."

찰스는 내가 묻지 않았는데도 어떻게 된 일인지 정확히 말해주었다. 찰스는 일 년 넘게 글로리어스 글로리아나의 조수로 일을 했다. 글로리어스 글로리아나는 지로를 훈련시키고 지로와 공연을 하는 여자 서커스 단원이었다. 찰스의 말에 따르면 찰스는 처음부터 북극곰과 '아주 깊은 사랑에 빠졌지만' 지로에게 다가가고 싶은 마음을 자제했다. 그래서 북극곰과 우리 안에 있을 때나 공연 무대에 섰을 때 애정 어린 말을 부드럽게 건네고, 북극곰의 옆구리와 목을 토닥이는 것이 전부였다. 찰스는 곰과 접촉할 때마다 몸을 보호하기 위해 두꺼운 가죽 재킷을 꼭 입어야 했고, 늘 그렇게 했다. 찰스는 무미건조한 어투로 북극곰이 특히 위험한 이유를 내게 알려주었다. 북극곰은 단 한 번의 타격으로도 사람을 죽일 수 있고, 공격을 하기 전에 아무런 경고도 하지 않기 때문이었다.

뉴저지 인근에서 서커스 공연이 진행 중이던 문제의 그날 밤, 찰스는 동물 구역에 늦게까지 남아 있었다. 그 시점이 찰스가 내게 거론되기 딱 2주 전이었다. 찰스는 지로의 우리 밖에 앉아서 맥주 여섯 팩을 들이키며 쉴 새 없이 지로에게 속삭였다. 지로를 얼마만큼 좋아하는지 말하고 이따금씩 창살을 통해 '곰 쿠키'를 던져주었다. 그러다 결국 더욱 과감해져서 우리 문을 열고 들어가 지로에게 사랑의 말을 건넸다. 지로는 난데없이 오른발로 찰스의 어깨를 때렸다. 다행히 찰스는 가죽 재킷을 입고 있었고, 북극곰의 발톱이 이마를 비껴가서 생긴 상처만이 남았다. 이마는 열네 바늘을 꿰매었다.

나는 한참 동안 찰스의 이야기를 들었다. 찰스가 사랑하는 대상을 처음 밝혔을 때처럼 나는 겉으로는 애써 차분한 태도를 보였다. 흥미롭게도 그렇게 하는 게 좀 더 수월해졌다. 처음 받았던 충격이 벌써 가시기 시작한 걸까? 나는 찰스 쪽으로 상체를 기울였다.

"당신과 지로 사이가 당신의 희망대로 될까요?"

내가 물었다. 찰스는 수줍어하며 어깨를 으쓱했다.

"저는 지로에게 애정을 표현하고 싶었을 뿐이에요. 지로와 코를 살짝 비비면서."

"그게 다인가요?"

찰스는 어깨를 으쓱할 뿐 아무 대꾸도 하지 않았다.

"성적으로 흥분됐나요?"

내가 물었다. 찰스는 차분한 눈빛으로 다시 나를 응시했다.

"진정으로 사랑하면 늘 성적으로 끌리기 마련이죠, 그렇지 않은가요? 그건 자연스러운 일일 뿐이에요."

찰스가 반항적으로 목소리를 높이며 말했다.

자연스럽다고? 나는 머리가 핑 돌았다. 내가 그렇게 침착하게 대화를 계속할 수 있었던 건 '자연스러운 일'이 무엇인가라는 바로 그 문제를 초월했기 때문이었다.

"자연스러울 수도 있겠지만 분명 위험한 발언인 것 같네요."

나는 다정하게 미소를 지어 보이며 대답했다.

찰스는 망설였다. 못마땅해하거나 비웃는 기색이 있는지 내 얼굴을 찬찬히 살피는 것 같았다. 마침내 찰스가 내게 다시 미소를 지어 보였다.

"사랑에는 위험이 따르죠."

찰스가 살짝 한숨을 내쉬며 말했다.

이제야 확실히 알았다. 다른 무엇보다도 내가 찰스를 위해 할 일은 찰스의 생명을 구하는 것, 찰스가 애인의 품속에서 압사되어 죽지 않도록 막는 것이었다. 우리가 함께 무슨 일을 하든 우리는 그 목표나 부차적 목표를 위해 노력할 터였다. 어떤 의미에서 거기에 초점을 맞추었다면 내가 처음에 심리치료를 하겠다고 결정을 내리기가 더 수월했을 터였다. 그러나 그렇지 않았다.

내담자가 죽음에 이르는 '사고'로 인해, 혹은 계획적인 자살로 생명을 잃을 위험에 처하면 자동으로 정신 질환자 보호 시설에 감금될 후보자가 된다. 그곳에서 내담자는 밤낮으로 감시를 받고 필요하다면 진정제를 투여받는다. 감금을 하면 생명을 구할 수 있고, 역으로 내담자를 감금하지 못하면 내담자가 너무 일찍 죽을 수 있다는 것을 나는 의심하지 않는다. 나는 그런 사실을 너무나 잘 안다.

나는 찰스를 만나기 3년 전에 재향군인정신병원에서 박사 과정을 이수한 후 연구원으로 있었다. 이 병원은 두 성향의 치료사들이 벌이는 전쟁터와 다름없었다. 한쪽은 전기충격요법과 함께 정신안정제를 전면적으로 사용하는 것을 지지했다. 다른 한쪽은 나처럼 다른 방법, 즉 기본적으로 개인 치료와 집단 치료를 충분히 적용한 뒤에 약과 충격요법을 사용해야 한다고 생각했다.

어느 날 나는 최근에 입원을 한, 심한 우울증에 빠진 한 참전 용사를 감정하라는 요청을 받았다. 이 젊은이는 의과 대학 2학년생으로 전기충격요법을 무서워했다. 젊은이는 병동에서 충격 요법을 지지하는 한 정신과 의사에 관한, 소름끼치는 농담을 이미 들은 상태였다. 다른 내담자들은 그 의사가 '전기 회사 칸에디슨에서 교육을 받았다'고 말했다. 나는 젊은이에게 그를 내 치료 집단에 넣어 주겠다고 안심시켰다. 그렇게 하면 젊은이는 적어도 한동안은 충격요법을 받을 일이 없었다. 나는 그 시설에 온지 얼마 되지 않아서 집단 치료를 받는 내담자는 주말에 집에 갈 수 있는 외출증을 포함해 특정한 특권을 자동적으로 누릴 수 있다는 사실을 알지 못했다. 나는 젊은이가 얼마나 심각한 우울증에 빠져 있는지 알았다. 그렇기 때문에 나라면 젊은이에게 외출 증을 허락해주지 않았을 것이다. 그러나 내 상관은 달랐다. 젊은이는 외출을 나간 첫 주말에 집에 가서 아버지의 권총으로 자신의 머리를 쏘았다. 이 비극적인 사건의 책임이 나에게 있든 없든 나는 젊은이의 자살을 도무지 잊을 수 없었다. 그것은 지금도 마찬가지이다.

그러나 내 맞은편에 앉아 있는 이 젊은이는 어떤가? 찰스는 북극곰과 성관계를 갖고 싶어 하지만 치명적인 발톱이 있는 북극곰은 그럴 생각이 전혀 없다. 롤로 메이는 찰스가 즉각 감금되어야 한다고 생각했다면 틀림없이 그렇게 하라고 권고했을 것이다. 더욱이 찰스는 지로에게 다가갈 때마다 자신이 어떤 위험에 처해 있는지 명백히 알았다. 그래서 찰스는 자신의 '과제'를 이행하러 가는 날 밤이면 보호용 외투를 입었다. 그리고 내가 심각하게 고려했던 다른 것이 있었다. 바로 찰스를 병원에 감금하는 것(사실상 찰스를 우리에 가두는 것)은 찰스를 더욱 압박해 오히려 찰스가 북극곰과 자신을 동일시할 수도 있다는 점이었다. 그러나 그런 고려 사항보다 더 중요한 것은 찰스가 자발적으로 도움을 요청했다는 사실이었다. 찰스가 원한다고 말했던 도움이란 위험한 일을 계속할 것이냐 말 것이냐를 결정하는 것이었다. 찰스는 자신의 생명을 구하는 일을 도와달라고 나에게 먼저 요청하고 있었다. 자신의 열정이 자신을 죽음으로 몰아갈 수도 있다는 것을 찰스는 정확히 알고 있었다.

우리가 함께 한 50분의 시간이 거의 끝났다.

"앞으로 치료를 계속할 생각이라면 나한테 한 가지 약속을 해 줘야겠어요."

내가 말했다. 찰스가 눈살을 찌푸렸다.

"심리치료가 끝날 때까지는 무슨 일이 있어도 지로와 성관계를 하려는 시도를 하지 않겠다고 약속해야 해요. 그 뒤로는 당신이 원하는 대로 해도 돼요."

찰스가 턱수염을 긁적였다.

"좋아요. 약속할게요."

나는 찰스의 말을 믿었다.

"좋습니다."

찰스는 의자에서 힘겹게 일어났다.

"그런데 제가 선생님을 볼 수 있는 시간이 앞으로 5주밖에 없어요."

찰스가 무뚝뚝하게 말했다.

"왜 그렇죠?"

"그때 서커스단이 이 도시를 떠나거든요."

찰스가 가고 난 뒤에 나는 몇 분 동안 가만히 앉아서 골똘히 생각했다. 나는 찰스의 곤란한 처지를 이해하려고 노력했다. 북극곰과 사랑에 빠진다는 것은 도대체 무슨 의미일까? 어떤 감정을 느끼는 걸까? 그리고 찰스는 상대가 어떻게 나오기를 기대하는 걸까? 찰스는 동물에 대한 자신의 사랑이 화답을 받을 수 있다고 정말로 믿는 걸까? 화답을 받는다는 것이 중요하기나 한 걸까?

나는 길들인 동물과 개인적인 관계를 갖는다는 것이 어떤 것인지 잘 알고 있었다. 내가 어릴 때 깊이 정든 말이 있었다. 나는 혼자 마구간에 가서 네 발 달린 동물에게 아주 은밀한 내 비밀을 털어놓았다. 그러고 나서 녀석의 눈빛을 보면 왠지 내가 하는 모든 말을 알아들은 것 같은 기분이 들었다. 그처럼 내가 아끼는 동물이 나와 전적으로 공감한다고 믿는 것이 어떤 기분인지 나는 잘 알았다. 게다가 말의 따스한 코가 내 가슴을 부빌 때의 편안함, 심지어 노골적인 쾌감도 알고 있었다. 나는 내 말을 정말 사랑했다. 지금 소유하고 있는 말도 사랑한다. 하지만 찰스가 내게 설명한 감정은 완전히 다른 차원의 사랑이었다. 그것은 깊고 낭만적인 사랑이고, 대상이 동물일 뿐 또 다른 인간을 사랑하는 감정과 다를 게 없었다. 인간이 서로에 대한 사랑이 무르익으면 대부분 그렇듯 그것은 '자연스럽게' 성행위로 이어지는 사랑이었다.

동물들과 성관계를 하고 싶어 하는 충동인 동물성애증은 이상 성욕(paraphilia)의 하위 범주이다. 그런 명칭을 붙인 것은 그 일탈(para)이 개인이 이끌리는 대상(philia)을 통해 이루어지기 때문이다. 이 범주에 속하는 것에는 더 흔한 질병인 노출증, 성욕 도착, 마찰성욕도착증(타인을 강제로 '희롱'하는 것), 소아성애증, 성피학증, 성적 학대, 복장 도착, 관음증도 있다. 이러한 모든 질병의 공통점은 『정신 장애 진단 및 통계 편람』에 명시되어 있듯이 '일반적으로 성적 흥분을 일으키는 패턴이 아닌' 대상이나 상황에 성적 흥분을 보인다는 점이다.

그러나 1965년의 그날, 내 책장에 있는 어떤 책에도 '이상 성욕'에 대한 내용은 없었고, '성적 일탈과 성적 도착증'에 대한 내용만 있었다. 그리고 거기에 소아성애증과 성욕 도착과 나란히 목록에 실려 있는 것은 동성애라고 명칭이 붙은 '비정상적인 성적 흥분의 패턴'이었다.

믿기 힘들었다.

나는 찰스 엠브리를 처음 만나고 나서 딱 8년 뒤에 하루 정도 직장을 쉬고 토머스 사즈 박사가 코넬 대학에서 강연하는 것을 들으러 갔다. 사즈 박사는 기존의 정신의학의 통념을 완전히 뒤엎었다. 사즈 박사는 혁명적인 저서 『정신병의 신화』를 통해 일반적인 심리학의 개념을 훌륭하게 재정립했다. 그 책에서 사즈 박사는 나와 같은 직종에 있는 사람들이 생각하고 싶어 하지 않는, 혹은 적어도 공개적으로 논의하고 싶어 하지 않는 그 성가신 문제를 제기했다. 그것은 바로 '누군가 제정신이 아니라는 것을 누가 결정하는가?' 하는 문제였다.

사즈 박사는 청중으로 가득한 대학 강당에서 소개를 받고 난 뒤 손에 분필을 쥐었다. 그런 다음 칠판 맨 끝으로 조용히 걸어가 '58%', '38%', '4%'라는 숫자를 적었다. 사즈 박사는 다시 연단으로 느긋하게 걸어가 서구 문명의 '정신병' 개념의 역사에 관해 강의를 시작했다. 강의를 시작한 지 45분 정도 지났을 때 사즈 박사는 미국 정신의학협회의 연례 회의에 얼마 전에 참석했다고 이야기를 꺼냈다. 그 자리에서 위엄 있는 조직인 그 협회의 많은 박사들이 동성애에 대해 줄곧 '잘못 알고 있었다'고 결론을 내렸다. 동성애가 '정신병'이 아니라는 것이었다.

"그리고 저것이 그 표결 결과입니다."

사즈 박사는 칠판에 적은 숫자를 가리키며 말했다.

"58퍼센트가 동성애를 정신병에 넣지 않는다는 내용에 찬성을 했고, 38퍼센트는 반대, 4퍼센트는 기권했습니다. 민주주의란 참 놀랍지 않은가요?"

만 육백마흔여섯 명의 회원들이 그 문제를 놓고 표결을 했다. 그 해가 1973년이었다.

물론 나는 1965년에는 그 표결 덕을 못 보았다. 그러나 설사 내가 그 덕을 입었다고 해도, 동성 간의 성적 욕망이 정신병의 범주에서 이미 제외되었다고 한들 이것이 이종 간의 성적 욕망에 어떤 영향을 미쳤겠는가? 동물성애증의 '비정상적 성향'이 동성애의 '비정상적 성향'과 본질적으로 달랐을까? 통계적으로는 그 정도는 아니었다. 킨제이에 따르면 농장에서 성장하는 사내아이들의 7퍼센트가 동물과 성교를 한다고 한다.

『정신 장애 진단 및 통계 편람』에 실린 성적 도착증의 일반적 정의에 호기심을 끄는 단서가 한 가지 있었다. 그 책에 따르면 그러한 여러 질병은 '정도는 다르지만 상대방과 사랑을 나누는 활동 능력에 지장을 줄 수 있다'는 것이다. 그것이야말로 찰스가 지로에 대해 지니고 있는 심각한 문제임에 틀림없었다.

찰스에 대해서 내가 대답해야 하는 진단상의 문제가 딱 한 가지 있었던 건 분명했다. 그것은 찰스가 북극곰이 상징하는 위험에도 불구하고, 혹은 그 위험 때문에 자신의 곰에게 성적으로 이끌렸는가였다. 찰스는 자신이 되고 싶어 했던, 다름 아닌 사랑의 영혼이었던가? 혹은 찰스는 자기 파멸적인 사람, 즉 피학대 성애자였을까? 그러나 그것은 내가 여가 시간에 숙고할 수 있는 학문적 질문이 아니었다. 우리에게 주어진 5주의 시간이 흘러가고 있었다.

그 다음 월요일에 찰스가 왔을 때 나는 찰스의 외모가 어딘가 달라졌다는 것을 한눈에 알아보았다. 그러나 몇 분이 지나서야 어디가 달라졌는지 구체적으로 보였다. 금요일에 봤을 때보다 턱수염의 색깔이 더 옅어졌다. 턱수염을 탈색한 것이었다. 나는 그 이유를 금세 눈치챘다. 좀 더 북극곰처럼 보이기 위해서였다. 찰스가 애당초 턱수염을 왜 길렀는지 나는 그제야 알아챘다. 그리고 찰스의 텁수룩한 머리카락과 점점 늘어가는 허리둘레. 그것은 모두 지로의 마음을 얻으려는 찰스의 전략이었다. 나는 찰스에게 턱수염을 탈색하기를 잘했다고 칭찬해 주었다.

"보기 좋아요. 그렇게 하면 도움이 될 수도 있겠죠."

찰스는 미소를 지었다. 기분이 좋은 게 분명했다.

나는 첫 번째 직감을 밀고 나가기로 했다. 즉 찰스가 지로에게 펼치는 구애를 진지하게 받아들이기로 했다. 두 가지 선택을 동등하게 고려하는 것처럼 진행할 생각이었다. 하나는 찰스가 지로와의 관계에서 더욱 성취감을 얻을 수 있게 돕는 것이었다. 다른 하나는 찰스가 북극곰과의 어처구니없는 위험한 정사를 단념하도록 돕는 것이었다. 후자의 목표만 보고 다그친다면 나는 찰스의 신뢰를 잃을 게 뻔했다. 솔직히 말하면 심리치료사로서 '정도를 벗어난' 것이기는 하지만 마음 깊숙한 곳에서는 이런 생각도 들었다. 찰스가 지로와 행복하고 안전하게 영원히 함께 살 수 있는 방법이 정말로 있고 그 방법을 내가 알았다면, 찰스가 그러한 삶을 찾을 수 있도록 도왔을 것이다.

나는 다른 사례에서 하듯이 찰스의 개인 이력을 끌어내어 찰스와 계속 치료를 진행하기로 결심했다. 나는 찰스가 어떻게 '위험한' 상황에 빠져들었는지 알려줄 실마리를 얻기 위해 찰스의 이야기를 경청할 것이다. 동시에 그 문제를 해결할 단서를 찾을 수 있기를 바랄 것이다. 이 특별한 남자가 어떤 이유로 곰에게 성적으로 끌리는지 설명할 종합적인 이론을 정립하리라고 기대하는 건 분명 아니었다. 타당하다고 받아들일 만한 그런 이론이 있기나 할까 의심스러웠다. 그러니까 예를 들면 이런 식이다. 나는 왜 이 사람이 동성애자가 되었으며 왜 저 사람은 동성애자가 되지 않았는지 설명하려 하는 이론에 회의적이다. 그런 이론은 대개 순환 논리라는 인상을 준다. 원인을 입증한답시고 결과를 들이대는 식이다.

그러나 나는 찰스의 이야기를 듣고 또 한 번 놀랐다. 다음은 찰스가 내게 들려준 이야기이다.

찰스는 나이 지긋한 부부 사이에서 계획에 없이 태어난 외아들이었다. 찰스의 아버지 패드레익은 부유한 기업가로 찰스가 태어날 무렵에는 이미 은퇴한 상태였다. 어머니 캐서린은 병약하고 우울했으며 대부분의 시간을 침대에 누워서 보냈다. 세 식구는 외딴 시골의 사유지에서 살았다. 심지어 식사 시간에도 거의 말 한마디 나누지 않고 하루하루를 보냈다. 부모가 서로에게 스킨십을 하는 광경을 찰스가 본 기억은 딱 한 번이었다. 아버지가 찰스에게 스킨십을 한 기억은 없었다.

찰스의 아버지 패드레익은 단 한 가지에 집착했다. 자신이 졸업한 보든 대학이었다. 패드레익은 자신이 크게 성공한 것은 대학 덕분이라고 여겼다. 그래서 기금 조성과 동창회 준비, 유능한 지원자 채용 등 동창들 일이라면 두 팔을 걷어붙이고 나섰다. 패드레익의 집과 옷, 심지어 자동차는 보든 대학의 상징물로 가득했다. 그것은 바로 북극곰이었다. 북극곰이 보든 대학의 상징물이 된 것은 북극 탐험가 로버트 피어리가 그 대학에서 가장 유명한 1877년도 졸업생이기 때문이었다.

찰스가 내게 말했다.

"집안 여기저기에 북극곰이 있었어요. 램프와 재떨이, 유리 제품, 후크 러그(삼베 바탕에 코바늘로 털실을 걸어 짠 융단_옮긴이) 위에. 집에 방이 스물두 개였는데 등받이에 북극곰이 그려져 있는 보든 의자가 각 방에 있었어요. 아버지는 북극곰을 조각한 배관 스탠드를 가지고 있었어요. 아버지는 스테이션왜건(뒷좌석 뒤에 화물칸을 만들어 사람과 화물을 동시에 운반할 수 있게 제작된 승용차 겸 화물차_옮긴이) 양측면에 북극곰을 그려 놓았어요. 기사가 스테이션왜건으로 저를 학교에 태워다 주었죠. 생일과 크리스마스 날에는 늘 북극곰 봉제인형을 받았어요. 다른 선물을 받아본 기억이 없어요. 제가 열

세 살쯤 되니까 북극곰 인형이 족히 서른 개는 되었지요."

북극곰의 이미지는 찰스의 집에서 강력한 토템(특히 아메리카 원주민 사회에서 신성시되는 상징물_옮긴이)과 다름없었다. 북극곰의 이미지는 패드레익에게 성공을 부여한 것이 북극곰이라는 믿음으로 인해 사랑을 받고 숭배받았다. 어린 찰스에게 그 북극곰들은 신들 이상의 의미가 있었다. 북극곰들은 찰스의 유일한 친구들이었다. 사실 어린 찰스의 인생에는 사람들보다 북극곰들이 훨씬 더 많았다. 그리고 찰스에게는 친근감과 위안을 얻을 수 있는 대상으로 사람들보다 북극곰들이 훨씬 더 다가가기 쉬운 존재였다.

찰스가 말을 이었다.

"제가 다섯 살쯤 됐을 때 아버지가 저보다 더 큰 봉제 북극곰을 주셨어요. 그녀의 이름은 럭키였어요. 저는 어디를 가든 럭키를 데리고 다녔어요. 지금처럼 몇 시간씩 럭키와 대화를 나누었죠. 뭐든지 이야기하곤 했어요. 가리지 않고 전부 다 이야기했어요. 럭키는 농담을 하고 저에게 이런저런 조언을 해주었어요. 그리고 가끔씩 슬픈 일이 일어나거나 유독 외로움을 느끼는 날이면 우리는 함께 울곤 했어요……. 저는 매일 밤 럭키의 품에 안겨 잠들었어요. 저는 럭키를 사랑했어요. 우리는 서로 사랑했지요."

나는 찰스에게 럭키와 대화를 나눌 때 럭키 대신 말을 했는지 물었다. 그러나 찰스는 대답은 하지 않고 어깨를 으쓱하고는 말을 이었다.

"어머니는 저를 씻겨 줄 때 제 엉덩이를 큰 곰이라고 하고, 제

성기를 작은 곰이라고 불렀어요. 그러니까 이런 식이었죠. 작은 곰을 꼭 씻겨 주어라. 안 그러면 작은 곰이 소외감을 느낀단다."

한 시간이 다 되어 갈 무렵 찰스가 말했다.

"가끔 어머니가 몸이 좋아지면 저와 즐겨 하던 놀이가 있었어요. 어머니가 커다란 모피 코트를 보통은 슬립 위에 걸치고 저를 찾아다녔죠. 어머니는 문 뒤에 숨어서 저를 기다렸다가 제가 가까이 오면 불쑥 저를 덮쳤어요. 어머니는 계속 으르렁거리면서 두 팔로 저를 안고 입으로 제 배를 물었어요."

"곰처럼 말이죠."

내가 말했다.

찰스는 '물론이죠.'라고 말하려는 듯 두 손바닥을 내보였다.

"당신도 그 놀이가 재미있었나요?"

내가 물었다.

"그럼요. 무섭긴 했지만 아주 재미있었어요."

도저히 믿을 수가 없었다. 찰스가 이 모든 이야기를 지어내고 있는 걸까? 이야기는 이제 거의 우습게 들리기 시작했다. 마치 할리우드 시나리오 작가가 찰스의 성적 강박에 대한 병인학을 그럴 듯하게 지어내 달라고 의뢰받기라도 한 것 같았다. 찰스가 뒤이어 한 말에 나는 조금 놀랐다.

"전 열두 살 때에도 여전히 럭키와 잠을 잤어요. 럭키는 몇 년 동안 갖고 있었더니 다 해졌지요. 아무튼 어느 날 밤에 럭키를 어루만지고 있는데 흥분이 되기 시작했어요. 제 말은 발기가 됐다는 거예요. 그리고 어느 새 제가 럭키 위에 엎드려 있더라고요. 정말 깜짝 놀랐어요. 그때 처음으로 오르가슴을 느꼈어요."

이윽고 그 경험은 습관으로 굳어졌다.

"럭키는 입을 벌리고 있었어요. 입이 안으로 살짝 파여 있었죠. 그래서 저는 작은 곰을 럭키에게 비볐어요. 작은 곰이 단단해질 때까지. 그런 다음 작은 곰을 럭키의 입 안에 집어넣고 오르가슴을 느꼈어요. 한번은 제가 그러고 있는 광경을 어머니가 봤어요. 난리가 났지만 그래도 저는 그만두지 않고 그 다음 날 밤에 또 했어요."

찰스는 그 모든 이야기를 전혀 부끄러워하지 않고 태연하게 말했다. 이 마지막 이야기를 하는 동안 찰스는 어린 시절에 그랬던 것처럼 자신의 성기를 아주 자연스럽게 작은 곰이라고 불렀다. 그렇게 못 부를 이유가 없었다. 찰스의 성장 과정을 보면 그것은 아주 자연스러운 일이었다.

찰스는 열네 살에 처음으로 살아 있는 북극곰을 보았다. 아버지가 난생처음 찰스를 데리고 동물원에 간 날이었다.

"그때의 감격은 이루 말할 수가 없었어요. 굉장히 흥분했죠. 창살 앞에서 덩실덩실 춤까지 췄는데 도저히 멈출 수가 없었어요. 북극곰이 굉장히 컸어요. 살아 있기까지 했죠. 혼자서 움직였어요. 나를 정면으로 바라보았죠. 전 도저히 믿을 수가 없었어요. 그래서 아버지한테 말했어요. 이다음에 어른이 되면 곰 사육사가 되고 싶다고요."

"그러니까 아버지가 뭐라고 하던가요?"

"그때 아버지가 한 말을 영영 못 잊겠더라고요."

찰스가 앉은 자세에서 육중한 몸을 앞으로 숙이며 내게 말했다.

"북극곰은 굉장히 위험하다고 아버지가 말했어요. 하지만 남자가 할 수 있는 가장 큰 시험은 진정한 위험에 맞서는 것이라고 했죠."

"그 말을 들었을 때 기분이 어땠는지 기억하나요?"

"네. 아버지의 말이 아주 틀렸다고 저는 확신했어요. 곰을 마주하기 위해서 용감할 필요는 없다고 생각했거든요. 그냥 친절하고 다정하게 대해 주면 되니까요."

바로 그 시기에 찰스의 부모는 여자가 얼마나 위험한지 찰스에게 주의를 주었다. 찰스의 아버지는 여자들은 돈이나 밝힌다고 근엄하게 일렀다. 어머니는 대부분의 여자들에게는 치명적인 전염병이 있다고 거들었다.

그로부터 7년 뒤 찰스는 스물한 살에 운명적으로 지로와 만났다. 찰스는 대학 친구와 서커스에 갔다. 그곳에서 글로리어스 글로리아나가 북극곰 세 마리와 함께 중앙 무대에 등장했다. 그러고는 북극곰에게 춤추기와 저글링, 고리 뛰어넘기를 시켰다.

"저는 지로를 처음 본 순간 지로에게 반했어요. 지로한테서 눈을 뗄 수가 없었죠. 심장이 두근거리기 시작했어요. 갑자기 땀이 났어요. 운명적인 기분이 들었다고나 할까요. 저는 바로 그때 그곳에서 지로와 사랑에 빠졌어요. 그날 밤, 집에 갔을 때 지로에 대한 생각이 머리에서 떠나지를 않았어요."

"자위행위를 했나요?"

"네."

"지로 생각을 하면서요?"

"네."

"지로가 럭키를 떠올리게 하던가요?"

나는 과감하게 물었다. 찰스는 어깨를 으쓱했다.

"다른 두 곰이 아니라 왜 지로였는지 궁금하네요."

나는 연거푸 질문을 했다.

그날 처음, 찰스가 경멸하는 눈빛으로 나를 노려보았다.

"누가 누구를 사랑하는 것에 꼭 이유가 있어야 하나요? 그냥 친근한 느낌이 들었을 뿐이에요. 프랭크 시나트라의 노래 〈밤에 만난 낯선 사람들〉의 가사처럼요."

찰스가 쏘아붙였다.

나는 머리가 어질어질했다. 찰스는 또다시 나를 벼랑 끝으로 몰아갔다. 나는 냉정을 유지하려고 심호흡을 하고 물었다.

"그래서 당신은 지로를 어떻게 다시 만나게 되었나요?"

찰스는 비난하는 눈초리로 잠시 동안 나를 응시했다. 내가 자신의 이야기를 더 들을 자격이 있는지 판단하는 것 같았다. 마침내 찰스가 입을 열었다.

"비수기에는 지로와 다른 곰들이 톨레도 동물원에서 지낸다는 사실을 알게 되었어요. 그래서 크리스마스 휴가 때 히치하이 킹을 해서 그곳에 갔어요. 글로리아나도 그곳에 있었어요. 글로 리아나는 오후에 울타리에서 곰들을 훈련시키곤 했어요. 동작을 가다듬고 새로운 기술을 개발하는 그런 훈련이었죠. 그러던 어 느 날 저는 곰들이 연습을 하는 광경을 지켜보고 있었어요. 의자 하나가 부러져서 곰 한 마리가 정말로 세게 떨어졌어요. 그 곰 은 소리를 꽥 지르고 아우성을 쳤어요. 그러더니 미친 듯이 빙빙 돌며 질주하기 시작했어요. 순식간에 그곳은 아수라장으로 변했 죠. 그래서 저는 정말 아무 생각 없이 안으로 후다닥 들어가서 도와주려고 했어요. 제가 그때 어떻게 그렇게 했는지는 모르겠 어요. 아무튼 곰들을 아주 빠른 시간에 진정시켰어요. 글로리아 나가 굉장히 놀라워했죠. 그리고 무척 고마워했어요. 어찌나 고 마워하던지 바로 그 자리에서 자기 조수로 일해 달라고 제안을 했어요. 고민할 것도 없이 그 제안을 받아들였죠. 저는 뉴욕 대 학교로 돌아가지 않았고 제 물건을 챙겨오지도 않았어요. 바로 제가 있고 싶었던 곳에 있었으니까요. 내 평생의 연인 곁이었으 니까요."

찰스와의 두 번째 상담이 끝났다. 첫 번째 상담을 했을 때보다 머리가 훨씬 더 지끈거렸다.

이쯤이면 찰스가 왜 북극곰에게 성적으로 고착되었는지 설명 할 수 있는 이론이 내게 정립되었을까? 그 질문 자체가 웃기기는 하다. 만일 내가 사람을 북극곰에게 성적으로 고착되게 하는 발달 모델을 고안하라는 요구를 받았다면 기가 막히게 잘 해냈을 것이다. 사실 찰스가 그동안 내게 들려준 이야기를 생각해 보면, 찰스가 애당초 북극곰 외에 다른 것에 성적 매력을 느낀다는 건 상상하기 힘들었다. 하물며 인간에게는 말할 것도 없었다.

마치 패드레익과 캐서린 엠브리가 고의로 자신들의 근거지를 철저히 감춰놓은 것 같았다. 찰스에게는 형제나 누나, 혹은 다른 친구들이 없었다. 이야기를 나누고 함께 놀 대상은 실물과 똑같은 북극곰 봉제 인형뿐이었다. 부모의 애정 어린 스킨십도 없었다. 그저 곰들을 껴안고 있을 뿐이었다. 캐서린은 찰스와 어쩌다가 신체 접촉을 할 때조차 곰처럼 행동했다. 맨살이 드러난 아들의 배를 유혹하듯 무는 소름끼치는 털북숭이 곰. 찰스는 자신의 성기가 어떤 반응을 보이는지 곰을 통해 확실히 알게 되었고, 그래서 성적으로 곰에게 끌릴 수밖에 없었다. 그리고 부모는 찰스가 여자에게 끌리는 일이 없도록 여자들은 사악한 질병을 전염시키는 존재라고 그에게 일러주었다.

성 인지와 이탈의 원인에 관한 이론은 아주 많다. 그러나 이 사례의 경우에는 그 모든 이론 중 가장 단순한 이론이면 충분했다. 이 사례에 들어맞는 이론은 프로이트나 융이 아니라 노벨상을 받은 오스트리아의 동물행동학자 콘라트 로렌츠의 이론이었다. 로렌츠가 갓 태어난 회색기러기 무리 앞에 쪼그리고 앉아 뒤뚱거리며 걷는 사진이 기억난다. 회색기러기들의 어미는 죽고 없었다. 유전적으로 회색기러기들은 가장 먼저 눈에 들어온 '뒤뚱거리는 존재'를 따르는 성향이 있었으므로 냉큼 로렌츠 뒤에 한 줄로 서서 뒤뚱거리며 로렌츠를 따라갔다. 그 자리에서 로렌츠와 유대감이 형성된 것이었다. 그때부터 회색기러기들은 어미기러기에게 했을 행동을 로렌츠에게 했다. 로렌츠는 이것이 각인(태어난 직후에 획득하는 행동 양식_옮긴이)으로 알려진, 자연과 양육 간에 전형적으로 나타나는 상호작용의 실례라고 썼다.

찰스는 북극곰에게 단순히 '성적으로 각인'된 것이 분명한 것 같았다. 본능적으로 타고난 성욕을 해소할 대상이 불분명한 상황에서 한 가지 물건에 애착을 느낀 것이다. 북극곰 인형은 찰스에게 위안이 되는 '개인적인' 물건이며 감각적이고 자극적인 물건이자 특히 어린 시절에 성기의 특성을 알게 해 준 물건이었다. 북극곰은 찰스가 눈 뜨기 시작한 성적 욕망을 만족시켜 줄 수 있는 가장 가까운 대상이었다. 그래서 찰스는 사랑의 영혼을 담아 거리낌 없이 그런 방법으로 성욕을 충족시켰다.

그러나 나는 그러한 이야기만으로는 찰스가 자멸적인 충동을 느끼는 이유를 납득할 수 없었다. 찰스의 어머니가 했던 '숨었다가 갑자기 덮치는 곰' 놀이는 분명 아슬아슬하면서도 무서웠을 것이다. 찰스의 아버지는 진정한 남자인지를 판가름할 수 있는 방법은 위험한 곰과 맞서는 것이라고 찰스에게 일러주었다. 이러한 경험은 찰스가 지로에게 끌리는 이유가 피학증에서 비롯되었다는 것을 시사하는가?

내 생각은 달랐다. 위험과 힘이라는 요소는 찰스의 기본적인 성적 각인에 내재하는 친근감과 성욕에 비하면 부차적인 것에 불과했다. 내가 아내와 사랑에 빠졌듯이 찰스는 아주 자연스럽게 지로와 사랑에 빠진 것이라고 이제 나는 그 어느 때보다 굳게 믿었다.

나는 그날 월요일 오후에 내가 얼마나 신이 나고 우쭐했는지 기억한다. 시간이 흘러가고 있었지만, 찰스와 이제 겨우 두 번 상담을 했는데도 예상보다 훨씬 더 성과가 있었기 때문이다. 그러나 찰스의 '일탈적인' 욕망이 지니는 속성이 사실상 불가피했다는 확신에 이르기는 했지만 앞으로 어떤 방향으로 치료를 해야 할지 막막했다. 어떤 면에서 찰스가 차라리 피학대 성애자였다면 내 일이 더 쉬웠을 수도 있다. 그러면 적어도 거기에 따르는 '위험'과 그 '병'은 떼려야 뗄 수 없었을 테니까. 찰스를 '정상'으로 돌려놓는다고 해서, 단지 찰스를 살아 있게 한다고 해서 만족할 수는 없었다. 찰스가 미래에 닥칠 불행을 걱정하여 자연스럽게 끌린 사랑의 대상에 대한 애착을 버리게 하려면 어떻게 해야 할까? 이것은 동성애자를 '치료'하려고 노력하는 일보다 더 수월해 보이지는 않았다.

그 다음 몇 주 동안에는 일이 순조롭게 진행되지 않았다.

나는 찰스가 아주 의식적이고 이성적인 사람이라는 인상을 받았다. 그래서 찰스와 정확한 논리로 이야기할 수 있다고 생각했다. 나는 이렇게 주장했다.

"그래요. 당신은 지로를 사랑해요. 하지만 지로가 당신을 사랑하게 만들 방법은 없어요. 잘 알고 있지요?"

그러나 찰스는 내가 사랑의 힘을 전혀 믿지 않는다며 격렬히 반박했다. 결국 사랑의 힘이 지로의 저항을 꺾을 것이라고 주장했다.

표면적으로 그 말은 병적인 망상처럼 들린다. 그러나 사실 찰스가 보인 반응은 불가능한 관계에 완강하게 집착을 버리지 않는, 나의 대부분의 다른 내담자들과 전혀 다르지 않았다. 내담자들은 단지 시간이 필요하다며 시간이 지나면 잘 해결될 것이고, 사랑은 결코 쉽지 않지만 결국 사랑이 모든 걸 정복한다고 주장하곤 한다.

또 한 주가 지났고, 찰스는 사무실에 올 때마다 점점 더 통통해졌다. 머리카락과 턱수염도 이제는 완전히 흰색으로 탈색되었다. 나는 곰과 비슷해 보이는 찰스의 외모를 다시 한 번 칭찬했다. 나는 정말 아무 진전을 거두지 못하고 있었다.

그때 내 머릿속에 기발한 방법이 떠올랐다. 나는 담담하게 제안했다.

"지로도 분명 당신을 사랑할 거예요. 하지만 지로는 아무리 억누르고 싶어도 동물적인 위험한 충동을 자제하지는 못해요. 그러니까 지로가 그 충동을 조절할 수 있도록 당신이 도와줘야 해요. 그러려면 극단적인 조치를 취할 수밖에 없을 거예요. 당신이 지로와 성관계를 하고 싶을 때마다 지로에게 진정제를 놓아서 충동을 가라앉히는 게 어때요?"

내가 예상한 대로 찰스는 내 제안을 굉장히 불쾌해했다. 그것은 지로에 대한 예의가 아니었다. 그것은 그야말로 계획적인 강간이나 다름없었다. 찰스는 내게 몹시 화를 냈다. 내 접근법은 지로를 '비인간적'으로 대하는 것이기 때문이었다. 그러나 지로는 인간이 아니었다. 바로 그것이 내 요점이었다. 찰스는 자신의 특이한 상황에 특이한 행동 규칙이 필요하다는 것을 인식하지 못하는 걸까? 찰스는 도대체 어떤 방법으로 지로를 '안전'하게 할 의도였을까? 이런 극단적인 조치가 아니라면 대체 어떤 방법이 있단 말인가?

그러나 찰스는 분노를 풀고 '모욕적인' 내 제안을 들으려 하지 않았다. 그 다음에 이어진 네 번의 상담 시간 동안 찰스는 내게 마음을 풀지 않았다. 3주가 지났지만 내게는 뾰족한 대책이 없었다.

찰스는 네 번째 주 월요일에 예약을 해 놓고 나타나지 않았다. 그 주 금요일이나 그 다음 주 월요일에도 마찬가지였다. 나는 찰스가 무척 염려되었던 모양이다. 다른 내담자들을 상담하는 도중에 나도 모르게 찰스 걱정에 빠져 있을 때가 가끔씩 있었다. 결국 나는 치료사로서 중대한 실수를 저지르고 말았다. 나는 월요일에 뉴저지에 있는 서커스단에 전화를 걸었다. 내 전화를 받은 여자는 놀랄 만큼 신중했다. 여자는 찰스에 대해서는 나에게 아무 말도 하려 하지 않고 용건을 전달해주겠다고만 했다.

찰스는 금요일에 약속된 시간에 사무실에 왔다. 목에는 넓고 하얀 붕대를 칭칭 감고 오른팔에는 팔걸이 붕대를 하고 있었다. 찰스는 아파서 움찔하면서 조심스럽게 의자에 앉았다. 나는 찰스에게 무슨 일이 있었는지 묻지 않았다. 그럴 필요가 없었다.

"나는 우리가 합의를 보았다고 생각했는데요."

오랜 침묵 끝에 내가 말을 꺼냈다. 찰스가 어깨를 으쓱했다.

"어쨌든 그동안 아무 성과가 없었죠."

찰스는 내게 눈길을 주지 않고 대답했다.

"아직 시간이 있어요."

"사실 치료가 다 끝났어요."

찰스가 말했다.

"당신이야말로 끝났어요. 당신 자신을 봐요!"

나는 신랄하게 몰아붙였다. 찰스는 몇 분 동안 아무 말도 하지 않았다. 일어나서 갈 것처럼 의자에서 계속 몸을 들썩였지만 자리를 지켰다. 나는 기다렸다.

"선생님, 할 말이 있어요."

찰스가 마침내 말했다.

"여기에 와서 지로에 대해 이야기를 하고 있으면 지로를 원하는 마음이 어김없이 더욱 커져요. 물론 제가 왜 곰과 사랑에 빠졌는지 이제는 알아요. 그걸 이해하는 건 어렵지 않았어요. 하지만 그걸 안다고 해서 달라지는 건 없잖아요. 이유를 안다고 해서 뭐가 달라지나요?"

"가끔은 달라지죠."

내가 대답했다.

"다른 이야기를 할게요."

찰스가 씁쓸하게 말했다.

"선생님이 지로에 대해 모욕적인 말을 한다면 더 이상 용납할 수 없어요. 그런 말을 들으려고 여기에 온 게 아니에요."

"그럼 무엇 때문에 여기에 온 거죠?"

"그것도 이제는 모르겠어요."

찰스가 어깨를 으쓱하며 침울하게 말했다.

그제야 나는 그동안 찰스에 대한 나의 진단이 완전히 틀린 것이 아니었나 하는 의심이 들었다. 나는 지로에 대한 그의 사랑을 애초에 '정상적인 것'으로 받아들였다. 그런 형태의 사랑이 찰스의 성장 과정에서 '자연스럽게' 나타난 결과라는 것을 입증함으로써 찰스가 북극곰에게 격정적인 충동을 느낄 수밖에 없다는 것을 입증했다. 어떤 의미에서는 찰스의 사랑에 한 가지 빠져 있는 것이 무엇인지 제시했다. 그것은 바로 '부모의 승인'이었다. 그런 다음 방향을 바꾸어 지로의 위험한 '동물적' 본성을 공격하여 찰스가 지로를 변호하도록, '찰스가 사랑하는 대상을 옹호'하도록 몰아붙였다. 확실히 찰스는 4주 전에 왔을 때보다 지로에게 더 애착을 느끼는 것 같았다.

나는 찰스를 살펴보았다. 목은 하얀 붕대로 감겨 있고, 텁수룩한 턱수염은 어느 때보다 더 희었다. 털로 뒤덮인 모습은 정말

야성적으로 보였고 반은 사람이고 반은 짐승 같았다. 그 순간 내 눈에는 찰스가 정말로 우리에서 사는 생명체처럼 보였다.

아직 너무 늦은 건 아니었다. 나는 이제 찰스의 부모에게 이런 제안을 할 수도 있었다. 찰스를 정신 병원에 입원시키는 것이 설사 찰스가 거부를 한다고 해도 가장 좋은 방법이라고 설득하는 것이었다. 보나마나 찰스는 거부할 터였다. 나는 찰스가 '보호 구치'의 형태로 감금될 필요가 있다고 부모에게 말할 것이다. 찰스가 밤에 한 번 더 지로의 우리로 들어간다면 그날로 찰스를 영영 볼 수 없게 될 것은 뻔했다. 찰스를 감금하는 것이 나의 실패를 인정하는 것과 다름없다고 해도 나는 더 이상 개의치 않았다. 내가 심리치료사로서 내린 잘못된 판단으로 찰스가 죽게 된다면 나는 나 자신을 결코 용납할 수 없을 터였다.

나는 정말 당장이라도 그 계획을 실행에 옮길 생각이었다. 그런데 갑자기 놀라운 묘안이 떠올랐다. 돌이켜 생각해 보면 놀랍지만 나무랄 데 없이 확실한 아이디어였다.

"찰스, 우리 둘 다 사무실에서 이런저런 이야기를 나눴잖아요. 이제 보니 우리는 지로에게 정말 공평하지 못했어요. 내 말은 당신은 지로에 대해 어떻게 생각하는지 늘 이야기를 하잖아요. 나는 당신과 지로와의 관계에 대해 내가 어떻게 생각하는지 늘 이야기하고. 그런데 정작 지로는 늘 그 이야기에서 빠져 있어요."

찰스는 나를 조심스런 눈초리로 응시했다.

"지금 무슨 이야기를 하시는 거죠?"

"존중에 대해 이야기하는 겁니다. 모든 관계에는 늘 두 가지 측면이 있다는 걸 말하는 거예요. 그런데 나는 한쪽 입장만 들었다는 거죠."

내가 말했다. 찰스는 불안해 보였다. 나는 그 반응을 좋은 징조로 받아들였다.

"당신 말이 맞아요, 찰스. 당신과 나는 이 시점에서 우리가 할 수 있는 건 뭐든 다 했어요."

나는 말을 이었다.

"그래서 당신과 같은 문제를 갖고 있는 커플들에게 내가 보통 어떻게 하는지 당신에게 말해줄게요. 나는 두 사람을 함께 봅니다. 그리고 두 사람의 입장을 듣지요. 커플 치료라고 해요."

찰스의 입이 떡 벌어졌다. 나는 찰스에게 나와 말씨름을 할 여지를 주고 싶지 않아서 벌떡 일어나 벽장으로 걸어가 재킷을 꺼냈다.

"갑시다."

내가 말했다. 찰스는 가만히 앉아 있었다.

"제 생각에는……."

찰스가 말을 더듬었다.

"잃을 게 뭐가 있어요?"

나는 불쑥 말을 자르고 사무실 문을 열었다. 나도 잃을 게 하나도 없었다. 그것이 나의 마지막 기회였다.

찰스는 조금 더 머뭇거리더니 의자에서 힘겹게 일어나서 나를 따라 문 밖으로 나왔다. 엘리베이터를 기다리는 동안 나는 내 아파트 안에 머리를 불쑥 집어넣고 아내에게 그날의 일정을 전부 취소해달라고 부탁했다. 아내는 찰스가 내 뒤에 가만히 서 있는 모습을 보더니 더 이상 그 이유를 묻지 않았다.

찰스는 나를 자신의 차 폴크스바겐 '비틀'에 태우고 뉴저지로 갔다. 찰스는 워낙 체격이 커서 간신히 몸을 비집고 운전석에 들어갔다. 게다가 상처 때문에 한 팔로만 운전을 해야 했다. 그래서 내가 운전을 하겠다고 제안했다. 그러나 찰스는 다른 사람이 운전을 하면 불안하다며 거절했다. 그러고는 그 말이 끝나기 무섭게 '편하게 들을 수 있는 음악을 내보내는' 라디오 방송을 켰다. 굳이 대화를 나눌 필요가 없어서 나도 그 편이 좋았다.

우리는 조지 워싱턴 다리를 건너고 있었다. 나는 창을 내리고 강바람을 얼굴에 쐬었다. 기분이 들뜨기도 하고 두렵기도 했다. 서커스 장으로 도망가는 어린 사내아이의 기분도 그러지 않았을까. 나는 앞으로 어떤 일이 생기든 그것을 미리부터 짐작하며 준비하고 싶지 않았다. 설사 준비했다고 해도 뾰족한 수는 없었을 것이다.

서커스단은 팰러세이즈 협곡에서 멀지 않은 축제 마당에 세워져 있었다. 우리가 도착했을 때는 늦은 아침 시간이었다. 그러나 그곳에 있는 대부분의 사람들은 이제 막 잠자리에서 일어난 것 같았다. 그들은 트레일러 밖에서 플라스틱 잔디 의자에 앉아 커피가 든 머그잔을 들고 찰스와 나를 보며 고개를 끄덕여 인사를 했다. 나는 궁금했다. 그들은 찰스가 왜 다쳤는지 정확히 알고 있을까? 설사 안다고 해도 대수롭지 않게 생각할 것이다. 내 생각에 서커스를 하는 사람들은 웬만한 일에는 충격을 받지 않을 것 같았다.

찰스는 나를 이끌고 문이 닫힌 여러 매점을 조용히 지나갔다. 대형 천막 뒤쪽에 있는 매점에 달린 빨간색과 금색 장식이 늦은 아침의 햇빛을 받아 반짝였다. 주차장 맨 끝에 동물 구역이 있었다. 가까이 가자 우리 안에서 행진을 하는 코끼리 몇 마리의 머리가 보였다. 찰스와 내가 지나갈 때 그중 한 마리가 반짝이는 검은 눈으로 나를 정면으로 바라보았다. 그러더니 코를 들어 짧게 뿌우 하고 소리를 냈다. 그 옆 우리에는 말들, 그 다음에는 사자들이 있었다. 마지막 우리 세 개는 다른 우리와 약간 떨어져 있었는데 각 우리에 북극곰이 한 마리씩 있었다.

나는 북극곰이 그렇게 어마어마하게 클 줄은 몰랐다. 첫 번째 곰은 수컷으로 찰스와 내가 다가가자 우리 앞에 섰다. 키가 3미터는 거뜬히 되어 보였고 몸무게는 무려 500킬로그램이었다.

"안녕, 벤딕스."

찰스는 사무실 동료에게 인사하듯 곰에게 말을 건넸다.

벤딕스는 아무 반응도 보이지 않았다.

두 번째 곰은 더 작아보였지만 누워 자고 있어서 판단하기가 힘들었다. 지로는 그 줄에서 마지막 우리에 똑바로 앉아 있었다.

다리를 앞으로 굽히고 발뒤꿈치를 모으고, 팔은 무릎에 편안히 얹은 자세였다. 그 자세를 하고 있으니 굉장히 유순해 보였다. 마치 거대한 테디 베어와 흡사했다. 지로는 두 수컷 북극곰보다 훨씬 더 작았고 몸무게가 300킬로그램 정도밖에 나가지 않았다.

지로는 찰스와 나의 모습이 보이자 즉시 찰스를 향해 머리를 돌렸다. 찰스는 살짝 고개를 끄덕이며 미소를 지을 뿐 아무 말도 하지 않았다. 지로와 찰스는 잠시 동안 서로를 조용히 바라보았다. 나는 지로의 머리 혹은 가슴속에서 무슨 일이 일어나고 있는지 추측하는 주제 넘는 짓을 할 생각은 없었다. 그러나 내가 직접 두 눈으로 본 것은 단순히 서로를 알아보는 차원이 아니었다. 심지어 내가 내 말에게 다가갈 때 나와 말 사이에서 일어나는, 오랜 기간의 편안하고 익숙한 관계를 인정하는 눈빛 이상의 교감이 오갔다. 내가 목도한, 찰스와 지로 사이에 흐르는 감정은 놀랍게도 인간이 나누는 친밀함과 다를 게 없었다.

그때 나는 상상력을 총동원해 찰스와 공감해보려 했다. 남자가 여자를 사랑하듯 그 곰을 사랑하는 감정이 어떤 것인지, 곰에 대해 강한 욕정을 느껴 보려고 노력했다. 그리고 고백하자면 도저히 할 수가 없었다. 그 느낌이 어떨지 짐작도 할 수 없었다. 온갖 이상한 공상 속에서 갑자기 주연을 맡을 수는 있지만 이번 경우는 그럴 수 있는 것이 아니었다.

지로는 나를 보자 네 발로 서서 부드럽게 으르렁거렸다. 내가 있는 것이 마음에 들지 않는 게 분명했다. 나는 그 구역을 재빨리 훑어보았다. 다른 사람은 보이지 않았다. 나는 찰스를 돌아보며 말했다.

"좋아요. 시작해요."

찰스는 팔짱을 끼고 화가 나서 일그러진 입술로 빈정거렸다.

"나를 웃음거리로 만들려고 이곳까지 왔군요."

찰스가 말을 내뱉었다.

"아니에요. 그렇지 않아요."

나는 부드럽게 대답했다.

"이게 얼마나 우스꽝스러운지 아시잖아요."

찰스가 비통하게 말을 이었다.

"선생님은 이해 못 해요. 지로를 이해할 수가 없다고요."

"알아요. 하지만 당신이 지로를 이해하잖아요. 딱 보니까 그렇던데요."

내가 말했다.

"그게 무슨 뜻이죠?"

찰스가 도전하듯 물었다.

"당신이 지로를 도울 수 있다는 의미예요. 지로가 자신의 기분을 표현하도록 도와줘요. 지로의 대변인이 돼달라고요."

내 심장이 두근거렸다. 나는 직감에 의해 즉흥적인 말로 찰스를 설득했다.

"지금 무슨 말씀을 하시는 거예요?"

"지로에 대해 몇 가지 궁금한 점이 있어요. 그걸 알면 도움이

될 것 같아요. 지로가 그 질문에 대답할 수 있도록 당신이 도울
수 있을까요?"

찰스가 나를 물끄러미 바라보았다. 찰스의 턱수염 아래로 두
볼이 벌게지는 것이 내 눈에 들어왔다. 찰스는 이의를 제기하지
않았다. 나는 불쑥 물었다.

"내가 알고 싶은 건 저 안에 갇혀 있으면 기분이 어떨까 하는
거예요."

나는 조용히 말했다.

"싫어요!"

찰스가 쏘아붙였다. 그래 놓고 자기도 모르게 말이 격하게 튀
어나왔다는 사실에 깜짝 놀란 모양이었다.

"왜 싫은가요?"

"왜냐고요? 미칠 것 같으니까. 그게 이유예요. 갇혀 있으니
까 머리가 이상해지더라고요. 이 안에서는 뒤를 돌아보기도 힘
들어요. 게다가 사생활은 전혀 보장이 안 돼요. 정말 치욕스럽다
고요!"

찰스가 지로 역할에 어떻게 혹은 왜 그렇게 완벽하게 몰입했
는지 나는 생각할 겨를도 없었다. 믿어지지 않았다. 정말 놀라웠
다. 나는 계속 밀어붙였다.

"그러면 당신은 화가 났겠군요."

"당연하지요!"

"누구에게 화가 났나요?"

찰스는 심호흡을 했다. 그러고는 어깨를 구부정하게 움츠리더니 동물이 발을 공중에 휘두르듯 오른손을 앞으로 쭉 내밀었다.

"글로리아나. 누구보다도 글로리아나와 글로리아나의 빌어먹을 채찍이요. 그리고 다른 사람들도 있어요. 잭과 툴리오."

"그러면 찰스는요?"

내가 물었다.

찰스는 머뭇거렸다. 그런 다음 서서히 우리를 돌아보더니 지로를 바라보았다. 지로는 창살까지 다가와 뒷다리로 서서 찰스와 나를 내다보았다.

"아니요. 찰스한테는 화가 나지 않았어요. 찰스는 저를 아껴주는 걸요."

찰스가 부드럽게 대답했다.

"그래요?"

내가 물었다. 나는 순전히 직감에 따라 말을 했다.

"그러면 찰스한테 거기에서 빼내달라고 부탁하지 그래요? 찰스가 당신을 사랑한다면 당신을 위해 기꺼이 해 줄 텐데요."

찰스의 얼굴이 벌게졌고, 이마에는 땀방울이 송골송골 맺혔다. 찰스는 우리를 돌아보고 두 손으로 주머니를 더듬었다. 짤랑하고 열쇠 소리가 들렸다.

나는 심장이 덜컥 내려앉았다. 열쇠! 그건 지로의 우리 열쇠가 짤랑대는 소리였다. 내가 일을 너무 크게 벌인 모양이었다. 이제 나는 그 대가를 치를 터였다. 나의 아슬아슬한 줄타기 연기는 실패했다. 나는 허세를 부린 셈이었다. 물론 나는 찰스가 우리 문을 여는 것을 막아야 할 것이다. 그러고 나면 이 연극을 끝내고 찰스를 정신병원에 넣을 수밖에 없을 것이다. 어쩌면 처음부터 그렇게 하는 편이 옳았다.

갑자기 찰스가 나를 돌아보았다. 찰스는 떨고 있었고 눈에는 눈물이 글썽였다.

"선생님, 이 게임이 내키지 않아요. 기분이 찜찜해요. 당신은 잔인한 사람이에요. 아주 잔인해요."

나는 찰스를 물끄러미 바라보았다.

"찰스, 난 당신을 죽일 수도 있어요."

내가 말했다.

"뭐라고요?"

"나는 지금 지로를 대신해 말을 하는 거예요."

나는 말했다. 나는 이 말이 충분히 인식되도록 다시 반복했다.

"난 당신을 죽일 수도 있어요, 찰스."

찰스가 서서히 우리 쪽으로 돌아섰다. 찰스는 지로의 눈을 정면으로 바라보았다.

"어쩌면 넌 그럴 수도 있어, 지로. 넌 나를 죽일 수도 있지. 내가 너에게 계속 실망만 안겨주었으니까."

찰스는 지로를 사랑했다. 진심이었다. 그리고 물론 내가 찰스와 풀어가야 할 문제는 그것뿐이었다.

"가끔은 정말로 당신을 죽이고 싶어요. 하지만 만일 내가 그렇게 한다면 사람들이 나를 죽이겠지요. 동물이 사람을 죽이면 사람들이 늘 그렇게 하잖아요. 잘못이 정말로 누구에게 있든, 그럴 수밖에 없겠지요."

내가 말했다.

찰스의 가슴이 들썩였다. 눈에 그렁그렁했던 눈물이 이제는 볼을 타고 흘러내렸다.

"미…… 미안해, 지로."

찰스가 말을 더듬었다.

"나를 내버려 둬요, 찰스. 편안히 있게 해줘요. 제발, 제발, 나를 가만히 놔둬요."

나는 나직이, 부드럽게 말했다.

찰스는 흐느껴 울고 있었다. 몇 분이 흐른 뒤에 찰스가 입을 열었다.

"그래, 지로. 너를 편안히 있게 해줄게."

찰스가 속삭였다.

찰스는 여전히 서럽게 울며 서서히 나를 돌아보았다. 나는 찰스에게 다가갔다. 그런 다음 오랫동안 소홀히 한 아들을 포옹하는 아버지처럼 찰스를 안아주었다.

나는 그날 찰스가 짐을 싸고 작별 인사를 하는 동안 종일 찰스의 곁에 있었다. 그런 다음 찰스가 그날 오후에 맨해튼에 있는 친구의 아파트로 거처를 옮기는 일을 도와주었다. 나는 우리의 치료가 그날 막 시작된 것과 다름없다고 생각했다. 그래서 그 다음이 어떻게 전개될지 몹시 알고 싶었다. 어쩌면 나는 찰스의 생명을 구한 것이라고 할 수 있었지만 그건 두고 봐야 할 일이었다. 궁극적으로 나는 찰스가 더 오래 살 뿐만 아니라 더욱 만족스러운 삶을 살도록 도와주고 싶었다.

찰스는 그 다음 날 예약된 시간에 나를 만나러 오겠다고 했지만 결국 나타나지 않았다. 그 다음 날 그리고 그 다음 날도 나타나지 않았다. 전화를 해 보았지만 아무 소용없었다. 2주 뒤에 찰스가 런던에서 부친 편지 한 통이 왔다. 편지에는 아직 지불하지 않은 치료비 60달러에 상당하는 우편환이 들어 있었다. 찰스는 편지에 이렇게 적었다.

'행복하다고 말할 수 있으면 좋으련만 이렇게 살아 있다는 말밖에 못 하겠네요. 하지만 그 점에 대해 선생님에게 고마운 마음은 평생 잊지 못할 겁니다. 찰스로부터.'

새러소타에 있는 찰스의 아파트 복도에는 뚜껑이 열린 상자가 여러 개 흩어져 있었다. 상자에는 책과 서류철, 신문에서 오려낸 기사, 사진이 담겨 있었다. 나는 현관문 앞에서 머뭇거렸다. 나는 지난 30년 동안 찰스가 마지막 밀회를 위해 목숨을 걸고 지로의 우리로 기어들어가는 무시무시한 장면에 자주 시달렸다. 그런 와중에 찰스가 플로리다에 산다는 것과 그 외에 찰스의 신상을 알아내고 엄청난 짐을 덜은 기분이었다. 찰스는 살아 있고 잘 지내고 있으며 플로리다 대학의 연극학과와 클라운 대학에서 학생들에게 강의를 하고 있었다. 찰스의 현관 앞에 서 있으니 무척 흐뭇하면서도 이사벨라를 만나러 갔을 때처럼 괜히 긁어 부스럼을 내느니 발길을 돌려 가버릴까 하는 충동에 사로잡혔다.

물론 나는 그러지 않았다.

현관문을 한 번 두드리자 찰스가 문을 열었다. 그러더니 내가 내민 손을 움켜잡고 세게 흔들었다.

"생명의 은인이 오셨군요!"

찰스가 웃으며 외쳤다.

찰스는 마지막으로 보았을 때보다 더 체중이 불었고 정수리는 완전히 대머리였다. 머리 양 옆으로는 짧고 흰 머리카락이 나 있었다. 흰 턱수염은 말끔히 정돈되어 있었다. 한눈에 딱 봐도 이제는 수염을 더 이상 흰색으로 염색할 필요가 없어 보였다. 금속테로 된 안경을 끼고 있는 모습이 영락없이 산타클로스 같았다. 찰스는 쾌활했고 놀랄 만큼 나이가 들어 보였다. 찰스는 천을 씌운 의자에서 서커스 포스터 한 더미를 치우고는 나에게 앉으라고 손짓을 했다.

"조만간 이 방을 치워야겠다는 생각은 하고 있어요. 여기에 오는 사람이 아무도 없거든요."

찰스가 미소를 띠며 말했다.

복도는 찰스의 실내 장식 취향을 미리 보여주는 맛보기에 불과했다. 복층 아파트 전체가 책과 신문, 서커스 생활과 관련된 여러 모형과 공예품으로 넘쳐났다. 저글러의 공과 곤봉도 수십

개 있었다. 그런 장식을 보고 찰스의 아파트를 한 독특한 교수의 전형적인 은신처라고 볼 수도 있었다. 그러나 내 눈에는 별수 없이 동물의 굴로 보였다.

찰스는 다른 말을 꺼내기 전에 어떤 책의 표지를 셔츠 소매로 문지르더니 내게 건넸다. 저글링의 역사와 기술에 관한 책이었다. 저자가 찰스 엠브리와 이본 아마토였다.

"9쇄예요."

찰스가 자랑스럽게 말했다.

"훌륭해요! 서커스가 곧 삶이 되었군요."

나는 크게 감격하며 말했다.

"서커스가 제 전부인 걸요."

찰스가 내 맞은편에 있는 소파의 한 지점을 치우고 앉으며 대답했다.

"그런데 이본 아마토라는 이 공동저자는 누구예요?"

나는 표지를 다시 훑어보며 물었다. 찰스의 얼굴이 붉어졌다.

"선생님은 정말 눈치가 빨라요."

나는 고개를 끄덕였다.

"말하자면 길어요."

찰스가 약간 불편해하며 말했다.

"나는 긴 이야기를 좋아해요."

"네, 그 점도 기억하고 있어요."

찰스는 위험한 점프를 앞둔 곡예사처럼 천천히 심호흡을 했다.

"선생님이 별안간 전화를 한 뒤로 선생님이 찾아오면 어떻게 할까 줄곧 생각해 봤어요. 어떤 부분을 이야기하고 어떤 부분을 하지 않을지 총연습을 한 셈이죠. 저는 저글링을 배우는 제 학생들에게 그 이야기를 합니다. 공연은 쉽지만 총연습은 어렵다고."

나는 미소를 지었다.

"아무튼 한 가지, 이본에 대해서는 말씀드리지 않기로 결심했어요."

찰스가 말했다.

"물론 그건 당신의 특권이지요."

내가 말했다. 그러자 찰스가 난데없이 웃음을 지었다.

"그런데 갑자기 마음이 바뀌었어요. 저는 늘 학생들한테 말하죠. 가장 훌륭한 공연은 순전히 즉흥적으로 하는 것이라고요."

나도 찰스와 덩달아 웃었다.

"하지만 다시 재회한 첫날부터 이야기를 해 볼까요? 아주 오래전에 선생님과 제가 뉴저지에 갔던 일 기억하죠? 그 일을 계기로 저는 제 인생을 새로운 관점으로 보게 되었어요. 그날을 예수 공현 축일이라고 불러도 손색이 없을 정도로요. 하지만 저는 늘 이런 생각이 들었어요. 그날 제가 머릿속으로 어떤 생각을 하고 있었는지 선생님이 정말로 알고 있었을까 하는."

찰스는 안경 너머로 비평하는 눈초리로 나를 주시했다.

"아마 몰랐을 거예요. 하지만 분명한 건 만일 당신이 바뀌지 않으면 어떤 일이 생길지 당신이 뼈저리게 깨달았을 거라고 생각은 했어요."

내가 말했다.

"선생님은 제가 지로를 사랑하는 마음에서 그렇게 행동했다고 생각했지요?"

찰스가 날 선 목소리로 물었다.

"네, 맞아요."

나는 대답했다.

"유감스럽게도 선생님은 틀렸어요."

찰스가 의기양양하게 말했다.

"그날 저는 내가 나를 사랑하고 있다는 감정을 느꼈을 뿐이에요. 자기애. 저의 작은 예수 공현 축일에 놀랍게도 저는 사는 것이 죽는 것보다 더 낫다는 단순한 사실을 깨달았어요. 살아 있을 때 미래가 더 밝다는 것을 깨달았죠."

나는 미소를 지었다. 오래전 그날, 찰스가 지로의 우리 앞에서 마음을 바꾼 것이 단지 그 이유라는 찰스의 말을 나는 고스란히 믿지는 않았다. 그러나 나는 찰스의 입장을 아주 잘 이해할 수 있었다. 더욱 이타적인 동기가 있었지만 찰스는 그 사실을 부인할 수밖에 없었다. 나는 찰스가 내린 근본적인 결정이 자신이 사랑하는 대상을 위해 스스로의 마음을 접은 것이었다고 여전히 생각했다. 동시에 그것이 찰스가 남은 일생 감수해야 할 끔찍한 결정이었다는 것을 알았다. 이기심에서 비롯되어 마음을 바꾸는 것이 뒤늦게 후회하며 괴로워하는 것보다 더 낫다는 것을 알았다.

"그래서 그 뒤에 어디로 사라져버린 거예요?"

내가 물었다.

"몇 개월 동안 유럽 전역에서 트레킹을 했어요. 코펜하겐에서 사르데냐에 이르기까지 서커스란 서커스는 모조리 찾아서 봤지요. 링 하나로 하는 작은 서커스는 난생처음 봤어요. 놀랍던데요. 화려하지는 않지만 예술적이었어요. 친근한 느낌이 들었어요. 기교만 있는 게 아니라 정말 극적인 요소로 가득했어요. 다시 서커스와 사랑에 빠지고 말았죠. 바로 그해에 저글링 실력을 완벽하게 다졌어요. 암스테르담과 파리의 거리에서 저글링을 했지요. 그 당시 파리는 거리에서 공연하는 사람들로 북적였어요. 그때 카페 '레 되 마고' 앞에 바늘과 면도날로 연기를 하는 남자가 있었어요. 바늘로 입술을 관통시키고 면도날을 눈꺼풀 밑에 끼워 넣더군요. 그 뒤에 바로 이어서 공연을 하니까 사람들이 제 공연을 신선하게 받아들였어요. 저는 컵과 컵 받침으로 저글링을 했거든요……. 그때는 절약하며 살았어요. 잠은 유스 호스텔에서 잤고요. 가끔 공원에서 자기도 했어요. 그때만 해도 지금보다는 세상이 더 안전했잖아요. 뉴욕으로 돌아와서는 바로 두 가지 일을 얻었어요. 두 가지 모두 더 바랄 게 없는 일이었어요. 하나는 컬럼비아 대학교의 로우 도서관에서 가면을 목록으로 작성하는 일이었어요. 도서관에 가면이 믿을 수 없을 만큼 어마어마하게 많이 수집되어 있더라고요. 다른 일은 앤디 워홀이 이제 막 시내에서 시작한 클럽, 〈더 일렉트릭 서커스〉에서 했어요. 저글링을 하고 유럽에서 알게 된 간단한 마임을 했죠. 그때가 60년대 였고, 클럽은 전부 플래시 라이트로 되어 있었어요. 플래시 라이트 조명을 받으면 어떤 마임도 근사해 보이거든요."

찰스가 빙그레 웃었다.

"가면에 대해 이야기해 봐요."

내가 말했다.

"정신과 의사는 정말 어쩔 수가 없군요?"

찰스가 말했다. 아까처럼 목소리에 날이 서 있었다.

"가면에 매료되는 건 숨을 방법을 찾고 있다는 의미라고 말할 참이죠? 세상으로부터 자신을 감추려는 욕구?"

그 말은 내가 도착한 뒤로 찰스가 내게 두 번째로 던지는 도전 이었다. 나는 찰스가 왜 그러는지 궁금했다.

"그렇죠, 그런 이론도 가능하지요."

내가 대답했다.

"또 다른 이론도 있어요. 선생님 이론과 정반대되는 이론이요. 저는 가면을 쓰는 것이 자신이 정말로 누구인지 보여주는 방법 이라고 생각해요. 모든 사람의 내면에 빠져나오려고 몸부림치는 광대가 있는 것처럼요. 하지만 우리는 이맛살을 찌푸리고 윗입 술을 꽉 다물고 그 광대를 잡아둬요. 그 이마와 입술, 그것이야 말로 진짜 가면이지요. 하지만 물감으로 광대 얼굴 분장을 하면 대낮처럼 진짜 모습을 보게 돼요. 제가 목록으로 정리한 코메디 아 델라르테(16세기에서 17세기 사이에 이탈리아에서 유행한 가면 희극_옮긴이)의 가면은 영혼을 반영하는 것이지, 변장하는 게 아니었어요."

나는 찰스의 이론이 설득력이 있다고 생각했다. 그러나 찰스의 강한 방어적 태도가 여전히 의아했다.

"좋아요. 이제 이본 이야기를 할게요."

찰스는 잠시 뒤에 말을 이었다.

"이본은 포드햄 대학교에서 제 강의를 듣던 학생이었어요. 포드햄 대학교에서 처음으로 가르치는 일을 시작했어요. 아마 주요 대학에서 최초로 개설된 서커스 기술 강좌였을 거예요. 이본은 연극을 전공하는 학생이었는데 저글러가 되고 싶어 했어요. 그리고 타고난 재능이 있더군요. 균형 감각이 뛰어나고 순발력이 탁월했어요. 그래서 금방 배웠지요. 이본을 〈더 일렉트릭 서커스〉에서 제가 하는 공연에 투입했어요. 우리는 한 번에 클럽 일곱 군데를 다니며 공연했어요. 인기가 대단했지요. 이본은 4년 동안 제 강의를 들었고, 그런 다음 저와 결혼을 했어요. 자연스럽게 그렇게 된 것 같아요. 우리는 큰 계획을 세웠죠. 베니스 스타일로 우리만의 코메디아 회사를 만들었어요. 죽마를 타고 걷기, 가면, 마임, 저글링을 했죠. 우리는 바워리 거리에 있는 높은 지대에서, 그리고 가끔 센트럴 파크에서 공연을 했어요. 아주 멋진 시절이었죠. 그때 한 공연이 최고였어요."

찰스는 불편한 기색으로 한숨을 깊이 내쉬었다. 이본에 관한 이야기의 결말이 좋지 않은 것이 분명했다.

"결혼한 지 딱 2년 되었을 때 우리는 저글링에 관한 책을 함께 썼어요. 이본은 사진을 찍었어요. 그때가 1972년이었지요. 그건 그 책이 출간된 지 20년이 넘었다는 거예요, 그렇죠? 2년 전에 저는 신판에는 이본의 마지막 성을 바꿔서 올려 달라고 출판사에 말해 두었어요. 결혼하기 전의 성으로 바꿔달라고요."

"결혼 생활을 얼마 동안 했죠?"

"10년, 거의 11년 했어요."

찰스가 냉정한 눈빛으로 나를 쏘아보았다.

"이본이 저를 떠났어요. 그게 궁금하신 거죠. 잘생긴 젊은이와 눈이 맞아 달아났어요. 배우였어요. 제 마음에 상처가 컸죠. 마음이 갈가리 찢긴 기분이었어요. 반으로 쪼개졌다고 할까요."

산타클로스처럼 빛나던 찰스의 모습이 완전히 사라졌다.

"사랑을 하면 위험이 따르기 마련이지요. 안 그래요, 선생님?"

찰스가 빈정대며 말했다.

그 말을 들으니 30년 전의 일이 떠올랐다. 발톱에 긁혀 열네 바늘을 꿰맨 상처는 마음에 입은 상처에 비하면 아무것도 아니라는 것을 나는 다시금 상기했다. 내 마음 속에서 여러 가지 질문이 꼬리를 물었다. 찰스는 지로를 사랑했던 방식으로 이본을 사랑했을까? 이본과는 어떻게 성관계를 했을까? 사랑의 대상이 곰에서 사람으로 바뀐다는 것은 어떤 것일까? 지로를 완전히 잊기는 한 걸까?

그러나 찰스는 다시 이야기를 하기 시작했다. 찰스가 날 선 목소리로 이야기했던 이유가 이제 분명해지고 있었다. 그것은 비통함이었다.

"결국 누가 위험한 일을 겪을지는 결코 모르는 일이에요. 안 그래요, 선생님? 안다고 생각하신다면 자만이죠. 글로리어스 글로리아나에게 무슨 일이 일어났는지 들으셨어요?"

"아니요."

"죽었어요. 글로리아나는 자신이 조련하던 코끼리의 발에 머리를 밟혔어요. 혼자 연습을 하다가요. 그 코끼리 이름이 토파즈였어요. 사람들은 거의 한 시간 동안 우리 안에 들어가지 못했어요. 토파즈가 시신을 지키고 있었거든요. 물론 토파즈는 죽어야 했지요. 제가 떠난 지 2년도 안 돼서 그런 일이 일어났어요."

나는 딱하다는 생각에 고개를 가로저었다.

"그 정도 일은 서커스에서는 아무것도 아니에요. 코끼리 사육사가 일 년에 한 명씩 밟혀죽는다고 하던데요."

찰스의 얼굴에 다시 생기가 돌았다. 나한테 그 이야기를 하는 것이 즐거운 게 분명했다. 나는 마음이 조금 불편해지기 시작했다.

"아니면 골드맨 박사는요? 골드맨 박사를 기억하세요?"

찰스가 소파에 앉아서 상체를 앞으로 숙이며 말을 이었다.

"골드맨 박사가 어떠냐고요? 골드맨 박사와는 대략 20년 전에 연락이 끊겼어요."

"그러면 못 들으셨겠군요. 뉴욕 대학교에서 상담 프로그램을 없앴어요. 그래서 골드맨 박사는 교정국에서 가석방된 사람들을 상담하는 일을 구했어요. 하지만 그 일을 오래하진 못했어요. 그 이유가 뭔지 아세요? 골드맨 박사가 욕조에서 두들겨 맞아 죽은 채로 발견이 된 거예요. 가석방된 사람들 중 한 명이 골드맨 박사의 치료법을 좋아하지 않았어요."

찰스가 내 눈을 정면으로 바라보고 미소를 짓고는 덧붙였다.

"심리치료사 일도 위험하긴 마찬가지예요, 그렇죠?"

나는 등줄기가 오싹해졌다. 찰스의 요점은 아주 명확했다. 무슨 일을 하든 누구나 위험을 무릅쓰고 하기 마련이다. 따라서 어떤 일을 시도할 때 안전한지 그렇지 않은지의 여부를 누가 판단할 수 있는가? 어떤 것이 위험을 감수할 가치가 있고, 어떤 것이 그렇지 않은가? 그리고 물론 찰스를 위해 그런 판단을 내린 나는 누구인가? 하는 질문이 은연중에 깔려 있었다. 바로 그 점에 대해 찰스가 비통함을 느끼는 것이 분명했다.

그러나 나는 상황에 따라 위험부담이 더 큰 경우도 있다고 생각했다. 예를 들어 북극곰과 사랑을 나누려고 노력하는 경우가 그렇다. 물론 나는 그 말은 입 밖에 꺼내지 않았다. 나는 조심해야 한다는 것을 알았다. 찰스에게 섬뜩한 면이 있다는 사실이 나에게는 생소했다. 그래서 불안했고 약간 무섭기까지 했다. 내가 위험할 수도 있다는 생각, 내가 할 수 있는 가장 안전한 일은 어쩌면 지금 당장 이곳에서 빠져나가는 것일지도 모른다는 생각이 문득 들었다.

"아무튼 이본을 잊는 데 10년이 걸렸어요."

찰스가 갑자기 말을 이었다. 목소리가 다시 여려졌다.

"이본의 마음을 돌리려고 얼마나 노력했는지 몰라요. 이본에게 무엇이 마음에 걸렸는지 물었고, 이본은 사랑이 깊지 않다고만 말했어요. 열정이 충분하지 않았다는 거죠. 이본은 그 열정을 다른 남자에게서 찾은 것 같아요. 성관계, 열정."

이것이 내가 기다리고 있던 이야기의 시작이었다. 그러나 나는 밀어붙이는 것이 얼마나 현명한 일인지 확신이 서지 않아서 머뭇거렸다. 그러나 결국 내 호기심이 이겼다.

"찰스, 그러면 그 열정이 당신에게는 있었나요?"

찰스는 시선을 떨어뜨렸다. 그러고는 한동안 아무 말도 하지 않았다.

"그러니까 지로에게 가졌던 열정을 말하는 거죠?"

찰스가 물었다.

"그래요. 지로에게 보였던 열정이요."

찰스는 심호흡을 하더니 천천히 숨을 내쉬었다.

"지로도 죽었어요. 젊은 나이에 죽었지요. 독감에 걸려서 죽었어요."

"유감이군요."

찰스는 다시 조용해졌다. 그러다가 마침내 입을 열었다.

"당신은 나와 열정에 대해 알고 싶은 거죠? 할 말은 많지 않아요. 〈시계태엽 오렌지〉라는 영화 기억하세요? 끝에 가서 감정을 느끼는 순간 감정을 차단하도록 훈련하는 부분 있잖아요? 그게 바로 저예요. 만일 당신이 북극곰 사진을 불쑥 보여주면 나는 반응을 보이겠죠. 나는 흥분을 할 테지만 곧바로 그 흥분을 가라앉힐 거예요. 그게 내 치료법이었어요. 모든 열정을 즉각 차단하는 것……. 그게 내 생명을 구했잖아요. 안 그래요, 선생님?"

　나는 대답을 하지 않았다. 한 대 얻어맞은 듯 가만히 앉아 있었다. 나는 30년 동안 찰스가 몹시 걱정이 되었다. 찰스에게 시행한 치료가 최악의 결말로 실패하지 않았을까, 즉 찰스가 열정에 휩싸여 지로를 찾아내 지로와의 마지막 만남을 위해 목숨을 걸고 우리 안으로 몰래 들어가지 않았을까. 그것은 얼마든지 가능한 일이었다. 아무튼 곰 우리 앞에서 고작 몇 분 동안 치료를 했다고 해서 그 효과가 얼마나 갈지는 장담할 수 없는 일이었다. 게다가 즉흥적으로 한 치료가 아닌가?

　그러나 찰스는 최악의 상황을 우려했던 내 예상과는 달리 우리의 치료가 효과가 있었다는 사실을 말하고 있었다. 그것은 마치 내가 찰스에게 전기 충격을 동원한 가장 극단적인 형태의 혐오감 조성 훈련을 시킨 것 같았다. 그리고 그 훈련의 효과가 꽤 좋아서 찰스의 성욕이 전부 없어진 것이었다. 그러니까 나는 찰스의 생명을 구하기 위해서 찰스의 영혼, 사랑의 영혼을 불구로 만든 것이었다. 나는 그 이야기가 거기서 끝일까, 굉장히 의구심이 들었다. 그러나 나는 그것이 바로 찰스가 그 일을 바라보는 방식이라고 확신했다. 찰스가 나에 대해 굉장히 비통해하는 것도 당연한 일이었다.

하지만 이제 찰스는 따뜻한 미소로 나를 바라보고 있었다. 나를 용서해 줄 수도 있다는 의미의 미소 같았다.

"선생님, 한 가지 말씀드리고 싶은 게 있어요. 우리는 시대를 앞질러 갔어요. 한참 앞질러 갔죠. 지난 5년 동안 제가 에이즈 때문에 친구를 몇 명이나 잃은 줄 아세요? 스물네 명은 될 거예요. 사랑을 나누고 싶어 했다는 이유로 쉰 살이 되기도 전에 스물네 명이 죽었단 말입니다. 그 충동을 억누르지 못했기 때문에."

"당신은 정말로 그 친구들이 자신들이 감수하고 있는 위험에 대해 잘 알았다고 생각해요?"

"많은 친구들이 알았을 거라고 장담해요. 정말이에요. 친구들은 안전한 삶을 살려고 노력하기 시작했어요. 하지만 어느 날부터인가 더 이상 못 참겠다며 정신 나간 짓을 했죠. 불나방처럼 말이에요. 그 순간만큼은 목숨을 잃어도 그럴 가치가 있다는 생각이 든 거죠. 한두 시간 살아 있다는 것을 아주 강렬하게 느끼고 그것을 위해 기꺼이 죽는 겁니다."

"그리고 그럴 가치가 있던가요?"

내가 물었다.

"그거야말로 64,000달러의 가치가 있는 질문이네요, 그렇죠?"

찰스가 웃으며 대답했다.

"그렇군요."

찰스는 고개를 앞뒤로 몇 번 흔들더니 갑자기 다시 웃으며 물었다.

"배가 고프네요. 선생님은 어떠신가요?"

"나도 정말 배가 고파요."

"선생님이 사시는 거죠?"

"그럼요."

찰스는 베니스 인근에 있는 '더 하이 와이어'라는 작은 식당으로 갔다. 식당 벽에는 100년 전부터 지금까지 서커스와 관련된 사람들과 서커스 공연을 찍은 사진이 뒤덮여 있었다. 그중 눈에 띄는 것은 힘센 남자가 이두박근에 잔뜩 힘을 주고 있고 그 이두박근 위에 유명한 난쟁이 톰 썸이 올라서 있는 것을 확대한 사진이었다. 오후 중반이었지만 식당은 사람들로 붐볐다. 찰스는 식당에 있는 사람들과 전부 아는 사이인 것 같았다. 밀실 공포증을 유발할 것 같은 쓸쓸한 찰스의 아파트에서 오전을 보낸 뒤에 밖에 나와서 찰스가 편하게 생각하는 듯한 사람들과 어울리는 모습을 보니 즐거웠다.

찰스는 점심을 먹으면서 자신의 일에 대해 나에게 한바탕 이야기를 늘어놓았다. 찰스는 대학의 연극과에서 저글링과 연기 기술을 가르쳤을 뿐만 아니라 로마 시대에서 현재에 이르는 서커스 역사에 관한 강의를 하기도 했다. 당시에 찰스는 영화에 등장한 서커스를 다루는 강좌를 개발하는 중이었다. 그리고 가능하면 책도 쓸 계획을 세우고 있었다. 나는 찰스에게 가장 좋아하는 서커스 영화가 무엇인지 물었다.

"〈괴짜들〉이요."

찰스는 서슴없이 대답했다. 〈괴짜들〉은 아름답고 잔인한 공중그네 곡예사와 가망 없는 사랑에 빠지는 서커스 난쟁이에 관한 고전영화였다.

"나도 그래요."

내가 말했다.

찰스는 이집트 곳곳을 여행했던 이야기를 해주었다. 찰스는 여행 중에 저글링에 관한 공예품과 구전 지식을 수집했다. 그중에는 이집트의 여신도 있었다. 이시스가 다른 두 여자와 곤봉처럼 생긴 물체로 저글링을 하는 모습이 꽃병과 바구니에 그려져 있었다.

찰스가 말했다.

"알고 보니 그들은 오시리스라는 남자의 성기로 저글링을 하고 있던 거였어요. 그런데 그 이야기가 이렇게 끝나더라고요. 어느 날 그들이 성기를 손에서 놓쳤대요. 성기가 휙 날아가 강물 속에 빠졌고, 물고기가 성기를 꿀꺽 삼켰다고 해요."

찰스가 웃었다.

"저는 늘 늙은 오시리스에게 묘한 동질감을 느꼈어요."

몇 분 뒤에 가죽 옷을 입은 키가 큰 젊은 여자 두 명이 우리 테이블로 다가왔다. 한 명은 금발이고 다른 한 명은 빨간 머리였다. 찰스는 두 사람을 리키와 그레첸이라고 소개했다.

"당신들도 서커스 공연자들인가요?"

내가 물었다.

"물론이죠. 우리는 찰스와 일해요. 찰스가 말하지 않던가요?"

리키가 상당히 거만하게 대답했다.

찰스의 얼굴이 붉어졌다. 그레첸은 찰스의 턱수염을 장난스럽게 홱 잡아당겼고, 곧 두 여자는 다른 테이블에 있는 친구들에게 갔다. 찰스는 시선을 내리깔았다.

"나는 다른 사람들이랑 다르게 잘 긴장하는 것 같아요. 늘 그랬어요."

찰스는 시선을 들지 않고 조용히 말했다.

"난 사람들을 판단하지 않아요. 한 번도 그런 적이 없어요."

내가 대답했다.

나는 나도 모르게 테이블 너머로 한 손을 뻗었다. 찰스가 내 손을 잡았고, 우리는 따뜻하게 악수를 했다. 잠시 뒤에 찰스는 새러소타 시내 주소를 냅킨에 적어 내게 건네주었다.

"피라미드 클럽이라고 해요. 우리 공연은 밤 12시쯤에 해요."

나는 가보겠다고 말했다.

나는 모텔로 돌아와서 20분 동안 열심히 수영을 했다. 그런 다음 내 방으로 돌아와서 곧바로 잠이 들어 꿈도 꾸지 않고 푹 잤다. 잠에서 깨어나니 날이 저물어 있었다. 어떤 옷차림을 해야 할지 몰라서 블레이저(단체복으로 통일된 콤비 상의_옮긴이)를 입고 넥

타이를 맸다. 모텔 커피숍에서 식사를 하고, 열한 시에 피라미드 클럽으로 출발했다.

알고 보니 피라미드 클럽은 보헤미아인들이 사는 구역에 있었다. 예전에 내가 그 근방을 돌아볼 때 미처 들르지 못한 도시였다. 그곳에는 화랑과 카페, 소수의 고객을 대상으로 하는 가게가 나란히 있었다. 그중 한 가게의 상호가 올터 이미지(Alter Image, 모습을 바꾸라는 의미_옮긴이)였다. 나는 처음에 그 가게를 언뜻 보고 단순히 여자들이 입는 섹시한 의류를 파는 곳이라고 생각했다. 그러나 윈도우를 유심히 들여다보니 여자 옷이 남성의 신체에 맞게 재단되어 있었다. 피라미드 클럽은 바로 그 옆에 있었다.

내가 피라미드 클럽에서 아주 마음 편하게 있었다고 주장한다면 그건 거짓말일 것이다. 우선 적절한 표현인지는 모르겠지만 나는 지나치게 차려입었다. 남자든 여자든 많은 고객들이 꽉 끼는 가죽 바지를 입고 맨몸에 앞이 트인 가죽조끼를 걸치고 있었다. 게다가 나는 얼핏 봐도 그곳에서 나이가 가장 많은 사람이었다. 평균 나이보다 서른 살은 족히 더 많았다. 커플 중 몇몇은 게이가 틀림없었다. 다른 사람들은 판단하기가 쉽지 않았다. 그 이유 중 하나는 그들 중 이성의 옷을 입은 사람들이 성별을 분별하기 힘들 정도로 행동이 교묘했다.

나는 테이블에 자리를 잡지 않고 바에 앉아서 화이트 와인 한 잔을 주문했다. 음악 소리가 크고 귀에 거슬렸다. 무대 앞에 있는 좁은 공간 위에서 춤을 추는 댄서들은 몸이 탄탄했고 깊은 생각에 빠진 듯 보였다. 그래서인지 댄서들은 둘씩 짝을 지어 춤을 추기는 했지만 모두 독무를 추는 것처럼 보였다. 나는 손목시계를 보았다. 11시 55분이었다.

잠시 뒤에 음악 소리가 멈췄다. 무릎까지 오는 가죽 바지를 입은 근육질의 젊은이가 드럼 세트를 굴리고 나와 팡파르를 연주했다. 그런 다음 연미복을 입기는 했지만 셔츠는 입지 않은 또 다른 젊은이가 마이크 앞에 섰다.

"인생에서 가장 좋은 것은 빙글빙글 돌지요."

젊은이가 냉소적으로 말했다.

"그렇기 때문에 우리 모두가 서커스에 열광하는 것이죠."

그러고 나서 드럼 소리가 또다시 울리고 나자 젊은이는 첫 번째 공연자를 소개했다.

"그레첸, 리키, 그리고 교수님입니다!"

찰스가 혼자 나왔다. 흰 타이츠를 입고 삼각형 모양의 모자와 가면을 쓴 피에로 차림이었다. 여기저기서 갈채가 나오자 찰스는 허리를 깊이 숙여 인사를 했다. 음향 기기에서 프로코피예프의 오페라 〈세 개의 오렌지에 대한 사랑〉에 등장하는 행진곡이 흘러나왔다. 찰스는 오렌지 세 개를 꺼내어 저글링을 하기 시작했다. 중간 중간에 오렌지를 추가해 오렌지가 총 일곱 개가 되었다. 찰스는 아주 훌륭했다. 이 정도는 아무것도 아니라는 듯 능수능란하고 꽤 재미있게 저글링을 했다. 찰스는 공중에 떠 있는 오렌지 중 한 개를 완전히 깜빡한 것처럼 행동했다. 그러다가 너무 늦었다 싶을 즈음에 몸을 던져 오렌지가 땅에 떨어지기 직전에 오렌지를 잡았다. 관중은 별 감흥이 없어 보였고 엉덩이를 들썩였다.

그때 리키가 무대로 나왔다. 내가 그날 오후에 '더 하이 와이어'에서 만난 키가 큰 금발 여자였다. 오페라 모자와 빨간 연미복, 그물망 스타킹에 무릎까지 오는 부츠 차림의 리키는 영화 〈푸른 천사〉에 등장하는 마를레네 디트리히를 연상시켰다. 리키가 재킷 속에 입은 것이라고는 젖가슴을 반만 가리는, 레이스 브래지어와 비키니 팬티, 가터벨트(스타킹이 흘러내리지 않도록 거는 고리가 달린 벨트 비슷한 여성용 속옷_옮긴이)뿐이었다. 오른손에는 긴 자루가 달린 검은색 채찍이 들려 있었다. 리키는 서커스 단장 및 여자 주인 역할이었고, 저글러가 충분히 기량을 발휘하지 않는다고 못마땅해했다.

"더 높이!"

리키가 찰스에게 요구했다.

"좀 더 높이 할 수는 없어요?"

관중이 하나둘 웃더니 웃음소리가 장내에 퍼졌다. 이제 관중들은 열심히 공연을 보고 있었다. 찰스는 애원하는 눈빛으로 리키를 바라보더니 몸을 바르르 떨고는 오렌지를 더 높이 던졌다. 나는 가슴이 조마조마했다.

오렌지 하나가 찰스의 손에서 벗어나 높이 날아오르더니 단장의 발치에 철퍼덕 떨어졌다. 리키는 그 즉시 찰스에게 채찍을 휘

둘렀다. 긴 채찍이 찰스의 몸통을 휘감더니 채찍 끝이 찰스의 가슴을 세차게 탁 후려쳤다. 내가 서 있는 바에서도 찰스가 움찔하고 눈에 힘이 들어가는 것이 보일 정도였다. 오렌지가 전부 바닥으로 떨어지고 있었다. 리키는 채찍으로 찰스를 거듭 후려쳤다. 관중은 공연에 푹 빠져 있었다.

아까부터 가슴이 조마조마하더니 이제는 목이 메었다. 나는 마음을 진정시키려고 침을 꿀꺽 삼켰다. 나는 고개를 돌리고 싶었지만 어쩔 수 없이 계속 공연을 보았다. 이제 그레첸이 행진을 하며 무대로 나와 두 사람과 함께 했다. 그레첸이 검정색 스타킹을 벗더니 스타킹으로 찰스의 손과 발을 묶었다. 음악이 요란하게 울리자 두 여자가 찰스에게 힘차게 채찍질을 하기 시작했다. 나는 속이 거북했다. 나이 들어가는, 흰 턱수염이 난 남자가 두들겨 맞는 광경을 보자 몹시 혐오스러웠다. 내가 예전에 비극적인 충동으로부터 구하기 위해 아주 필사적으로 노력했던, 부모가 엉겁결에 낳은, 마음 약한 저 사내를……

역겨움…… 혐오감…… 메스꺼움. 사람을 판단하지 않는다고 말해 놓고 나도 모르게 그런 반응을 보이고 있었다. 그것은 정상적인 행동에 대한 '공인'된 개념을 늘 의심쩍게 여기면서 오랫동안 일을 하며 그런 자신의 태도에 줄곧 자부심을 느낀 심리치료사가 보일 수 있는 반응일까? 어떤 사례를 대할 때 나는 겉으로는 자유주의자인 체하면서 본심은 고상한 척했던 걸까? 나는 다른 양상의 도착증은 역겹다고 생각하면서 어떤 '도착증'은 충분히 그럴 수 있는 행동이라고 여겼을까? 아무 죄 없는 피해자들과 남색자들, 강간범들과 더불어 성욕 도착자들은 거론하지 말자. 물론 그들의 행동은 용납될 수 없다. 그러나 기꺼이 매를 맞는 이 사내는 어떤가? 그 행동이 왜 역겨운 걸까? 북극곰을 사랑하는 것은 역겹지 않은데, 그것은 단순히 내 개인적인 취향의 문제일까? 내가 북극곰에게는 마음이 약했던 걸까?

"저 사람은 정말 나빠요!"

그레첸이 소리를 질렀다.

"저 남자에게 저글링을 제대로 하는 법을 가르쳐줘야겠어요."

리키가 찰스의 사타구니에 채찍을 겨누면서 외쳤다.

"우리가 고환 두 쪽을 어떻게 할지 저 남자에게 보여줍시다."

관중이 아우성을 쳤다.

나는 바에 돈을 올려놓고 피라미드 클럽에서 나왔다. 밤공기가 따뜻했다. 내가 왜 혐오감을 느꼈는지 나는 비로소 깨달았다. 그것은 단순히 내 기분을 언짢게 한 잔인한 채찍질 때문이 아니었다. 그것보다 더 깊고 더 개인적인 이유였다. 나는 찰스를 알았다. 찰스의 진정한 욕망을 알았다. 내가 방금 목격한 가학피학성 변태성욕의 소극은 그 단어가 지니는 기본적인 의미의 도착증이었다. 그것은 그릇된 방향의 욕망이었다. 통계적으로 나타나는 '정상적인' 욕망의 도착증이 아니라 찰스의 원초적이고 진정한 욕망에서 비롯된 도착증이었다.

찰스는 내 도움으로 자신의 가장 열정적인 욕망, 그리고 그 대상을 오래전에 버렸다. 찰스는 자신의 본성을 바꾸려고 했다. 자신의 본성을 그와 공통점이 아주 많은 여자인 사랑하는 이본에게 맞추려고 했다. 그러나 이본에게 진정한 성욕을 느끼지 못하자 그 관계는 실패하고 말았다.

그럼에도 불구하고 찰스는 뭔가를 느끼고 싶었다. 그래서 자신의 열정을 되찾으려고 이런 비뚤어진 서커스 게임으로 눈을 돌렸다. '시가 피어나지 못하는 곳에는 잔인무도함이 판을 친다.' 그리고 큰 틀에서 보면 성행위를 주도하는 두 여자에게 매 맞는 사내 역할을 하는 것이 북극곰과 사랑을 나누려고 시도하는 것보다 사회적으로 더 용납이 되고 훨씬 더 안전했다. 아무튼 전 세계 여러 도시에 피라미드 같은 클럽이 있었지만 북극곰을 사랑하는 사람들을 위한 클럽이 하나라도 있는지는 의문이다.

결국 이러한 가학피학성애 게임은 찰스가 자신에게 허용할 수 없는 감정, 즉 지로에 대한 찰스의 '짐승 같은' 사랑을 대신하는 것이었다. 얄궂게도 찰스가 애초에 느꼈던 감정이 낭만적이고 시적이었다. 반면 북극곰 대신 인간에게 품은 감정은 상스럽고 거짓된 것이었다. 나는 찰스가 지로에게 끌렸던 것이 피학대 성욕 도착증이라거나 벌을 받을 수 있다는 가능성에 찰스가 흥분한 것이라고는 여전히 생각하지 않았다. 그러나 북극곰에 대한 찰스의 순수한 사랑은 부득이하게 왜곡되었고, 그 과정에서 정말로 짐승 같은 어떤 면이 찰스 내면에서 움튼 것이었다.

나는 무엇보다도 그러한 사실 때문에 마음이 아팠다. 나는 찰스 내면에 있던 순수하고 시적인 사랑이 상실되었다는 점이 슬펐다.

　나는 그날 밤 거의 잠을 이루지 못했다. 그러다가 아침이 가까이 와서야 깊이 잠들었다. 깨어나 보니 전화기에서 빨간 불빛이 번쩍였다. 찰스가 전화를 했다고 접수대 직원이 내게 전해주었다. 찰스는 정오에 베니스에 있는 대형 천막에서 만나자고 했다. 정오까지 한 시간도 채 남지 않았다. 나는 옷을 입고 모텔에서 나왔다.

　내가 도착했을 때 지붕 없는 관람석의 한 구역이 거의 젊은이들로 가득했다. 열의에 찬 말끔한 얼굴과 운동복 상의, 청바지, 스니커 차림을 보니 대학생인 듯했다. 운동복 상의에 젊은이들의 모교가 클라운 칼리지라고 또렷이 적혀 있었다. 나는 가장자리 좌석에 앉았다. 이틀 전에 아름다운 공중 곡예사가 리허설을 하는 것을 보았던 곳에서 그리 멀지 않은 자리였다.

　찰스는 중앙 무대 바로 안에 서 있었다. 검은색 바지와 앞이 트인, 옥스퍼드 천으로 된 셔츠 차림이었다. 찰스는 나를 보고 고개를 끄떡해 보이더니 강연을 계속했다. 찰스는 서커스 공연을 다른 형태의 연극, 즉 셰익스피어의 희극과 섹스를 소재로 한 프랑스의 소극, 그리고 피란델로와 베케트와 비교하고 있었다. 강의는 놀랄 만큼 재미있었다. 찰스는 희곡의 한 구절을 인용하고 나면 어떻게든 그 장면에 상응하는 마임을 해보이거나 저글링을 해 보이곤 했다. 학생들은 확실히 그 강연을 무척 좋아했고, 나도 마찬가지였다.

나는 이 모습을 기억해야 한다고 다짐했다. 전날 밤에 보았던 찰스의 기괴한 이미지를 결코 완전히 떨쳐내지는 못할 터였다. 그러나 이 사실 역시 기억해야 한다. 자신의 짐승 같은 충동을 뭔가 아름답고 지적이고 감화를 주는 것으로 완전히 바꿔 놓은 남자가 있다면 그 사람이 바로 찰스였다. 찰스는 서커스 기술을 대학으로 들여오고 대서양의 이쪽 편에 친근하고 마술 같은 서커스의 르네상스가 왔다는 사실을 알린, 고작 스물네 명의 남자와 여자들 중 한 명이었다. 그것은 훌륭한 성과였고, 진정한 의미에서 개인적인 열정과 사랑의 산물이었다. 이것 역시 찰스 엠브리가 이루어낸 그림의 일부이다.

강의가 끝나고 학생들이 나가자 나는 찰스에게 다가갔다. 나는 강의가 무척 재미있었고 그의 공연에 깊은 인상을 받았다고 말했다.

"어젯밤에 일찍 가셨더군요."

찰스가 내 눈을 똑바로 바라보며 말했다.

"그랬어요."

나는 대답했다. 나는 잠시 머뭇거리다가 덧붙여 말했다.

"그럴 만한 사정이 있었어요. 하지만 어제 공연보다 오늘 강연이 훨씬 더 좋았어요."

찰스가 나를 보고 따뜻하게 미소를 지어 보였다.

152

"저도 같은 생각이에요."

찰스가 말했다.

잠시 뒤에 우리는 악수를 했고, 나는 내 승합차로 돌아갔다.

나는 차를 몰고 떠났다. 어느새 내 입가에 미소가 번졌다. 어쩌면 피라미드 클럽에서 했던 찰스의 공연이 결국은 진정한 사랑에서 영감을 얻은 것일 수도 있겠다는 생각이 문득 들었다. 아마찰스는 리키가 휘두르는 채찍을 맞으며 관중에게 즐거움을 주면서 자기가 사랑하는, 공연을 하는 곰 지로와 자신을 완전히 동일시했을 수도 있다. 아마 그것이 찰스가 바치는 최고의 사랑의 찬사였을 것이다.

공식적인 글과 학술지 논문을 읽고 강의를 들으면
심리치료에 대해 정확하고 체계적인
치료법이라는 인상을 받게 된다.
신중하게 설명된 단계, 전략적인 기술적 중재,
체계적인 전개, 전이에 대한 결단력,
대상 관계의 분석, 통찰력 있는 해석을 제공하는
신중하고 합리적인 프로그램을
심리치료가 동원한다고 기술되어 있기 때문이다.
그러나 나는 아무도 바라보고 있지 않을 때
심리치료사가 '실체' 속으로 뛰어든다고 깊게 믿는다.

— 어빈 데이비드 얄롬, 『실존주의 심리치료』

세스:
가학피학성애 공상에
시달리는 남자

◆

　나는 대략 3년 전에 지독한 우울증에 빠졌다. 사실 전부터 내리막을 타고 있었다. 살면서 위험을 무릅쓰고 어떤 일에 도전해본 적이 있는 사람이라면 예순 살이 되기까지 잠깐씩 정말로 우울증에 빠지는 일이 적어도 몇 번은 있었을 것이다. 그 우울증이란 신념과 자신감의 상실, 허망한 기분, 기운이 고갈된 느낌을 말한다.

　그러나 1991년 초에 나를 공격한 것은 완전히 다른 동물이었다. 다른 우울증과는 정도의 차이만 있었다고 할 수 있었다. 그러나 그 정도의 차이가 얼마나 큰지 내가 전에 알던 우울증과는 양상이 전혀 달랐다. 마치 죽음이 내 머리와 가슴속에 침입해 들어와 저항할 수 없을 만큼 나를 무력하게 만들어 놓은 기분이었다.

　그런 상황에서 나를 일으킨 것은 일말의 야망, 즉 탐욕이었다. 한 친구가 한 달, 길어야 두 달 있으면 가치가 두 배로 뛸 거라고 장담하며 주식에 대한 '확실한 정보'를 알려주었다. 내가 왜 친구의 말을 고스란히 믿었는지, 저축한 돈을 왜 전부 그 '틀림없는 정보'에 투자했는가 하는 상세한 이야기는 다시 여기에 거론할 가치가 없다. 길어야 두 달 걸린다는 친구의 말은 옳았다. 내전 재산을 날리는 데는 고작 두 달밖에 걸리지 않았다. 그 당시에 나만 바라보고 사는 사람들이 몇몇 있었다. 아내와 아직 대학과 대학원에 다니는 막내 아이 둘, 스위스에 있는 아흔 살의 어머니. 나는 그들 모두에게 실망을 안겨주었다.

내가 비참함과 절망감, 죄책감을 느낄 일은 분명 많았다. 공포감에 휩싸일 일도 많았다. 나보다 더 강한 남자들도 그런 상황에 놓이게 되면 어쩔 줄을 모를 것이다. 그러나 나는 그 정도가 아니라 통제력을 잃었다.

나는 잠을 이루지 못했다. 위장에서 가슴, 그리고 사타구니가 공허감으로 욱신거렸다. 몸이 마비되고 약해지고 말라버린 기분이었다. 혀는 흰 곰팡이처럼 보이는 솜털로 계속 뒤덮여 있었다. 심장 박동은 정상이 아니었다.

나는 인간의 목소리를 들으면 도저히 견딜 수가 없었다. 그 소리가 마치 산이 깔때기를 통과해 내 귀로 쏟아지는 듯 아렸다. 그럼에도 불구하고 나는 내담자들을 계속 만나려고 애썼다. 수입 때문이라기보다는 내담자들까지 실망시키고 싶지 않기 때문이었다. 그러나 결국 더 이상 일을 한다는 것이 불가능해졌다. 어느 날 아침 나는 딸 줄리에게 나 대신에 내담자들에게 전화를 걸어 모든 예약을 무기한으로 미뤄달라고 부탁했다.

나는 고함을 쳤다. 예를 들어 동네 거리에 싸 놓은 개똥을 보거나 냄새만 맡아도 분노가 치솟아 소리를 질러댔다.

나는 울었다. 가끔은 뱃속에 있는 것을 모두 토해내는 기분이 들 정도로 몇 시간씩 울기도 했다.

나는 몇 분 이상 명쾌하게 생각을 할 수가 없었다. 식욕이나 성욕도 없었다. 그 어느 것에도, 심지어 앙증맞은 어린 손자 월이 눈앞에 있어도 즐거움을 느끼지 못했다.

나는 정신약리학자의 도움을 구했다. 정신약리학자는 나에게 즉시 약을 처방해 주었고, 나는 그 약을 먹고 훨씬 더 정신이 이상해졌다. 나는 그동안 무슨 일이 있었고, 무슨 일이 일어나고 있는지 정신약리학자에게 말하려 애썼다. 그런데 이름이 떠오르지 않았고 제대로 이야기를 할 수도 없었다. 정신약리학자는 나에게 다른 약을 처방해 주었다. 아무 효과도 없었다. 그래서 또 다른 약을 처방했지만 여전히 효과는 없었다.

그런 식으로 3개월이 흘렀다. 체중이 13킬로그램이 줄었다. 나는 침대에 한 번 누우면 며칠씩 일어나지 않았다. 의사는 나에게 보호시설로 가는 것이 어떠냐고 살며시 권했다. 나는 그럴 생각이 전혀 없다고 의사에게 솔직하게 말했다.

그러던 어느 날 오후 나는 침대에 누워 있다가 깊은 잠에 빠졌다. 그런 적이 있었을까 싶게 아주 깊은 잠이었다. 잠든 지 거의 스무 시간 뒤에 깨어났을 때 나는 고비를 넘겼다는 것을 알았다. 그로부터 2주가 안 된 시점에 나는 다시 예전의 나로 돌아간 기분을 느꼈다. 어쩌면 예전의 나보다 훨씬 더 좋아진 것 같기도 했다. 더 맑아지고 더 순수해진 것 같았다.

나는 새러소타에서 나와 주간 고속도로 75번을 타고 북쪽으로 향했다. 그러다가 주간 고속도로 10번을 달려 예전의 내담자인 세스 워터슨의 집이 있는 앨버커키를 향해 서쪽으로 갔다. 내가 전에 한 번도 가 본 적이 없는 시골 지역으로는 앨라배마 주와 미시시피 주, 루이지애나 주, 텍사스 주, 뉴멕시코 주가 있었다. 앨버커키는 뉴멕시코 주에 있는 도시였다. 나는 느긋하게 달렸다. 이따금씩 2급 도로로 갈아타고 흙먼지가 이는 여러 소도시를 지나갔다. 그 도시는 불경기에 빠진 남부 지방을 찍은 사진작가 워커 에반스의 작품을 연상하게 했다.

나는 3년 전에 그 끔찍한 일을 겪고 난 뒤 그때 나에게 왜 그런 일이 일어났는지 이해하려고 노력했다. 한편으로는 이렇게까지 생각할 필요가 있을지는 모르겠지만 내가 그런 일을 겪었다는 것이 굉장히 수치스러웠다. 우울증을 겪었다는 사실 자체가 아니라 그 증상을 유발한 것으로 추측되는 원인 때문에 부끄러웠다. 물질적인 세계에 대한 내 애착이 너무 과해서 나를 벼랑 끝으로 몰아가기 위해 재정적인 파탄에 이르게 한 것일까? 내 자아가 그렇게 얄팍하고 옹졸한가?

정신분석가로서 재산을 잃었다는 이유로 창밖으로 뛰어내리는 사람들은 인생에서 선험적인 의미를 찾지 못한 사람들이라는 것이 내 지론이다. 그리고 돈을 잃은 것보다 그 의미를 찾지 못한 것이야말로 진정한 실패라고 믿었다. 그들이 그들의 에로스(고대 그리스 신화 중 사랑의 신으로 '사랑'이라는 뜻으로 통용됨_옮긴이), 즉 그들의 가족과 친구, 지구, 인생 자체를 사랑하는 원숙한 능력을 충분히 발달시켰다면 자신의 모든 가치를 돈에 부여하지는 않았을 것이다. 사랑하는 능력이 미숙한 것이 내가 실패한 근본 원인일 수 있을까?

물론 그것보다 더 심각한 질문이 수면으로 떠올라 나는 당혹스럽고 심란했다. 예순다섯 살이 다 되도록 오랫동안 정신분석가로 일했으면서도 내가 나 자신에 대한 어떤 중대한 것을 놓친 건 아니었을까? 명색이 정신분석가가 자기 자신이 누구인지 제대로 알지 못할 수도 있을까?

나는 이 무더운 남부 지역의 풍경을 지나면서 그 질문 역시 내가 이 여행, 이야기의 결말을 찾아가는 이 순례를 시작한 근본적인 이유임을 깨달았다. 나의 지도 교수인 에리히 프롬은 『선禪과 정신분석』에서 다음과 같이 썼다.

'분석가는 내담자를 분석한다. 그러나 내담자 역시 분석가를 분석한다. 왜냐하면 분석가는 내담자의 무의식 세계를 공유함으로써 자신의 무의식 세계가 명확해질 수밖에 없기 때문이다. 때문에 분석가는 내담자를 치료할 뿐 아니라 내담자에 의해 자신도 치유된다.'

나는 앨버커키로 달렸다.

세스 워터슨은 1963년 가을에 나를 처음 찾아왔을 때 한창 위기에 빠져 있었다. 결혼한 지 3개월이 되었는데 갑자기 발기불능이 되었고, 아내는 이제 '성기능이 제대로 돌아오지 않으면' 세스를 떠나겠다고 협박하고 있었다.

키가 크고 말투가 부드러운 스물다섯 살의 세스는 겁에 질린 고야(스페인의 화가, 판화가_옮긴이) 같은 모습이었다. 반쯤 감은 눈, 구부정한 어깨, 묵직한 움직임. 한눈에 봐도 깊은 우울증에 빠진 젊은이의 모습이었다. 놀랍게도 세스는 영화계에서 알아주는 젊은 영화 제작자였다. 나는 세스의 직업을 알고 나자 지나치게 자신감이 넘치는 사내들이 저절로 연상되었다.

"제가 괴로운 건 아내 에디스와의 문제 때문만은 아니에요."

세스는 나와 대면한 지 몇 분 지났을 때 그 이야기를 꺼냈다.

"공상, 그 끔찍한 공상 때문이에요. 공상이 자꾸 떠올라 나를 괴롭혀요."

"어떤 공상인지 말해 봐요."

내가 말했다.

"듣고 싶지 않으실 걸요. 너무 추해서요."

"그건 내가 결정할게요, 알겠죠?"

나름 부드러운 어투로 내가 말했다. 그러자 내가 자신의 소견에 이의를 제기하기라도 한 듯 세스는 움찔했다. 발기불능이 되었다는 사실에 중압감을 느낀 나머지 조금이라도 비난이 섞인 말에 아주 예민해진 게 분명했다. 아니면 그 반대일까?

"내가 이 사무실에서 내담자들에게 어떤 이야기를 듣는지 당신이 들으면 깜짝 놀랄 걸요. 인간과 관련된 그 어떤 일에도 저는 충격을 받지 않습니다."

내가 부드럽게 말했다.

세스는 심호흡을 하고는 천천히 이야기를 꺼냈다.

"좋아요, 정 그러시다면. 공상은 두 종류이고, 두 공상 모두 저를 흥분시켜요. 그중 피 흘리는 여자에 대한 공상이 가장 흥미로워요."

세스가 무미건조하게 말했다.

세스가 내게 소름끼치게 자세히 묘사한 이미지는 남자의 전형적인 가학적 공상으로 정말 추하기는 했다. 세스는 그 공상 속에서 나체인 여자를 마구와 비슷한 벨트로 묶은 다음 유리관을 여자의 경정맥 안에 삽입한다. 그런 뒤에 여자의 질 안에 금속 막대기를 슬며시 넣어 여자를 자극한다. 여자가 흥분을 하자 목에 있는 유리관을 통해 피가 분출되기 시작한다. 여자가 흥분하면 할수록 심장 박동이 더욱 빨라지고 더 많은 피가 밖으로 뿜어져 나온다. 여자는 황홀한 성적 쾌감에 취해 있으면서도 죽음이 임박한 것을 알고 완전히 공포에 휩싸여 떨고 있다.

"여자의 젖가슴 사이로 피가 흘러내리는 것을 상상하면 정말 흥분이 돼요."

세스가 말했다.

"그때 자위행위를 시작해요. 그러면 마침내 여자의 비명이 제 귀에 울려 퍼져요."

세스는 그 공상에 대해 설명할 때 더욱 생기를 띠었다. 그리고 나는 그 이야기를 듣고 걱정이 되었지만 내색하지 않으려고 조심했다. 내가 불안감을 느낀 것은 공상 그 자체가 아니었다. 혐오스런 공상이라면 이 사무실에서 익히 들어왔다. 내가 걱정하는 부분은 세스가 그 공상을 떠올리는 순간만큼은 우울증에서 완전히 벗어나 있다는 사실이었다. 세스는 그때만큼은 활기를 되찾은 것 같았다.

많은 사람들이 우울증의 반대말이 의기양양한 기분이나 행복감이라고 생각하지만 내 생각은 다르다. 나는 우울증을 정신적이고 감정적인 사망의 형태로 보고, 그 반대말을 활력이라고 여긴다. 가학성애는 정말 기괴하지만 살아 있다는 기분을 느낄 수 있는 한 가지 방법이 될 수도 있다. 그것은 말 그대로 활력을 얻는 왜곡된 방법이다. 그것은 그런 면에서 마약 중독과 비슷하다. 마약 중독자에게 '황홀경에 이르는 것'은 흔히 그가 생명의 비약, 즉 생명력을 얻을 수 있는 유일한 방법이다. 그러나 또한 마약 중독자처럼 가학 성애자는 효과를 지속시키려면 '복용량'을 계속 늘려야 한다. 공상만으로는 세스 워터슨을 치명적인 깊은 우울증에서 벗어나게 할 수 없을 때가 온다는 것을 나는 짐작할 수 있었다. 그러면 세스는 '복용량'을 높여야 할 것이고, 그럴 경우 세스와 주변 사람들에게 굉장히 위험할 수도 있었다.

나는 세스에게 반복적으로 떠오르는 다른 공상에 대해 물었다. 세스는 첫 번째 공상과 정반대로 전형적인 피학대 성욕 도착증을 보이는 공상에 대해 설명하기 시작했다.

"나는 눈에 안대를 하고 입에 과일을 물고 발목이 묶인 채 있어요. 나는 상상할 수 있는 모든 욕망을 만족시킬 수 있는 거대한 구원의 기계에 매여 있어요. 이 기계는 내 몸에 있는 모든 구멍에 연결이 되어 있고 내 모든 욕구를 충족시켜요. 기계가 말해요. '어서. 어린 소년, 어서.' 나는 오르가슴을 느낄 테지만, 오르가슴을 느끼면 기계에 의해 죽게 될 거라는 걸 알아요. 오르가슴을 느끼는 순간에 바로 죽는 거죠. 이 기계가 나를 철저히 통제해요."

세스가 발기부전이 있는 남자라는 것은 놀랄 일이 아니었다. 발기가 되면 세스는 죽을 수도 있었다.

"열네 살 때부터 계속 그런 공상에 시달렸어요."

세스가 내게 불쑥 말했다.

"이게 제 본모습이에요. 그런 공상에 빠진 사람."

"무슨 뜻으로 하는 말인가요?"

"추해요. 잔인해요. 정떨어져요."

세스가 그 말을 내뱉는 어투에서 아주 극심한 고통이 느껴졌다. 그래서 사실은 그것과 정반대되는 것이 세스의 성향임이 틀림없다고 나는 직관적으로 느꼈다. 또한 세스의 가학피학성 변태 성욕의 인격 안에 미와 친절을 진정으로 사랑하는 사람, 즉 대단히 사랑스러운 사람이 묻혀 있다는 것을 느꼈다. 좋든 나쁘든 나는 대부분의 내담자들에게 그런 점을 느끼곤 한다.

"대단한 어머니를 두었을 것 같군요."

내가 말했다. 세스는 사무실에 들어온 뒤에 처음으로 눈을 들어 나와 시선을 마주했다.

"어떤 근거로 그런 말을 하죠?"

세스가 놀란 표정으로 물었다.

나는 세스의 치명적인 '구원 기계'와 그 기계가 '어서. 어린 소년, 어서.'라고 한 명령을 떠올리며 미소를 보였다.

"그냥 짐작으로 한 말이에요."

나는 살짝 윙크를 하며 대답했다.

세스도 마치 우리 둘이 사적인 농담을 주고받은 듯 아주 잠깐 미소를 지었다. 그러더니 곧바로 생기 없는 우울한 모습으로 다시 가라앉았다.

"어머니에 대해 말해 봐요."

내가 부드럽게 말했다.

내가 한참 구슬리고 난 뒤에야 세스는 어머니에 대해 말하기 시작했다. 말문이 터지자 그 다음에 이어진 몇 차례의 치료 시간에도 그 이야기가 사실상 끊이지 않고 나왔다. 나는 그동안 많은 어머니들에 대해 들었지만 세스의 어머니는 가장 무시무시한 부모 중 한 명이었다.

아밀리아 앤더레그 워터슨 맥그루더 베일리는 아주 심각한 나르시스트였다. 또한 재능 있는 지식인인 듯했다. 아밀리아는 철학과 심리학, 신화, 4개 국어로 된 주요 문학에 박식했다. 외모는 그다지 매력적이지 않았지만 곁에는 거의 늘 남자가 있었다. 남자들은 아밀리아의 비난과 욕설에 시달리다가 결국 용기를 내어 아밀리아를 떠났다. 아밀리아가 만난 세 명의 남편 중 첫 번째인 세스의 아버지는 세스가 두 살도 되지 않았을 때 떠났다.

"십대가 되어 마침내 아버지와 말할 수 있는 기회가 생겼을 때 아버지가 말씀하셨어요. 매일 밤 집에 돌아와 보면 내가 굶주린 채 더러운 기저귀를 차고 싱크대나 의자에 묶인 모습을 보았던 광경이 생각난다고 하시더군요. 제 몸에 온통 똥이 묻어 있었다고 했어요."

세스는 어머니가 자신을 묶었던 핀과 끈을 생생히 기억했다.

"내 가슴을 둘러 어깨 위로 걸친 마구 같은 벨트가 있었죠. 불독한테 씌우는 벨트 같은 거요. 그런 다음 내가 뒤로 손을 뻗어서 풀지 못하게 가죽 끈을 등에 고정시켰어요. 어머니는 반대쪽 끝을 가까이 있는 물건, 그러니까 싱크대, 아기 침대, 빨랫줄 등 뭐든 손에 닿는 물건에 묶었어요. 도서관 밖에 있는 자전거 보관대에 묶인 적도 있어요. 그때 어머니는 도서관 안에서 공부를 하고 있었죠."

나는 세스의 말을 들으면서 너무 혐오스러워서 얼굴을 찌푸렸다. 애써 표정을 감추지 않았다. 그러자 세스는 얼른 덧붙여 말했다.

"그런데 그 당시에는 많은 어머니들이 그랬어요. 애완용품점이 아니라 아기용품점에서 그런 벨트를 샀다니까요. 어머니는 내 안전을 위해서 그렇게 한 거예요."

맙소사, 어머니 편을 들고 있다니! 나는 이 대목에서 세스가 어떤 문제에 직면했는지 처음으로 눈치를 챘다.

"벨트를 푼 적이 있나요?"

나는 최대한 감정을 드러내지 않는 목소리로 물었다.

세스는 잠시 의심스런 눈초리로 나를 바라보았지만 이내 얼굴이 밝아졌다.

"네, 한 번이요. 이로 밧줄을 끊어서 길을 따라 허둥지둥 갔어요."

"멀리 갔나요?"

"아니요. 길을 건너라는 허락을 받지 못했기 때문에 도망가지 못했다는, 오래된 우스갯소리 있잖아요. 제가 딱 그런 상황이었어요."

그 오래된 우스갯소리는 내가 이미 눈치 챈 세스의 기본적인 문제를 전형적으로 나타내는 것이었다. 세스는 떠나라는 어머니의 허락을 받아야 한다고 아직도 믿기 때문에 통제를 하는 어머니한테서 벗어나지 못했다.

세스의 어린 시절 내내 아밀리아의 남편들과 애인들이 지속적으로 바뀌었다.

"처음에는 이렇게 생각했어요. 어머니가 사랑하는 인생의 동반자를 드디어 만났나 보다. 하지만 몇 주 지나고 나면 이복 여동생인 릴라와 저는 어머니와 아저씨가 방에서 서로 질러대는 소리를 듣곤 했어요. 릴라는 엄청 겁을 먹었고, 저는 동생을 위로해 주었어요."

"어떻게 위로해 주었죠?"

내가 물었다. 세스가 어깨를 으쓱하며 대답했다.

"어머니가 진심으로 한 말이 아니라고 말해주었어요."

"뭐가 진심이 아니었다는 거죠?"

"예를 들어 어머니가 '당신을 죽여 버리겠어!' 하고 고함을 지르면 홧김에 하는 소리라고 말해주었어요."

"어머니가 애인들에게 그런 소리를 자주 질렀나요?"

"네. 많이 들었어요."

"그 말을 들으면 당신도 무섭지 않았나요?"

내가 물었다. 세스가 머뭇거렸다.

"조금 그랬던 것 같아요."

세스가 들릴 듯 말 듯 대답했다.

나는 세스에게 어머니와 한 침대를 쓴 남자들과 세스의 관계가 어땠는지 물었다.

"프랭크가 가장 좋았던 것 같아요. 릴라의 아버지였어요. 저한테 아빠 노릇을 하려고 가끔씩 노력을 했죠. 저를 데리고 낚시하러 가고 야구 경기에 몇 번 데리고 갔어요. 사실 그런 건 제 취향이 전혀 아니었지만요. 아저씨도 저에게 좀 실망한 것 같아요. 아무튼 두서너 해 뒤에 아저씨는 떠나버렸어요."

"가장 마음에 들지 않았던 의붓아버지는 누구였어요?"

내가 물었다. 세스는 바닥을 내려다보았다.

"모르겠어요. 다 마찬가지죠. 서로 맞는 사람들이 있고 아닌 사람들이 있고 그렇잖아요."

나는 그 말을 믿지 않았다. 분명히 개인적 취향이 다르다는 차원을 넘어 여기에는 분명 더 깊은 내막이 있었다. 나는 단도직입적으로 물었다.

"좋아요, 세스. 그러면 누가 당신과 맞지 않았나요?"

세스는 갑자기 고개를 들더니 독기가 가득한 눈으로 나를 노려보았다.

"나를 좀 그만 괴롭혀요. 알겠어요, 선생님? 나를 다그칠 생각 말아요!"

나는 세스를 빤히 바라보았다. 내가 물러서야 하나? 확실히 나는 평소에 내담자를 대하던 것과는 다르게 세스를 대했다. 세스에게는 처음부터 더 많은 지시를 내리고 더 많은 반응을 보였다. 내가 그런 방법을 택한 건 단지 세스가 한창 위기에 처해 있어서가 아니었다. 세스가 우울증 때문에 너무 무기력해 보여서 어느 방향으로든 세스가 움직이도록 '밀어 줄' 필요가 있다고 생각했기 때문이었다. 그러나 너무 공격적으로 나갈 경우 확실히 수반되는 위험이 있기는 했다. 그럴 경우 분노와 불신이 생겨 세스가 두 번 다시 나를 보려고 하지 않을 수도 있었다. 그러면 심리치료사로서의 내 역할은 대단히 위태로워질 터였다. 확실히 나는 아슬아슬하게 그 지경으로 치닫고 있었다. 그럼에도 불구하고 내게는 어떤 직감이 있었고, 나는 직감을 믿고 밀어붙이고 싶었다.

"그 남자가 당신한테 무슨 짓을 했죠, 세스?"

나는 부드럽게 물었다.

그 말이 끝나기 무섭게 세스의 눈에 눈물이 가득 차올랐고, 마른 몸이 부들부들 떨리기 시작했다. 나는 의자에서 일어나 맞은편에 있는, 고통스러워하는 인간을 안아주고 싶은 본능을 간신히 억눌렀다. 지난 수년 동안 그래야 하는 순간이 아주 자주 있었다. 세스는 몇 분 동안 조용히 훌쩍였다.

"선생님은 정말 너무해요!"

세스는 다 울고 나자 나직한 목소리로 힘주어 말했다.

나는 기다렸다.

"그 남자의 이름은 빌이었어요."

마침내 세스가 입을 열었다.

"세 번째 남자였어요. 저는 열두 살이었죠. 그 남자는 그걸 딱 두 번 시도했어요. 첫 번째는 어머니가 멀리 가신 날이었어요. 그는 제 침대에 들어와서 자기 성기를 제 배에 찔렀어요. 하지만 만취해서 뭘 제대로 하기도 전에 잠이 들었어요. 그 다음 번에는 어머니가 집에 계신 날이었어요. 그가 제 방에 들어와 말했어요. '내가 너에게 성행위에 대해 가르쳐 주기를 어머니가 바라셔. 네가 자위행위를 어떻게 하는지 보여줘. 그러면 네가 제대로 하는 건지 내가 알려줄게.' 저는 옷장 안으로 달려가 남자가 나갈 때까지 문을 꽉 닫고 있었어요."

나는 속으로 몸서리를 쳤다. 그 당시는 1963년, 그러니까 아동을 대상으로 한 성적 학대가 텔레비전 토크쇼에서 일상적으로 언급되기는커녕 치료에 정기적으로 환기되고 거론되기도 전의 시대였다.

"당신은 정말로 어머니가 그 남자를 당신에게 보내 자위행위에 대해 가르치라고 했을 거라고 생각해요?"

"아마 그랬을 거예요. 어머니는 내가 자위행위 하는 것을 못마땅해하셨거든요."

세스가 대답했다.

"어머니가 그런 것까지 어떻게 알았을까요?"

"제 침대보에 얼룩이 있었으니까요."

"그래서 어머니가 자위행위를 하지 말라고 말씀하신 건가요?"

"아, 아니에요. 어머니는 그런 스타일이 아니에요. 어느 날 저녁 식사 때 어머니가 일어서더니 제 침대보를 비벼 빠는 일이 역겹고 넌더리가 난다고 공개적으로 말했어요. 그러면서 자위행위를 할 거면 적어도 침대보가 더러워지지 않게 제대로 하라고 했어요. 크리넥스로 해야 한다고 했어요."

믿을 수가 없었다! 단 몇 마디 말로 세스의 어머니는 세스의 사생활을 침범하고, 세스의 이복동생과 의붓아버지 앞에서 아들에게 모멸감을 주었으며 아들의 성적인 성장을 짐스러워했다. 그러면서도 세스가 반항할 만한 어떤 도덕적인 말도 하지 않았다. 아니, 어머니는 자위행위가 나쁘다고 말하지 않고 방법이 제대로 되지 않았다는 말만 했다.

세스의 어머니는 철저히 자기중심적이었다. 아밀리아는 사실상 아들이 하는 모든 행동이 의도적으로 자신을 겨냥한 것으로 여기듯 사사건건 간섭했다. 세스가 자기가 먹은 접시를 싱크대에 두지 않으면 아밀리아는 "나를 괴롭히려고 지저분한 접시를 여기에 두는 거니?"라고 말하곤 했다. 만일 세스가 학교에서 나쁜 성적표를 받아오면 아밀리아는 "나를 망신시키려고 일부러 그러는 거지? 그렇지?"라고 말했다. 한 번은 세스가 크리스마스 휴가 때 독감에 걸린 적이 있었다. 그때 아밀리아는 자신이 가장 좋아하는 휴일을 고의로 망쳤다며 아들을 비난했다.

그러나 상대방을 손 안에 쥐고 마음대로 휘두르는 사람들이 다 그렇듯 아밀리아는 자신의 대상에게 과도한 칭찬을 남발하는 데 능숙했다. 바로 그때 세스는 어머니를 기쁘게 하겠다는 모든 희망을 버렸다.

"기억나네요. 어느 순간부터 아무 희망이 보이지 않았어요."

세스가 내게 말했다.

"그해 말이었어요. 저는 6학년이었고 학업에 뒤처졌지요. 매일 운동장에서 저를 괴롭히는 아이들이 있었어요. 저를 마구 때리고 개미와 나방 같은 것을 억지로 먹게 했어요. 바로 그 무렵에 빌이 저에게…… 짐작이 가시죠? 그때 저는 제가 잠들 수 있는 유일한 방법은 내가 총살형 집행대 앞에 서 있다고 상상하는 것이라고 생각했어요. 어쨌든 어느 날 밤 제 방 바닥에 앉아서 검은색 크레용을 들고 종이에 구불구불한 선을 멍하니 따라 그리는데 어머니가 들어왔어요. 심장이 두근거렸죠. 세상에, 내가 무슨 짓을 한 거지? 어머니는 종이를 내려다보았어요. 내가 바닥에 크레용 자국을 남겼나? 내가 종이를 낭비했나? 어머니가 갑자기 미소를 짓더니 말했어요. '천재로구나! 바다랑 똑같이 그렸네. 바다 느낌이 난다. 파도의 움직임이 느껴져. 느낌이 생생한데! 얘야, 피카소도 바로 이런 식으로 시작했단다!'"

천재는 바로 아밀리아였다. 아무 힘없는 어린 소년에게 자신의 힘을 확실히 굳히는 데 천재였다.

"너는 아주 특별한 아이야. 하지만 너는 나 없이는 아무것도 아니야."

아밀리아는 세스의 귀에 못이 박이게 말했다.

세스가 어머니로부터 독립한다는 생각만으로도 공포에 휩싸이는 것은 당연했다.

나는 세스와 다섯 번째 상담 시간이 되어서야 세스가 다섯 달 전에 에디스와 결혼을 할 때까지 어머니와 계속 함께 살았다는 사실을 알게 되었다. 사실 세스는 비밀리에 에디스에게 구애를 했고, 어머니는 세스가 에디스와 결혼을 한 뒤에야 그 소식을 들었다.

나는 첫 네 달 동안의 치료 과정에서 세스가 그 당시에 직면한 위기 상황, 즉 세스의 발기불능과 이혼하겠다는 아내의 협박에 대해서만 논의하려고 의도적으로 노력했다. 세스는 자신의 문제를 언급할 때마다 곧바로 말이 없어지고 다시 우울증에 빠졌다. 침묵은 남은 시간 동안 계속될 수도 있었다. 나는 세스의 문제를 해결할 빠른 방책이 없다는 것을 알았다. 반응이 없는 성기도 에디스와의 관계도 세스의 근본적인 문제가 아니었다. 그 두 가지 문제는 세스가 내 사무실에 발을 들이게 한 증상에 불과했다. 세스는 나와 상담을 시작한 이후로도 자신의 가학적 피학대 성애에 대한 공상이 조금도 완화되지 않았다고 말했다. 최근에는 포르노 잡지를 사서 나체 여성들의 사진 위에 수족이 절단되어 피가 흥건한 그림을 그리기 시작했다고 했다. 즉 세스는 복용량을 늘리기 시작한 것이었다.

세스가 나를 찾아오기 3년 전에 나는 다시 학교로 갔다. 심리학 박사학위를 이미 따놓기는 했지만 내담자들을 심도 있게 치료할 필요성이 있을 때 그렇게 하기 위해서는 정신분석 훈련을 받아야겠다는 생각이 점점 들었다. 나는 그 훈련을 위해 처음부터 윌리엄 앨런슨 화이트 연구소를 선택했다. 지금도 그렇지만 그 당시에도 그곳은 신新 프로이트파 치료의 선두에 서 있었다. 그리하여 실존주의와 선종禪宗의 관점을 포함해 비정통적인 관점에 개방적이었다. 무엇보다도 내가 화이트 연구소에 끌린 것은 내가 아주 감동적으로 읽은 글을 쓴 두 정신분석가가 당시에 그곳에서 학생들을 가르치고 있었기 때문이었다. 바로 롤로 메이와 에리히 프롬이었다. 나는 세스를 치료한 지 네 달째 접어들었을 때 내가 가장 원하는 지도교수 프롬 박사와 일대일 훈련을 시작하라는 통보를 받았다.

그 당시의 내 기분을 단순히 긴장했다는 말로는 표현할 수 없었다. 두 시간으로 정해진 프롬 박사와의 첫 훈련은 월요일 오전 10시에 시작하기로 예정되어 있었다. 그날 아침 나는 새벽 5시에 기상해 6시까지 옷을 입고 식사를 했다. 그 뒤에는 밖에 나가서 리버사이드 파크를 서성거리며 7시까지 혼잣말을 했다. 나는 세스의 사례에 대해 이야기하기로 했다. 그래서 세스에 관해 내가 적어 놓은 대부분의 메모를 챙겨왔다. 물론 테이프와 제법 무거운 오픈릴식 테이프 재생기(그 당시는 카세트와 초소형 전자 공학 기술이 발달하기 전이었다)도 가져갔다. 테이프에는 세스와 함께 한 상담 시간 중 두 건이 녹음되어 있었다.

나는 리버사이드 드라이브에 있는 프롬 박사의 건물에 15분 일찍 도착했다. 엘리베이터를 타고 펜트하우스에 올라가니 대기실은 없고 의자도 불빛도 거의 없는 복도만 있었다. 나는 문 앞에서 몇 발자국 떨어진 곳에 무려 15분간 서 있었다. 그러는 동안 테이프 재생기를 한 번도 바닥에 내려놓지 않았다. 프롬 박사가 정확히 10시에 문을 열었을 때 내 얼굴은 말이 아니었다. 얼굴에서 땀이 주르르 흘러 옷깃으로 떨어졌다. 프롬 박사는 미소를 지으며 나를 안으로 안내했다.

프롬 박사는 외적으로는 눈길을 끄는 풍채가 아니었다. 키가 상당히 작고, 약간 통통한 체격에 오픈 셔츠와 트위드 재킷, 검정색 바지를 입은 수수한 차림이었다. 백발이 되어 가는 숱이 많은 머리카락은 사각형에 가까운 얼굴에서 뒤로 단정히 빗어 넘겨져 있었다. 무테 이중초점안경이 짙은 눈썹을 강조하는 것 같았다. 그러나 강렬하기로 유명한 프롬 박사의 인상은 한눈에 봐도 뚜렷했다. 굉장히 집약된 에너지가 있었다. 나는 지적 분위기로 빛나는 프롬 박사의 눈에서 그 강렬함을 느꼈다. 그 강렬함은 또한 프롬 박사의 얼굴 전체에서 빛나는 것 같았다. 딱 들어맞는 말이 떠오르지 않는데, 한마디로 말하면 에리히 프롬 박사에게는 강력한 기운이 있었다.

나는 책이 흩어져 있는 작은 사무실 안으로 들어갔다. 그런 다음 계속 서서 테이프 재생기 플러그를 꽂을 콘센트를 찾느라 두리번거렸다. 프롬 박사는 상당히 어리둥절한 표정으로 잠시 나를 지켜보더니 말했다.

"아케렛 박사, 나르시시즘에 대해 아는 대로 말해 봐요."

나는 재생기를 손에 든 채 프롬 박사를 다시 물끄러미 바라보았다. 세상에, 시험이다! 만일 내가 통과하지 못하면 프롬 박사는 틀림없이 나를 곧바로 다시 돌려보내고 준비가 더 잘된 학생을 들일 터였다.

"네, 나르시시즘이요."

나는 말을 더듬었다.

"자기도취 상태, 자기 자신에게 완전히 빠진 상태……."

그때 프롬 박사가 눈을 반짝이며 내 말을 잘랐다.

"짧은 이야기 하나 들려줄게요. 나는 젊은 시절에 프랑크푸르트에서 공부를 한 적이 있어요. 그때 한 가지 걱정에 사로잡혀 있었죠. 직업을 잘못 선택해서 엉뚱한 길에 들어섰다가 영영 제 길을 찾지 못하면 어떡하나 하는. 그 문제에 대해 꽤 강박적이고 예민했던 모양이에요. 그러던 어느 날 삼촌에게 물었어요. '저는 어떻게 될까요?' 하고. 그러자 삼촌이 대뜸 그러시더군요. '에리히, 너 말이야? 유대인 할아버지가 되겠지!'"

프롬 박사는 폭소를 터뜨렸고, 잠시 뒤에 나도 덩달아 웃고 있었다. 프롬 박사는 책상 옆에 있는 의자를 가리켰다. 나는 테이프 재생기를 내려놓고 앉았는데 머리가 핑 돌았다. 방금 여기에서 무슨 일이 있었던 거지? 프롬 박사는 철저한 준비와 성실함으로 그에게 좋은 인상을 남기려고 했던 어리석은 나를 짧은 일화 하나로 일깨워 주었다. 그도 그럴 것이 나는 배우려고 이곳에 왔지, 프롬 박사의 최우수 학생이 되려고 온 건 아니었다. 프롬 박사는 자기를 내세우지 않는 재미있는 이야기로 자신의 의중을 내게 알렸다. 직접적으로 비난하는 기색은 조금도 내비치지 않았다. 더구나 우리는 함께 웃음으로써 금세 교감을 나누었다. 그렇게 해서 프롬 박사와의 훈련이 시작되었다.

나는 프롬 박사에게 세스에 대해 계속 이야기했다. 세스가 보이는 문제, 세스의 배경, 그리고 그때까지 세스에게 한 치료에 대해 말했다. 프롬은 고개를 끄덕이기도 하고 절레절레 흔들기도 하고, 미소를 짓거나 얼굴을 찌푸리고, 손바닥으로 책상 언저리를 때리기도 하며 열중해서 들었다. 그런 기이하고 충격적인 이야기는 난생처음 들어본다는 듯한 반응을 보이기도 했다. 사실 프롬 박사가 심리치료를 하면서 그와 비슷한 이야기를 숱하게 들었다는 것을 나는 아주 잘 알았다. 물론 프롬 박사가 전하려는 요지는 같은 이야기, 즉 같은 사람은 절대 존재하지 않는다는 사실이었다. 항상 내담자의 개별성에 초점을 맞추어야 한다. 내담자를 어떤 '유형'으로, 혹은 특정한 심리적 증후군의 사례로 바라보아서는 안 된다. 프롬 박사는 그러한 점을 나에게 수업 내용으로 제시하지 않고 있었다. 단지 그런 이치가 있다고 믿고, 그 믿음에 따라 반응하고 있었다.

내가 설명을 마치자 프롬 박사가 말했다.

"큰 싸움을 하고 있군요. 힘을 내요."

프롬 박사는 앉은 자리에서 몸을 틀어 창밖으로 허드슨 강을 잠시 응시했다. 그때가 4월 초였다. 하늘이 맑았다. 공원의 나무에서 이제 막 새싹이 돋아나고 있었다. 프롬 박사가 시선을 내게 돌렸다.

"가학성애는 언제 들어도 참 슬퍼요. 그렇지 않아요? 무력함에 대해 보상을 받으려고 하니 슬프기 짝이 없는 일이죠. 안타깝게도 발기불능을 전능으로 바꾸려고 애쓰잖아요. 당신의 내담자는 괴물 같은 어머니 때문에 고통스럽게도 아주 제한적인 삶을 살았을 거예요. 그런 사례는 세상 어디를 둘러봐도 흔히 볼 수 있죠. 자기 인생을 제대로 살지 못하면 그 결과 파괴하려는 의지가 생기기 마련이에요."

나는 주머니에서 펜과 수첩을 꺼내고 싶었다. 그래서 프롬 박사의 말을 적어 놓고 나중에 자세히 연구하고 싶었다. 그러나 프롬 박사는 내가 그런 식으로 그에게 배우는 것을 원하지 않을 터였다. 프롬 박사의 의견을 아는 것이 중요하기는 했지만 서로 신속하게 반응하는 것이 더욱 중요했다.

"세스의 공상에 대해 내가 정말로 놀란 점은 그 공상이 굉장히 기계론적이라는 거예요. 피를 내뿜는 기계, 오르가슴을 느끼게 하는 기계. 공상 속에서 세스는 어떤 대상이지, 살아 있는 인간이 아니에요. 철저하게 시체성애증을 보이고 있어요. 세스는 현실 밖에서 자신을 대상화하려고 애쓰고 있군요."

잠시 뒤에 프롬 박사가 내게 물었다.

"당신은 세스가 마음속 깊은 곳에서 진심으로 어머니가 쌓아 놓은 요새에서 벗어나고 싶어 한다고 생각하나요?"

"네, 저는 정말로 그렇다고 믿습니다."

나는 그렇게 대답한 다음 덧붙였다.

"물론 어디까지나 제 느낌이지만요."

프롬 박사가 웃으며 말했다.

"당신만의 느낌이라고요, 아케렛 박사? 말해 봐요. 우리가 심리치료를 할 때 그 외에 어떤 것을 판단의 근거로 삼아야 할까요? 신의 서명?"

잠시 뒤에 프롬 박사가 말했다.

"당신의 내담자는 그 모든 것이 무시무시한 어머니와 더불어 시작되고 끝난다는 것을 알고 있어요, 그렇지 않나요? 그는 그것을 알고 있어요. 하지만 전혀 모르고 있기도 하죠."

"맞아요."

내 말에 프롬 박사가 고개를 절레절레 흔들며 말했다.

"쉽지 않은 일이에요. 간혹 내담자가 어머니에게 화가 나 있다는 것을 그에게 말해주는 것은 햄릿에게 햄릿이 자신의 의붓아버지를 좋아하지 않는다고 말하는 것과 같아요. 내담자가 그 사실을 제대로 알려면 스스로가 절실히 느껴야 해요."

프롬 박사는 세스의 꿈에 대해 물었고, 나는 저절로 내 기록물에 손이 갔다. 세스는 꿈을 많이 꾸고, 꿈을 잘 기억해냈다. 그래서 나는 세스가 내게 말해준 꿈을 전부 자세히 기록해 두었다. 프롬 박사는 기록물은 필요 없다는 손짓을 해 보였다.

"기억나는 꿈 한 가지만 말해 봐요."

나는 세스가 말한 가장 최근의 꿈에 대해 이야기했다. 사실 짧은 꿈이었다. 꿈속에서 세스는 온 힘을 다해 어머니를 때리지만 어머니는 아무 느낌이 없다. 세스가 두서너 차례 더 때리자 어머니가 세스를 돌아보고 말한다. "그래, 잘하는구나! 네 분노를 표출해라! 더 때려!"

"놀랍군요! 그 꿈을 어떻게 해석하나요, 아케렛 박사?"

프롬 박사가 묻자, 그 꿈의 의미가 내게 확연하게 다가왔다.

"그 꿈은 세스가 어머니와의 관계에서 얼마나 무력한지, 즉 발기불능이 얼마나 심각한지를 보여줘요. 세스가 아무리 애를 써도 어머니에게는 전혀 먹혀들지 않는 거죠."

내가 말했다.

"그런데 당신은 어떤가요? 그 꿈에서 당신은 어떻게 했나요, 아케렛 박사?"

프롬 박사가 물었다.

나는 당혹스런 표정으로 프롬 박사를 빤히 바라보았다. 나는 그 꿈 어디에서도 나 자신을 못 보았다.

"세스의 꿈에서도 어머니는 아주 똑똑하군요. '분노를 표출해라! 더 때려!'라는 말, 이건 정말 심리치료를 굉장히 모욕적으로 패러디한 거예요. 당신을 패러디한 거라고요! 어머니가 박사 당신을 조롱하고 있어요. 어머니는 여전히 세스를 꽉 잡고 있고, 그 사실을 알아요. 세스도 분명 알고요."

프롬 박사는 의자에 앉은 채 나를 향해 상체를 숙였다.

"아케렛 박사, 전선이 아주 확실히 그어져 있어요. 이건 욥의 영혼을 차지하려고 신과 악마가 벌이는 대결 같아요. 그런데 악마는 늘 이점을 안고 시작하죠. 도덕적인 가치관에 제약을 받지 않는다는 이점이요."

프롬 박사가 말했다.

잠시 뒤에 나는 프롬 박사의 사무실에 들어온 뒤 처음으로 손목시계를 흘끗 보았다. 11시 45분이었다. 내게 남은 시간은 15분밖에 없었고, 나는 꼭 묻고 싶은 질문이 있었다.

"세스가 정말로 위험해질 수도 있다고 생각하세요? 자신의 공상을 행동에 옮겨서 실제로 누군가를 해칠까요? 어쩌면 자신의 아내를 해칠 수도 있을까요?"

"유감스럽게도 그럴 가능성이 농후하죠."

프롬 박사가 심각하게 대답했다.

"이런, 어떻게 하면 좋을까요?"

내가 불쑥 물었다.

"세스가 인생을 선택하도록 도와줘요."

프롬 박사가 조용히 대답했다.

잠시 침묵이 흘렀다. 갈 시간이 되었다. 프롬 박사는 나를 보고 따뜻하게 미소를 지었다.

"박사, 당신은 내담자를 통해 당신 자신의 어떤 점을 알게 되었나요?"

프롬 박사가 물었다.

순간 나는 내가 프롬 박사의 말을 잘못 들었다고 생각했다.

"세스에 관해서요?"

내가 더듬거리며 말했다.

"아니요. 당신 자신에 대해서요, 아케렛. 당신이 세스에 대해 알게 되는 사실은 당신이 당신 자신에 대해 알게 되는 사실을 근거로 하거든요."

이유는 모르겠지만 며칠 전에 꾸었던 꿈이 갑자기 생각났다. 그렇게 생생한 꿈은 몇 년 만에 처음인 듯했다. 꿈에서 깨어났을 때 그 꿈이 최근에 세스와 했던 상담에 자극을 받아 꾼 것이라는 확신이 강하게 들었다. 꿈속에서 나는 소형 보트를 타고 노를 저으며 폭풍우가 몰아치는 해협을 건너 어떤 섬의 작은 집으로 갔다. 비바람에 풍화된 그 집에는 방이 한 칸 있었다. 집 안에 들어가 보니 한가운데에 폭신한 큰 침대가 있고 그 안에 잠옷 차림의 내 어머니가 누워 있었다. 어머니는 나를 보더니 침대로 들어오라고 손짓했고, 나는 잔뜩 흥분해서 침대보 속의 어머니 곁으로 얼른 들어갔다.

내가 그 꿈 이야기를 하자 프롬 박사는 열정적으로 박수를 쳤다.

"훌륭해요! 이제 보니 당신이 이 가엾은 내담자를 충분히 도울 수 있겠다는 믿음이 강하게 드네요. 당신은 이미 같은 바다에서 함께 헤엄을 치고 있으니까요."

프롬 박사가 말했다.

"오이디푸스 콤플렉스의 바다를 말씀하시는군요."

내가 미소를 지으며 말했다.

프롬 박사가 또다시 무척 심각한 얼굴로 말했다.

"탈무드에 그런 꿈에 대해 언급된 부분이 있어요. 가령 이런 거요. 올리브 나무에 올리브 오일을 주는 꿈을 꾸는 남자는 근친상간의 욕망을 가지고 있대요. 그러나 자신의 어머니와 자는 꿈을 꾸는 남자는 지식을 추구하는 것이라고 하더군요."

나는 정오에 아주 들뜬 기분으로 햇빛이 내리비치는 바깥으로 나왔다. 기운이 솟구쳐서 곧장 집으로 가지 않고 공원으로 갔다. 손에는 여전히 테이프 재생기가 들려 있었다. 남학생처럼 싱글

벙글 웃으면서 길을 따라 디스코를 추며 걸었다.

그날 오후 늦게 세스와 예약이 잡혀 있었고, 나는 얼른 세스를 만나고 싶었다. 세스가 오자 나는 지난번에 봤을 때보다 세스의 우울증이 훨씬 더 깊어진 것을 곧바로 알아챘다.

"집에는 별일 없었어요?"

세스는 어깨를 으쓱할 뿐 아무 대답도 하지 않았다.

"성생활은 어때요?"

내가 물었다. 사실 그런 질문을 할 계획은 전혀 없었다. 그러나 그 주제를 계속 회피하는 것이 잘못되었고, 어쩐지 가식적이고 예의가 아니라는 생각이 문득 들었다. 세스의 발기불능을 언급하지 않음으로써 결국 세스와 정직하지 않은 대화를 나누고 있고, 게다가 세스를 무시하는 듯한 기분이 들었다.

"선생님, 오늘 무슨 일 있어요?"

세스가 톡 쏘며 말했다.

"아무 일도 없어요. 왜요?"

"선생님답지 않아서요."

세스가 퉁명스럽게 대답했다.

"나는 달라진 게 없는데. 어쩌면 어느 때보다도 더 나다운 걸요."

내가 대답했다. 진심으로 한 말이었다. 세스와 상담을 하다 보니 어느 새 자신감이 생겼고 내 직관을 더욱 신뢰하게 되었다.

"이 대답을 원하시는 것 같은데, 변한 건 아무것도 없어요. 나는 여전히 아기처럼 연약해요."

세스가 경멸스럽다는 듯이 말을 뱉었다.

나는 그 말이 흥미로운 비유라고 생각했다.

"그래서 에디스와 성관계를 다시 해 봤어요?"

"물론이죠. 그럼 내가 무슨 이야기를 하고 있다고 생각하시는 거예요?"

"정말로 에디스와 함께 하고 싶은 거죠? 사랑을 나누는 일? 당신이 에디스를 위해 성관계를 하지 않으면 당신을 떠나겠다고 온갖 협박을 하는데도 말이죠?"

"맙소사, 아케렛. 이해를 못 하는군요, 그렇죠? 협박을 하니까 에디스와 사랑을 나누려고 하는 거잖아요. 에디스를 잃지 않으려고!"

나는 세스의 눈을 계속 바라보며 말했다.

"나는 당신이 발기불능이라고 생각하지 않아요. 당신의 성기는 자부심을 갖고 있을 뿐이에요. 그래서 성기가 명령에 따라 기능하는 것을 거부하는 거죠. 그리고 솔직히 말해서 나는 그런 점 때문에 당신의 성기를 존중해요."

세스가 믿을 수 없다는 표정으로 나를 다시 뚫어지게 바라보았다. 보나마나 세스는 처음에는 내가 제정신이 아니라고 생각했을 것이다. 그러나 나는 내가 진심으로 믿는 것을 발설했을 뿐이었다. 그것은 기분에 따라 한 말도 심지어 치료를 위해 계산적으로 한 말도 아니었다. 그리고 그날 나는 내가 세스에게 줄 수 있는 가장 큰 격려, 즉 세스가 '인생을 선택하도록' 내가 도울 수 있는 가장 좋은 방법은 내가 인지한 확고한 사실을 말하는 것이라고 그 어느 때보다 더 확신했다.

세스도 나도 몇 분 동안 아무 말도 하지 않았다. 그때 나는 세스의 얼굴에서 급격한 감정의 변화가 연이어 일어나는 것을 보았다. 충격과 슬픔, 안심 어린 표정, 그리고 마지막으로 약간 생기가 도는 것 같았다. 나는 권한을 부여하는 프롬의 방법이 이미 어느 정도 전달된 것 같다는 느낌이 확실히 들었다.

세스가 마침내 나직이 말했다.

"최근 새로운 공상에 빠져들어요. 내가 오래된 면도칼을 꺼내들고 내 음경 밑을 잘라요. 나는 피를 흘리지 않아요. 곧바로 상처가 나아요. 그러고 나면 엄청나게 안심이 되더라고요. 마치 그들이 더 이상 나를 괴롭히지 못할 것 같은 생각이 들면서요."

"누가 당신을 더 이상 괴롭히지 못한다는 거예요?"

"에디스와 어머니. 두 사람은 더 이상 나를 비난하지 못해요. 내가 얼마나 부족한지 더 이상 내게 말하지 못해요. 나한테 음경이 없다면 두 사람이 나에게 어떤 기대를 할 수 있겠어요? 나는 드디어 그들과 같은 여자가 된 거예요! 드디어 나에게 힘이 생겼다고요!"

이 얼마나 놀랍고 충격적인 공상인가! 그 순간 나는 이 이야기를 프롬 박사에게 들려주는 상상을 했다. 그리고 프롬 박사와 약속된 시간에 그의 사무실에 들어간 지 얼마 후 나는 실제로 그렇게 했다.

프롬 박사가 소리쳤다.

"하! 당신은 그 이야기로 혁명을 일으킬 수도 있겠군요! 그것으로 대표적인 이론을 완전히 뒤엎었으니까요. 그러니까 그 내담자는 성기가 없는 것이 부러워서 고통을 받고 있군요! 거세에 대한 선망!"

잠시 뒤에 프롬 박사가 말했다.

"정말로 세스의 성기가 자부심을 갖고 있다고 생각해요? 아니면 세스의 성기가 어머니를 위해 제 기능을 한다고, 아니 제 기능을 하지 않는다고 생각하나요? 세스는 어머니에 대한 반란으로 에디스와 결혼을 한 것 같아요. 하지만 세스는 사실 그걸 견뎌낼 힘이 없어요. 어머니는 여전히 세스를 벨트에 묶어 두고 있는 셈이죠. 그리고 세스는 어머니에게서 벗어나는 것을 무서워해요. 어머니 없이는 살 수 없을까봐 두려워해요. 그래서 세스는 실패하기 위해서 반란을 시작한 거예요. 그러니까 처음부터 불행해질 수밖에 없는 결혼이었어요. 처음에는 세스가 그 길을 선택한 것 같아요. 이야기를 들어 보니 에디스는 세스에게 적합한 배우자가 아니에요. 그러나 세스는 도망치다시피 한 결혼을 확실히 파탄 내려고 발기불능이 된 거예요. 완벽한 사보타주(고의적인 사유재산 파괴나 태업 등을 통한 노동자의 쟁의 행위_옮긴이)죠. 어머니는 아주 쉽게 이기고 있어요. 이제 세스는 손에 성기를 잡고 다시 어머니에게 뛰어갈 수 있어요. 승자가 전리품을 거머쥐는 거죠."

프롬 박사는 나와 두 번째 만났는데도 그 짧은 시간에 세스의 발기불능을 세스의 결혼, 그리고 세스의 어머니와 연관 짓는 기본적인 역학을 간파했다. 나는 세스를 반년 동안 치료하면서도 그런 역학은 전혀 짐작도 못 했다.

"세스의 성기가 자부심을 갖고 있다고 세스에게 말한 것이 잘못이었을까요?"

내가 물었다.

"전혀 그렇지 않아요. 당신은 그렇게 믿었고, 세스는 그것을 알았으니까요. 가장 중요한 것은 당신이 세스에게 관심을 보이고 세스의 존재를 의식하고 있다는 것을 세스가 느낀다는 사실이에요. 그렇기 때문에 당신이 그 말로 세스를 그렇게 완벽하게 사로잡은 거예요. 다른 방법을 썼다면 세스는 거세 환상에 대해 당신에게 말하지 않았을 거예요. 하지만 아케렛 박사, 당신이 조심해야 할 게 한 가지 있어요. 당신에게는 스위스 설교사 같은 분위기가 약간 있어요. 전도사요. 매력적이기는 하지만 아주 위험할 수도 있어요. 세스를 치료하고 나서 나타나는 결과에 당신의 자아를 투영했다는 생각을 세스가 하지 않도록 해요. 그건 세스에게 불필요한 압박으로 작용할 수 있어요."

시간이 다 되어 가자 프롬 박사와 나는 앞으로 내가 세스에게 적용할 전략에 대해 의논했다.

"두 가지 상반된 방법을 적용하도록 해 봐요. 한편으로 세스는 어머니가 자신을 장악하고 있는 것이 얼마나 나쁜 건지 진정으로 느껴야 해요. 다른 한편으로 세스는 다른 방법으로 존재하는 삶을 맛봐야 해요. 살아남기 위해 스스로 거세할 필요가 없는 존재 방식이요."

프롬 박사가 말했다.

내가 문 앞으로 가서 밖으로 나가려던 찰나에 프롬 박사가 내 팔을 붙잡았다.

"성기가 없는 걸 부러워하는 남자에 관해 프로이트 박사와 상의할 수 있으면 좋겠다고 생각해 본 적 없어요?"

프롬 박사가 물었다. 나는 미소를 지었다.

"아, 그렇군요. 아무튼 프로이트 박사는 그 이야기가 재미있다고 생각하지는 않을 거예요."

프롬 박사가 한숨을 내쉬며 말했다.

내가 세스의 상황을 새롭게 파악하고 그 상황에 접근하는 명확한 전략을 세웠음에도 세스와 나는 그 뒤에 이어진 몇 달 동안 아무런 진전이 없었다. 세스는 점점 심술을 부리고 무력해졌으며 치료에 대체로 시큰둥했다. 치료를 완전히 그만두겠다고 몇 번 협박을 하기도 했다. 나는 그 문제를 두고 세스와 한 번도 충돌하지 않았다. 단지 세스의 문제를 해결할 다른 계획을 세스가 세웠으면 좋겠다고만 말했다.

그러고 나서 세스와 상담한 지 두 번째 해가 다 돼가던 어느 날이었다. 세스는 영화 촬영이 끝난 뒤에 집에 도착해서 에디스가 쪽지만 남겨두고 떠났다는 사실을 알게 되었다. 쪽지에는 에디스가 시저라는 남자와 달아났다는 사실과 그 남자에 관한 소회까지 적혀 있었다. '당신과 결혼한 뒤로 나는 늘 내가 여자로서 매력이 없나, 하는 생각을 했어요. 하지만 이 남자와 같이 있으면 내가 정말 여자구나, 하는 생각이 들어요.'

세스는 그 이야기를 내게 하면서 몸을 부들부들 떨었다.

"시저라는 남자를 찾아내서 고환을 잘라버려야겠다는 생각밖에 안 들더라고요! 그런 다음 시뻘겋게 달군 부지깽이를 에디스의 성기에 쑤셔 넣는 거죠! 아무도 그 안에 들어가지 못하게 그곳을 아예 봉해버릴 거예요!"

세스는 그 말을 하자마자 왈칵 눈물을 쏟았다. 사실 나는 세스가 상심하는 모습을 보고 무척 다행이라고 생각했다. 세스의 눈물은 옆에서 보기에도 슬퍼 보였지만 한 가지 사실을 알려주었다. 세스는 자신의 공상에서처럼 복수하는 가학 성애자가 진심으로 되고 싶어 하는 건 아니었다. 나는 그 사실을 세스가 자신의 공상을 적어도 당장은 실행하지 않을 것이라는 징후로 받아들였다.

상담 시간이 끝날 무렵에 세스는 에디스의 이별 쪽지에 적힌 한 구절을 인용했다. 나한테 밝히지 않은 문장이었다. 에디스는 이렇게 적었다. '진작에 당신 어머니 말씀을 새겨 들을 걸 그랬어요.'

"하지만 에디스는 당신 어머니를 한 번도 만난 적 없는 것 같던데요."

내가 말했다.

"한 번도 만나지 않았죠."

세스가 대답했다. 세스는 일어서서 사무실에 들어올 때 자신의 서류 가방을 두었던 곳으로 걸어갔다. 그러더니 커다란 마닐라지 봉투를 꺼내어 내게 건넸다.

"1년 전에 에디스가 어머니한테 받은 편지예요. 어제 에디스가 이 편지를 남겨두고 갈 때까지 저는 전혀 몰랐던 일이에요."

나는 봉투 안을 재빨리 언뜻 보았다. 편지는 타이프 용지에 손으로 적은 것이었다. 100페이지의 장문이었다.

"내가 이 편지를 잠깐 가지고 있어도 될까요?"

내가 물었다.

"가지세요! 나는 필요 없어요."

세스는 경멸스럽다는 듯이 대답했다.

나는 그날의 마지막 내담자와 상담을 하고 나서 밤에 아밀리아가 한때 며느리였던 여자에게 보낸 편지를 꺼내어 읽기 시작했다.

친애하는 미스 모트(나는 당신 이름의 철자를 'moat(해자, 성 주위에 둘러판 못_옮긴이)'가 아니라 'mote(티끌)'로 적었어요. 당신이 해자일 리는 없을 테니까요. 성서에 나와 있는 것처럼 '내 이웃'의 눈에 티끌이 있듯이 당신 눈에도 티끌이 있을 테니까. 그리고 나는 내 눈에 있는 티끌을 **빼냈기** 때문에 당연히 다른 사람들의 티끌을 **빼낼** 준비가 되어 있어요.)

정말 이렇게까지 하고 싶지 않지만 어쩔 수가 없네요. 나는 당신이 당당하게 앞으로 나와 주었으면 좋겠어요. 당신이 똑똑한 사람이라면 연구를 했겠지요. 나에 대해, 그리고 내가 어떤 삶을 살았고, 왜 그래야만 했는지. 말하자면 당신이 내 아들과 함께 어떤 인생을 살게 될지 단서를 찾을 수 있으니까요. 어느 가족이나 끊이지 않고 반복되는 패턴이 있잖아요. 당신의 계획과는 달리 당신은 한 인간을 데려다가 그를 당신 취향에 맞게 바꿀 수 없어요…….

나는 홀린 듯 마지막 페이지까지 읽었다. 비상식적이고 앙심이 가득하며 믿을 수 없을 정도로 교양 있고 교묘하게 잘 쓴 편지였다.

그 다음 두 달에 걸쳐 세스는 훨씬 더 깊은 우울증에 빠져서 상담을 하는 동안 사실상 말을 못했다. 세스가 조금이나마 생기를 되찾은 몇 안 되는 상담 시간에 세스는 에디스나 어떤 이름 없고 얼굴 없는 여자에게 칼로 상처를 내는, 최근에 했던 가학적인 공상에 대해 이야기했다. 나는 세스가 그 시기에 영화 제작을 계속했다는 사실을 알고 있었다. 그러나 세스가 어떻게 그렇게 했는지는 내게 수수께끼로 남아 있었다. 나는 어머니가 에디스에게 보낸 편지에 관해 몇 번 이야기를 꺼내려고 했지만 세스는 아무런 반응을 하지 않았다. 세스는 매주 볼 때마다 말라가고 있었다.

이 시기에 프롬 박사는 8개월 동안 이곳에 없었다. 멕시코시티에 있는 멕시칸 정신분석연구소의 분기별 교수직을 맡았기 때문이었다. 나는 나와 세스가 도달한 교착 상태에 대해 조언을 구하기 위해 그곳에 있는 프롬 박사에게 전화를 걸려고 한 적이 여러 번 있었다. 그러나 그때마다 마지막 순간에 프롬 박사를 귀찮게 하지 말자며 마음을 접곤 했다. 프롬 박사가 그 다음 해 봄 뉴욕으로 돌아왔을 때 나는 그에게 시간이 나는 대로 빨리 만나달라고 부탁했다.

"세스의 이야기는 그렇게 전개될 수밖에 없어요."

프롬 박사는 내가 세스의 최근 상태에 대해 말하자 설명했다.

"모든 스프링이 단단히 조여 있어요. 이제 주연 배우들이 각자의 역할을 하고 있어요. 세스뿐만이 아니라 에디스와 세스의 어머니, 심지어 시저라는 침입자도 해당될지 모르죠. 결혼은 예정대로 파탄이 났어요. 세스의 도피는 좌절되었어요. 이제 세스가 그 비극을 중단하지 않고 계속 이어지게 할지 아니면 마침내 자신의 인생에 대해 책임질지를 판가름할 결정적인 순간이 옵니다."

나는 프롬 박사에게 에디스가 남기고 간, 아밀리아가 쓴 편지에 대해 말했다. 프롬 박사가 흥미를 보이자 나는 편지를 꺼내어 프롬 박사에게 보여 주었다.

"아니, 아니에요. 직접 읽어줘요."

내가 편지를 읽기 시작하자 프롬 박사는 완전히 몰입해서 들었다. 프롬 박사는 의자에 앉아 몸을 앞뒤로 흔들고 여러 번 박수를 쳤다. 어떤 부분은 다시 읽어 달라고 요청하기도 했다. 내가 열 페이지 정도를 읽자 프롬 박사는 내게 그만 읽으라고 신호를 보냈다.

"정말 악의로 가득한 편지로군! 대단하네요. 음성 언어가 결코 제공할 수 없는 어떤 것이 문자 언어에 있는 법이지요. 적혀 있는 말은 반복해서 읽고 자세히 볼 수가 있어요. 자꾸 읽으면서 숨은 의미를 찾아내는 거죠. 아마 에디스는 단지 이별의 말이 아니라 이별 선물로 세스에게 이 편지를 남겨두고 갔을 거예요. 박사, 편지를 어떻게 활용했나요?"

나는 안절부절못하며 말을 꺼냈다.

"저는, 어, 물론 자세히 읽어 봤습니다. 하지만 세스가 상담을 더 이상 안 하겠다고 하는 바람에……."

"세스는 영화감독이죠, 맞죠?"

프롬 박사가 끼어들었다.

"네."

"세스에게 편지를 크게 읽도록 해요. 처음부터 끝까지. 연극을 하듯 읽는 거예요. 무슨 말인지 알겠죠, 아케렛?"

나는 세스와 그 다음 상담을 시작할 무렵에 그에게 편지를 주며 큰 소리로 읽어 보라고 했다. 세스는 어이없다는 표정으로 나를 바라보더니 바닥에 편지를 내려놓았다.

"세스, 읽어 봐요. 이러나저러나 시간을 허비하긴 마찬가지잖아요."

나는 언성을 높여 말했다.

"이미 읽은 편지예요."

"그러니까 또 읽어 봐요."

"지금 뭐 하자는 거죠, 선생님? 그냥 저를 도와주지 못하겠다고 인정하시는 게 어때요?"

세스가 물었다.

"아, 나는 당연히 당신을 도울 수 없어요. 난 당신이 그 점을 알고 있다고 생각했는데요."

나는 대꾸했다.

"그게 당신의 새로운 변명인가요, 아케렛?"

"아니죠, 그건 당신의 변명이죠. 편지를 줘 봐요. 내가 직접 읽을게요!"

세스는 편지를 내게 주려다가 머뭇거리더니 독서용 안경을 낀 다음 생기 없는 목소리로 읽기 시작했다.

"친애하는 미스 모트······."

나는 미동도 하지 않고 앉아서 열심히 귀를 기울였다. 아밀리아의 말을 마치 처음 듣는 것처럼 들으려고 노력했다. 동시에 세스의 얼굴을 살피고 그의 눈을 관찰했다.

정말 이렇게까지 하고 싶지 않지만 어쩔 수가 없네요. 나는 당신이 당당하게 앞으로 나와 주었으면 좋겠어요. 당신이 똑똑한 사람이라면 연구를 했겠지요…….

세스는 빠른 속도로 막힘없이, 하지만 아무 감정 없이 읽었다.

나에 대해 생각해 보기는 한 거예요? 내가 내 아들에게 과거에 어땠고 지금은 어떤지? 나는 세스가 뿌리를 두고 있는 흙이에요. 당신은 당신의 빈약한 토사에 내 아들을 심을 수 있다고 정말로 믿는 거예요?

세스는 잠시 멈추어 입술에 침을 발랐다. 세스가 다시 읽기 시작했을 때 나는 세스의 목소리가 약간 날카로워진 것을 감지했다.

지금 당장은 당신과 세스의 관계가 아주 미묘한 평정 상태에 있겠지요. 내가 일부러 그렇게 놔둔 거예요. 하지만 당신은 시시각각 그 평정 상태를 바꿔 나가고 있어요. 내가 아무 말도, 아무것도 하지 않으면 당신은 당신 입을 양쪽 귀까지 쫙 찢게 될 거예요.

세스는 그 대목에서 멈칫하다가 안경 너머로 나를 바라보았다. 그 부분은 아밀리아의 '외과적' 이미지의 첫 번째 구절에 불과했다. 세스는 충격을 받은 것 같았다.

"아…… 온몸에서 힘이 빠져나가는 것 같아요."

세스가 조용히 말했다.

"내가 잠깐 대신 읽어줄까요?"

내가 조심스럽게 물었다.

"네, 그렇게 해 주세요."

세스가 대답했다.

나는 편지를 받아들고 세스가 읽다 만 지점부터 읽기 시작했다.

> 내 아들과 내 아버지는 엄청나게 달라요. 세스는 내 아버지를 강인
> 하게 만든 분노와 화를 표출하는 능력이 없어요. 주관도 집중력도
> 자신을 대단한 사람으로 만들 의지도 없어요.

나는 계획에 없이 고압적이고 위협적인 어조로 그 대목을 읽었다. 편지는 이런저런 생각으로 톡톡 튀었지만 늘 제1주제인 아밀리아 자신을 맴돌았다.

> 내 두 번째 남편의 정신과 의사가 20년 전에 내게 말했어요. "당신
> 은 순결한 존재 데스데모나(영국의 극작가이며 시인인 셰익스피어 희곡
> 〈오셀로〉의 여주인공_옮긴이)예요. 모든 남자들이 순결한 존재를 갈망
> 하지만 믿지는 않죠. 그래서 그 남자들은 순결한 존재를 찾는다고
> 해도 순결한 존재를 파괴하려고 노력해야만 해요. 그렇기 때문에
> 당신 남편이 당신을 지금처럼 대하는 거예요."라고. 말해 봐요, 에

디스. 내가 세스를 위해 마련해 둔 그 자리, 그 큰 자리를 누가 채울 수 있을까요? 그가 대체 어디에서 또 다른 데스데모나를 찾겠어요?

편지가 갑자기 선정적으로 바뀌었다. 아밀리아가 반갑지 않은 여자 구혼자와의 성적인 행위를 묘사했기 때문이었다.

내 말 잘 들어요. 내가 당신의 아랫입술을 핥고 당신이 내 아랫입술을 핥는 것이 내 인생에 어떤 보탬이 된다면 당신에게 알려주겠어요. 솔직히 말해서 생선 맛은 내가 금요일에도 그다지 경험하고 싶지 않은 맛이거든요! 혀로 애무를 받고 싶다면 차라리 개가 낫지요. 개의 혀는 더 크고 더 부드러워서 그 일에 아주 제격이지요!

나는 세스를 재빨리 흘긋 보았다. 세스가 입을 굳게 다물고 있었다. 속이 거북해 보였다.

"이제 당신이 읽어요."

나는 편지를 다시 세스에게 건네며 아무렇지 않은 듯 말했다.

세스는 망설이지 않고 편지를 받아들고 그 다음 구절부터 읽기 시작했다.

숙녀와는 거리가 먼 에디스, 불길한 조짐이 나타나고 있어요. 만일 당신이 세스의 모든 인생이 당신을 중심으로 흘러가게 하는 일에 성공하여 당신은 태양이 되고 세스의 인생이 당신 주위를 맴돈다면, 당신은 늘 훌륭하고 멋지고 진실한 여신이 될 수 있다고 장담할 수 있나요? 당신은 정말로 내가 인간 제물을 당신 제단에 넘길 거라고 생각해요? 내 가족의 멋진 남자들이 모두 그 제단에서 파멸하는 걸 숱하게 봐온 내가? 그 제단을 직접 관리했던 내가?

세스는 이제 날카로운 목소리로 편지를 읽었다. 눈은 갑상선 기능항진증 환자처럼 튀어 나와 있었다. 아밀리아의 독, 거만한 태도, 허세가 모두 편지에 배어 있었다. 세스가 편지를 읽다가 갑자기 멈추더니 심호흡을 했다.

"다시 읽어볼게요."

세스가 온전한 자기 목소리로 내게 말했다.

세스가 그 구절을 두 번째로 읽었을 때 목소리가 이상하게 떨렸다. 광기로 인한 떨림이었다.

나는 안 가본 데가 없고 별의별 걸 다 보고 온갖 경험을 통해 많은 것을 배우고 또 배웠어요. 내 손에 모든 해답이 있어요. 모든 중요한 해답. 나는 아직 아무도 가지고 있지 않은 해답을 가지고 있어요. 그 해답들이 자기를 선택해 달라고 기다리며 몸부림을 치지요. 수천 년간 묻혀 있던 공룡의 뼈처럼. 사실 내가 현재 진행 중인 작업으로 노벨상을 받는다고 해도 나는 전혀 놀라지 않을 거예요. 왜냐하면 나는 닐스 보어가 물리학 분야에서 했던 일을 이 분야에서 하고 있을 테니까요. 무슨 분야냐고요? 미안해요. 당신이 알 만한 용어로 설명을 하기에는 너무 어려운 분야니까.

세스는 그 다음 30분 동안 잠시도 멈추지 않고 계속 편지를 읽었다.

아마 당신은 세스에게 고삐를, 아니 눈가리개까지 씌울 만큼 영악하게 굴 수도 있지요. 하지만 그걸로 세스를 잡아둘 수 있을까요? 나는 당신이 통과해야 하는 문이에요. 그래야 내 아들과 인생을 시작할 수 있거든요.

나는 손목시계를 보았다. 벌써 한 시간이 지났다. 또 한 명의 내담자가 기다리고 있었다.

"오늘은 여기까지 해야겠어요."

나는 슬며시 말했다.

세스는 멍한 표정을 짓더니 내게 편지를 돌려주었다. 우리는 겨우 38페이지까지 편지를 읽었다.

세스는 그 다음 예약 시간에 일찌감치 와 있었다. 치료를 한 지 1년 6개월 동안 처음 있는 일이었다. 나는 세스가 앉자마자 세스에게 편지를 건넸다. 세스는 잠시 멈칫하더니 눈을 감고 심호흡을 몇 번 했다. 그리고 다음 부분을 읽기 시작했다.

나는 세스와 고비마다 줄곧 함께 하고 나와 같은 생각의 줄기를 건

게 했어요. 그런데 작년부터 그 고비가 세스에게 가팔라지고 버거 워지기 시작했지요.

광기 어린 세스의 목소리가 다시 떨리기 시작했다. 그러나 이 번에 세스는 뭔가 새로운 것, 희극적인 요소를 가미해 아밀리아 를 해석했다. 세스는 편지를 패러디하고 있었다.

우리가 지금 어디까지 이야기했지요, 매춘부 같은 에디스? 내가 지 금까지 한 이야기에는 요점이 있어요. 정말이에요. 나는 당신의 의 식은 물론이고 당신의 무의식에 고개를 갸웃하고 있어요. 나는 의 도적으로는 물론이고 무의식적으로도 내 의사를 전달하고 있지요. 나는 속수무책인 당신의 영혼에 지울 수 없는 나의 자화상을 그리 고 있어요.

몇 분 뒤에 세스는 새로운 목소리로 편지를 읽었다. 어디서 많 이 들어본 목소리였다. 그러나 나는 그것이 누구의 목소리인지 도무지 감을 잡을 수가 없었다. 그러다가 문득 생각이 났다. 세 스는 영화 〈정신병원〉에 등장하는 미치광이 올리비아 드 하빌랜 드의 목소리로 아밀리아를 연기하고 있는 것이었다.

당신한테는 가족의 유대라는 건 별로 찾을 수 없는 것 같더군요. 가 족의 유대 따위는 저버렸겠지요. 그러니 당신은 자유롭게 인생을 살 수 있겠지요? '아무 남자하고 뒹굴며' 살 수 있다 이 말이지요, 젊은 여자.

세스는 한 시간이 다 될 때까지 쉬지 않고 편지를 읽었다. 마라톤을 하듯 내내 읽으면서도 나에게 단 한 번도 읽어달라고 요구하지 않았다. 세스는 능숙하게 목소리를 여러 가지로 바꾸어 읽었다. 허세를 잔뜩 부리는 구절에서 병적인 듯 씁쓸한 구절, 선정적인 성행위에 관한 구절을 넘나들며 광기 어린 목소리, 희극적 목소리, 부산한 목소리, 악마의 목소리를 연출했다. 내가 굳이 의견을 말할 필요가 없었다. 그 구절 중 해석이 필요한 것은 전혀 없었다.

아무튼, 가엾은 여자, 당신이 이 편지에서 찾아내는 모든 것이 지금 세스의 머릿속에 들어 있어요. 내가 그 안에 주입해 두었지요. 당신은 우수한 지능이 관계를 인지하는 우수한 능력을 통해 드러난다는 것을 명심하는 게 좋을 거예요. 관계는 평범한 머리에는 보이지 않거든요. 지금 당신은 당신에 대한 나의 인식 세계를 엿보는 즐거움을 누리고 있을지도 모르겠군요. 당신이 하는 모든 행동이나 말을 통해 당신이 판단되고 평가된다는 것을 알겠군요. 당신은 어느 방향으로도 움직일 수 없어요. 당신이 무슨 말을 하든 당신 목구멍에 걸어 놓은 밧줄이 더 세게 조일 테니까.

"오늘은 여기까지 해야겠네요."

나는 편지 읽는 것을 중단시켰다. 편지는 86페이지까지 읽었다.

그 다음 상담 시간에 세스가 왔을 때 나는 세스가 달라졌다는 것을 알아챘다. 세스의 눈은 또렷해지고 행동에도 결단력이 있었다. 새로운 활력이 솟아나 생기가 도는 모양이었다. 세스는 편지를 끝까지 읽고 나서 거의 쉬지 않고 첫 페이지로 돌아가 다시 읽기 시작했다.

친애하는 미스 모트······.

세스는 이번에는 훨씬 더 과감한 목소리로 읽었다. 단조로운 가성, 선종에서 하는 듯한 독경, 내뱉는 듯 설교하는 독일어 억양.

나는 무임소 정신과 의사예요. 나는 내가 하는 일을 잘 알아요. 내가 미치는 영향력, 내가 휘두르고 싶은 영향력이 무엇인지 알지요. 그리고 나는 정신의학을 쓸모 있는 것으로 바꿀 거예요. 그렇지 않으면 정신의학은 전혀 믿지 않을 거예요. 나는 이미 정신의학을 파괴할 자료를 갖고 있거든요······.

나는 세스의 목소리에 귀를 기울이고 있다가 어떤 변화된 상태로 이끌리는 듯한 느낌을 받았다. 나는 눈을 감았다. 변화무쌍한 강렬한 괴물의 이미지가 내 마음의 눈앞에서 너울거렸다. 세스의 목소리는 과장되기는 했지만 자신의 대상에 대한 어떤 본질적인 것을 포착했다. 세스의 연기는 완벽했다.

에디스, 내 아들에 대해 이야기해 줄게요. 세스는 사내들 틈에 섞여 있는 왕자예요. 세스는 왕이 될 거예요. 당신이 땀에 젖은 당신의 작은 손가락을 세스에게서 떼어 낸다면 말이죠.

세스는 그 후 두 달 보름에 걸쳐서 편지를 총 다섯 번 완독했다. 세스는 내 사무실에 들어올 때마다 마치 우리가 비밀리에 환각의 바다를 항해하는 듯 행동했다. 우리는 아밀리아의 광기 속에서 함께 헤엄쳤다. 아밀리아의 독이 우리의 정맥을 타고 빠르게 흘렀다. 그 시기에 내가 한 말은 몇 마디 되지 않을 것이다. 기껏해야 시간이 다 됐다고 세스에게 알린 것이 대부분이었다. 세스에게 눈에 띄게 큰 변화가 오지는 않았지만 변화가 온다는 건 틀림없는 사실이었다. 그것은 마치 한 남자가 자신의 몸속에 있는 독을 서서히 배출하며 생기를 되찾는 과정을 지켜보는 것과 같았다.

세스는 마지막으로 편지를 다 읽고 나자 서류 가방에서 또 다른 마닐라지 봉투를 꺼내어 내게 건넸다. 안에는 여자들의 포르노 사진 묶음이 있었다. 사진 표면에는 못이 박힌 고삐와 벌어진 상처, 뿜어져 나오는 피가 빨간 잉크로 그려져 있었다.

"나 대신에 이것 좀 없애주시겠어요?"

세스가 물었다.

"그러고말고요."

내가 대답했다.

그로부터 몇 주 뒤에 세스는 파티에서 만난 여자와 '주말 내내' 성관계를 했다고 알렸다. 그리고는 휴가를 내서 서부를 무기한으로 여행하기로 했다고 말했다. 세스는 필요할 때 내게 전화해도 되는지 물었고, 나는 물론이라고 대답했다.

"어머니한테 당신 계획에 대해 말했나요?"

내가 물었다.

"그럼요. 어머니가 그러더군요. 자포자기해서 떠나는 여행이라고요. 내가 결코 도피하지 못할 거라고요."

"그래서 당신은 뭐라고 대꾸했나요?"

"새로운 삶으로 도피할 수 있어서 운이 좋다고 이야기했죠."

세스가 미소를 지으며 말했다.

프롬 박사와 정기적으로 했던 훈련도 한동안 하지 못하게 되었다. 그래도 가끔 연구소에서 프롬 박사와 우연히 마주치게 될 터였다. 나는 그 뒤에 프롬 박사를 보았을 때 박사에게 다가가 세스에게 어머니의 편지를 읽게 한 프롬 박사의 전략이 얼마나 큰 효과가 있었는지 말했다.

"세스가 마침내 어머니가 어떤 사람인지 뼛속 깊이 알게 되었군요."

프롬 박사가 말했다.

나는 고개를 끄덕였다. 그런 다음 세스를 치료하는 일을 도와 주어서 무척 고맙다고 나의 선생님에게 인사를 했다.

"아케렛 박사, 우리는 결코 그 누구도 치료하는 게 아니에요. 내담자들이 스스로를 치유하는 동안 우리는 가만히 기다리며 응원할 뿐이지요."

프롬 박사가 엄격하게 말했다.

시골 노동자들이 사는, 흙먼지 이는 루이지애나 주와 텍사스 주 북부를 달렸다. 그러다가 앨버커키에 도착하고 나니 과거에서 현재로 시간을 넘어온 듯한 기분이 들었다. 앨버커키는 마구 뻗어나가는 목우 도시 위에 펼쳐진 1960년대의 샌프란시스코 같은 분위기가 살짝 있었다. 나는 특히 거리에 있는 남자들을 보고 놀랐다. 카우보이 부츠와 가죽조끼, 카우보이 모자 차림의 건장한 남자들이 눈에 들어왔다. 카우보이 모자 아래로 질끈 묶은 머리가 이리저리 흔들렸다. 남자들은 히스패닉계와 백인, 인디언, 흑인, 아시아인으로 다양했고, 특유의 남자다운 점잖은 분위기가 한껏 배어 있었다. 대다수는 아니더라도 그중 많은 남자들이 자기 나라의 도시에서 온 사람들이었다. 도시 생활의 압박감과 어수선하고 갑갑한 분위기에서 벗어나기 위해 앨버커키에 온 것이었다. 그곳에 며칠 지내면서 왜 하필 앨버커키를 선택했는지 물으면 다들 하늘을 언급했다.

나는 세스를 찾아가기에 앞서 딱 두 번 세스에게 전화를 했다.

첫 통화를 할 때는 진심으로 나를 만날 생각이 있는지 물었다. 세스는 첫 통화 직후에 자신의 집에 머물라는 초대장을 속달 우편으로 내게 보냈다. 두 번째 통화에서 나는 세스의 초대장을 받아들이겠다는 의사를 전달했다. 세스는 나를 빨리 보고 싶다면서 나와 '일에 대한 이야기'를 하면 좋겠다고 말했다.

세스의 집은 마치 생명이 있는 건물처럼 보였다. 거대한 샌디아 산맥 가장자리에 돌출된 집이 야생 정원 여기저기에 제멋대로 퍼져 있다. 어디를 둘러봐도 꽃이 피어 있다. 1층에 있는 모든 창문 밑에 걸려 있는 화분에도 피어 있다. 내가 승합차를 타고 올라가자마자 굉장히 잘생기고 건강해 보이는 그 집 가족들이 현관 밖으로 줄줄이 나왔다. 세스, 두 번째 아내 마리안, 열네 살 딸 미카, 그리고 아홉 살 아들 아담.

세스는 여전히 호리호리했지만 이제는 강단이 있어 보이고 다부져 보였다. 희끗희끗해진 머리는 바싹 깎여 있고 안색은 발그레하고 입가에는 따뜻한 미소를 띠었다. 세스는 나에게 성큼성큼 걸어오더니 나를 덥석 안았다.

"환영해요, 로버트."

세스가 나를 포옹하며 인사를 했다.

잠시 뒤에 세스는 나를 가족에게 소개했다. 마리안은 나에 대해 많이 들었고, 드디어 만나서 기쁘다고 말했다. 그들이 나를 현관 안으로 안내했을 때 나는 초인종 위에 손으로 적은 작은 간판을 보았다. 간판 일부분이 나팔꽃 덩굴에 가려져 있었다. 간판에는 이렇게 적혀 있었다.

세스 워터슨, 상담사.

저녁 식사는 원시적으로 보이는 샌디아 산맥 정상을 마주하고 있는 삼나무 덱(집 옆에 앉아서 쉴 수 있게 나무로 만들어 놓은 평평한 공간_옮긴이)에 차려졌다. 채식주의 미식가의 상차림이었다. 세스의 가족은 본격적으로 식사를 시작하기 전에 식탁에 둘러 앉아 다 같이 손을 잡고 감사 기도를 드렸다.

"건강과 기력과 매일의 양식을 주시는 하나님을 찬양합니다."

식사를 마치자 미카가 도자기 머그컵에 차를 내왔다. 해가 정상을 향해 조금씩 움직였다. 모두 말없이 그 장관을 바라보았다.

"이렇게 아름다운 일몰은 처음이에요."

해가 절벽 끝에 있는 선반 모양의 바위 뒤로 저물자 세스가 환호했다. 그러자 세스의 가족이 웃었다.

"똑같은 말을 매일 밤 하신다니까요."

아담이 말했다.

"진심으로 하는 말이야."

세스가 아들의 머리를 헝클어뜨리며 말했다.

잠시 뒤, 세스는 서재에 있는 벽난로에 불을 지폈다. 세스와 나, 우리 둘만 있었다. 우리는 서로를 마주하고 잔가지로 만든 의자에 앉아 있었다.

"이 순간을 오랫동안 고대해 왔어요."

"우리가 다시 만날 거라고 늘 생각했다는 거예요?"

"어떻게든 만날 것 같았어요."

세스가 말했다.

세스는 심호흡을 하더니 우리가 마지막으로 만난 뒤로 30년 동안 어떻게 살아왔는지 이야기하기 시작했다.

"서부로 가는 것은 처음부터 순례를 하는 기분이었어요. 저의 진정한 고향으로 가는 순례 같았어요. 아이스크림 트럭을 사서 RV 차량으로 개조했어요. 차에 케루악과 켄 키지의 소설을 싣고, 아마 밥 트루프의 노래 〈66번 국도〉도 넣었을 걸요. 아무튼 저는 텔레비전을 끼고 살았어요. 어디로 갈 것인가에 대한 정보는 전부 〈샌프란시스코 오라클〉에서 읽었어요. 그거 기억하세요? 환각에 빠뜨리는 쓰레기 같은 신문 있었잖아요."

나는 편안하게 기대어 앉았다. 이제 가만히 앉아서 재주가 뛰어난 이야기꾼의 말을 경청하면 될 것 같았다.

"40일 뒤에 L.A.에 도착해 보니 그곳에 있는 한 친구가 미지의 곳으로 최근에 떠났더라고요. 그래서 그의 친구들 몇몇이 저에게 산타크루스로 계속 여행을 가라고 제안했어요. 거기에 홀리데이라는 곳이 있는데 그리로 가라고 하더군요. 홀리데이는 산타크루스 강 외진 곳에 세운 둑을 따라 오두막집을 지어 놓은 곳이었어요. 삼나무가 우거져 훌륭한 경관을 이루는 깊숙한 은신처 같은 곳에 있어요. 그곳은 예전에는 조용한 휴가지였어요. 하지만 지금은 대가족을 이루며 사는 사람들의 터전이 되었어요. 그들은 실험적인 생활양식을 실천할 수 있는 장소를 원했거든요. 저는 1966년 11월 20일에 그곳에 도착했어요. 따뜻한 오후였어요. 흙길을 따라 무작정 가니 강둑이 나왔어요. 저를 소개할 누군가를 찾아봤지요. 마침 햇빛이 내리쬐는 바위 위에 아주 친절한 젊은 여자 두 명이 있었어요. 두 사람은 제가 거기에서 무엇을 하는 건지 전혀 묻지 않고 내 이름과 어디에서 왔는지 그 두 가지만 물었어요. 그 여자들이 저보다 더 잘 알았던 거예요. 제가 어마어마한 고통을, 그것도 아주 오랫동안 지고 있다는 사실을요. 흐르는 시원한 물에 머리를 담가 보라고 그들이 제게 그러더군요. 생각보다 훨씬 더 오랫동안 두 사람 말대로 해 봤어요. 그런 다음 우리는 다 함께 앉아 있었고, 저는 엉엉 울었어요. 그리고 나서 그들이 차분하게 저를 격려하자 저는 다시 숨을 쉬기 시작했어요. 그리고 처음으로 온 세상이 저와 함께 호흡하고 있는 듯한 기분을 느꼈어요. 그 다음 3년 동안 홀리데이에 눌러앉았어요. 그 무렵이 그때까지 제 인생에서 가장 감동적이고 아름답고 중요한 시기였어요. 그곳에서 보낸 마법 같은 시간 덕택에 남은 인생이 활짝 폈어요. 조금 진부하게 들리겠지만 저는 거기에서 다시 태어났어요. 숨 쉬는 법을 배우는 것이 아주 중요하다면 숨 쉬는 장소를 찾는 것, 그것은 곧 경청하려는 사람들에게 주는 자연의 선물이에요. 그것은 혼수상태에 있는 생명을 소생시킬 수 있어요."

세스는 잠깐 말을 멈추더니 나를 보고 미소를 지었다.

"로버트, 60년대는 저에게 더할 나위 없이 가장 좋은 시기였어요. 누구나 자신이 걸어온 인생에 대해 생각하고 처음부터 다시 시작할 수 있었으니까요. 우리가 선택의 여지없이 태어난, 암 덩어리 같은 가족에 갇혀 있지 않고 사랑으로 형성된 우리만의 대가족을 꾸릴 수 있었죠."

나는 고개를 끄덕였다. 프롬 박사는 틀림없이 세스가 그 말을 한 의도를 파악했을 것이다. 문득 내가 지금까지 재회한 세 명의 내담자들 모두에게 공통점이 있다는 생각이 들었다. 치료가 끝나자 뿌리를 내리고 살았던 곳을 미련 없이 떠나 새로운 곳으로 떠났다는 사실이었다. 세 내담자는 나와 치료를 하는 동안 그런 획기적인 '새로운 출발'을 하고 싶은 갈망이 생긴 걸까?

세스가 이어서 말했다.

"사회에서 전형적으로 나타나는 맹목적 애국심의 시각에서 보면, 사람들은 우리가 하고 있었던 일을 기성 체제에 대한 거부라고 했지만 우리는 오히려 수용이라고 느꼈어요. 〈월 스트리트 저널〉 기사에 '히피 생활'을 하기 위해 사회적 지위를 내던진, 뉴욕 엔터테인먼트 산업에 종사했던 스물네 명의 인물 목록에 내가 들어 있더군요. 그 무렵에 선정적인 기사를 찾는 열의에 찬 〈헌틀리-브린클리〉의 젊은 기자와 인터뷰를 했어요. 저는 신랄한 말을 신중하게 골라 몇 마디 했는데 그 인터뷰가 방송됐는지는 모르겠어요. 천만다행히도 홀리데이에는 텔레비전이 없었죠. 나중에는 여러 공동체를 옮겨 다녔어요. 그러다 보니 1969년 서른한 살에 산타크루스 산맥에 있는 떡갈나무 가지에서 제가 살고 있더라고요! 새들과 함께 잠을 잤지 뭐예요! 작곡을 하고 명상을 하고 책을 읽었어요. 그렇게 살면서 삶의 더 내밀한 면면을 대체로 재발견했죠. 그때 우주비행사들이 달에 착륙했고, 그들의 보도 내용으로 미루어 보면 우리는 모두 같은 진실을 발견하고 있었어요. 그 시기에는 다시 뉴욕으로 갈까 하는 생각이 가끔 들었어요. 제가 뉴욕에서 익히 알던 일과 삶으로 성공적으로 돌아갈 수 있다는 착각에 빠져 그런 충동이 생겼어요. 하지만 결코 그렇지가 않았어요. 매번 곧바로 일을 제안받았지만 1주나 2주가 지나고 나면 어느 새 저는 링컨 터널에서 차를 얻어 타고 서부로 가곤 했어요. 뉴욕에서의 삶과 캘리포니아에서 자유를 느끼는 삶이 너무 달라서 상실감으로 견딜 수가 없더라고요. 저는 한 번 더 동부로 돌아갈 계획을 세우고 있었어요. 그때 뜻밖에 어머니가 큰 지지를 보냈어요. 그때 저는 종합 요가의 창시자 사치다난다의 아쉬람(힌두교도들이 수행하며 거주하는 곳_옮긴이)에서 살고 있었어요. 그곳에서 제 인생에서 좀 더 요가의 원리를 이해하려고 노력했어요. 그리고 어머니와 편지를 주고받기 시작했어요. 6, 7년 만에 처음으로 연락을 한 거예요. 불화를 해결해야겠다고 결심했거든요. 저는 화해의 편지를 두 통 썼어요. 그러자 100페이지에 달하는, 평소와 달리 절제된 내용의 답장이 몇 통이나 왔어요."

세스는 살며시 웃더니 다시 말을 했다.

"우리는 계획을 세웠어요. 제가 어머니 댁에서 장기간 지내기로 했어요. 하지만 그러고 나서 갑자기 샌프란시스코에서 아주 멋진 일을 제안받았어요. 어머니에게 전화를 걸어서 계획을 연기해야겠다고 했죠. 그랬더니 말이 끝나기 무섭게 어머니는 돌변하시더니 노발대발 화를 내고 막무가내로 나왔어요. 기억 속의 괴물이 되살아난 것 같아 고통스러웠죠. 어머니는 그 자리에서 절연을 하겠다며 전화를 끊었어요. 오히려 잘된 일이었어요. 어마어마한 경종이었죠. '이봐, 세스, 어머니는 변하지 않을 거야, 이제 알겠지? 너는 변하고 있지만 어머니는 절대 그렇지 않을 거야. 그러니까 계속 네 인생을 살아, 알았지?' 물론 저는 어머니에게 다시 전화를 걸어 용서를 구해야 했지만 그러지 않았어요. 지금까지도. 그게 25년 전이에요. 하나뿐인 친어머니와 정상적인 관계를 갖지 못하는 것이 슬프기는 하지만 그걸 비극이라고 생각하지는 않아요. 제 인생의 큰 구멍도 아니고요. 그 뒤로 제 인생이 밤이나 낮이나 각양각색의 멋진 사람들로 채워졌으니까요. 이보다 더 운이 좋을 수는 없죠."

세스는 잠시 조용히 있었다. 지금까지 세스가 자신에 관해 한 모든 말은 사실인 것 같았다. 나는 세스의 인생에 어떤 구멍이 있다는 생각은 확실히 들지 않았다. 그러나 한 가지 꼭 묻고 싶은 질문이 있었다.

"다시 공상에 시달린 적이 있었나요?"

"그 끔찍한 가학적 피학대 성애 공상 말인가요?"

"네."

"한 번도 나타나지 않았어요. 사실 이제 폭력 영화에는 눈길도 못 쥐요. 폭력적인 것을 갈구하는 욕망만 잃은 게 아니었어요. 그런 걸 보면 참지를 못해요."

세스가 진심으로 말했다. 나는 미소를 지었다.

"그런데 샌프란시스코에서 제안받은 그 일이 알고 보니 정말 재미있었어요. 제가 아는 제작자가 저를 위해 도전 의식을 불러 일으키는 프로젝트를 만들었더군요. 그 일을 하느라 5년을 아주 흥미진진하고 생산적으로 보냈어요. 그 일을 하는 동안 마켓 남쪽에 있는 동굴 같은 아파트에서 살았어요. 아파트 길 바로 건너편에는 모래 분사 시설이 있었어요. 그러고 나서 1968년에 한 친구가 일명 헬러 워크(스트레스를 풀어주는 마사지_옮긴이)라고 하는, 롤핑(롤프식 마사지. 근육을 깊숙이 마사지하는 물리 요법_옮긴이)과 유사한 신체적 정신적 요법을 해보라고 권했어요. 헬러 워크는 깊은 내면으로 들어가 신체와 정신이 만나는 곳에 이르는 놀라운 요법이에요. 헬러 워크를 하려면 마사지와 침술, 지압 교육을 받아야 해요. 저는 물 만난 오리처럼 헬러 워크를 좋아하게 되었어요. 그래서 꽤 빨리 강사가 되었어요. 제 첫 고객이 마리안이었죠. 이 말 듣고 제발 웃지 마세요. 우리는 침 놓는 테이블 위에서 사랑에 빠졌지 뭐예요! 마리안과 저는 계속 점점 더 깊이 파고들고 싶었어요. 그렇게 해서 인간이 무엇인지에 관해 우리가 할 수 있는 모든 것을 알아냈죠. 우리의 감정적인 가능성이 무엇이었는지, 그리고 궁극적으로 우리의 정신적 가능성이 무엇이었는지도. 자아와 배움에 대한 제 접근법은 정신적으로 가미카제와 유사해요. 저는 뭘 하든 무턱대고 해 봐야 직성이 풀려요. 우리는 게슈탈트 심리요법(게슈탈트 심리학을 응용·발전시킨 심리치료 요법_옮긴이), 라이히안 요법(성기능과 관련된 심리치료의 일종_옮긴이), 그런 다음 환생 요법에 대해 알아봤어요. 우리는 수피교도의 춤에 대한 교육을 받았어요. 한 번은 아이키도(검도와 유사한 일본 무술_옮긴이)로, 또 한 번은 검도로 했어요. 3일 동안 지도를 받는 LSD 명상(강력한 환각제를 투여한 뒤에 깊은 명상에 빠져드는 요법_옮긴이)을 하기도 했어요. 우리 둘 다 펠덴크라이스 요법(스스로의 움직임과 해부학 구조에 따른 골격계의 움직임을 통해 행하는 요법_옮긴이), 그리고 프라이멀 스크림 요법(유아기의 외상 체험을 재체험시켜 신경증을 치료하는 정신 요법_옮긴이) 수업을 몇 번 받았어요. 마리안은 약초 치료와 꽃 치료에 대해 많이 공부했어요. 저는 지압 마사지를 공부했어요. 전인 의료에 관한 목록에서 우리가 조금이라도 접하지 않은 건 거의 없어요. 이 모든 이야기가 당신에게는 우습게 들릴 거예요. 하지만 저는 전혀 후회하지 않아요. 지식과 개인의 발전, 특히 다른 사람들을 도울 수 있는 능력이 갖는 이점은 가치를 매길 수 없을 정도예요."

세스가 일어서서 또 다른 통나무를 불 속에 던지고 다시 앉았다. 그러더니 싱긋 웃었다.

"이런, 제게 일어난 두 가지 작은 기적을 빠뜨렸군요. 아까 만나셨죠? 미카와 아담이요. 저는 주저하지 않고 말할 수 있어요. 두 아이가 삶에 대해 저에게 더 많은 것을 가르쳐 주었다고. 그동안 공부한 모든 치료법과 강습을 합친 것보다 더 많은 것을요.

그런데 아무래도 두 아이를 인도하는 일은 제가 더 잘 하고 있을 걸요. 저는 당신을 비롯해서 제 인도자들한테 한두 가지 배운 게 있으니까요."

세스가 말했다.

"특별히 기억에 남는 교훈이 있나요?"

내가 물었다. 세스가 어깨를 으쓱하며 대답했다.

"교훈을 단순한 공식으로 표현하는 건 결코 쉽지 않아요. 하지만 제 인생에서 당신과 치료를 했던 그 시점에 가장 기본적인 선택을 해야만 했어요. 그건 바로 삶을 선택할 것인가 말 것인가였죠."

나는 활짝 웃어 보였다.

"내가 당신한테 삶을 선택한다는 그런 단어를 실제로 입에 올린 적이 있나요?"

세스는 이번에도 어깨를 으쓱했다.

"안 그랬던 것 같아요. 왜 그러시죠?"

나는 프롬 박사에게 훈련받았던 일을 세스에게 이야기했다. 또한 세스가 스스로를 치료한다는 것, 그리고 그 치료에 '삶을 선택한다'는 개념이 얼마나 중요한지에 대해 프롬 박사가 내게 건넨 조언에 관해서도 말해 주었다.

세스가 의자에서 벌떡 일어나더니 외쳤다.

"굉장한데요! 에리히 프롬이라니!『자유로부터의 도피』가 제 인생에서 얼마나 중요한 책인지 몰라요. 에리히 프롬의 책을 읽은 순간부터 그와 교감하는 느낌이 들었어요. 그런데 한번 생각해 보세요. 에리히 프롬과 당신, 그리고 저, 이렇게 세 사람이 일직선으로 연결되어 있잖아요. 잃어버린 아버지를 찾은 기분이 이럴까요? 로버트, 최근에 있었던 일을 이야기할게요. 지난 12년 동안저는 치료사로 직접 활동했어요. 개인적으로 인생을 통해 배운모든 것을 토대로 하고, 그동안 공부한 온갖 다른 지식 분야의주제와 기술을 더해 치료까지 하게 되었어요. 그리고 그 모든 지식 분야, 즉 전인의료에서 영계靈界와의 교류를 구하는 의식(북미인디언 부족에서 행해진 남자의 의례_옮긴이), 주문 읊조리기, 수피 댄스, 그리고 금식에서 다시 정신분석을 관통하는 이러한 공통성을 계속 찾고 있어요. 그 모든 것이 프롬이 50년 내지 60년 전에 예측한 동일한 선택으로 시작되고 끝나더군요. 그게 뭘까요? 시체성애증 혹은 생명애일까요? 당신은 삶을 선택하나요, 아니면 죽음을 택하나요? 물론 당신이 깊은 심연에서 산소 부족으로 숨을 제대로 못 쉬고 있을 때만큼 그 문제가 그렇게 단순하고 명쾌할 때도 없지요. 그러나 바로 그런 순간이 당신과 저 같은 사람들, 즉정신을 들여다보는 탐정들, 정신적인 참견자들, 인생의 치어리더들이 개입하는 시점이죠. 와, 기분이 정말 좋아요! 로버트, 당신이 이곳까지 와주셔서 정말 기뻐요. 뭔가 빠진 부분이 완전히채워진 기분이에요, 그렇지 않으세요?"

세스가 환호했다.

"네, 맞아요."

"이제 뭐 좀 드셔야죠."

나는 손목시계를 보았다. 새벽 2시가 조금 넘은 시간이었다. 놀라웠다! 우리는 다섯 시간 동안 쉬지 않고 이야기를 나누었다.

"늦은 시간이지만 그럴까요."

내가 대답했다.

세스는 토마토와 후추, 다양한 치즈가 가득한 아주 먹음직스러운 멕시코 오믈렛을 만들었다. 우리는 재킷을 입고 오믈렛을 들고 밖으로 나갔다. 우리는 별이 총총한 하늘 아래에서 덱에 앉아 조용히 식사를 했다. 나는 굉장히 만족스러웠고 동시에 무척 기분이 들떴다. 프롬 박사가 많이 생각났다. 뉴욕에서 출발한 뒤에 처음으로 프롬 박사가 내 순례에 대해 어떻게 생각할까 궁금했다. 별다른 생각을 하지 않았을 것 같다. 프롬 박사는 내가 나르시시즘에 푹 빠졌다고 생각했을 것이다.

"저는 어떻게 될까요, 박사님?"

"아케렛 자네 말인가? 자네는 떠돌아다니는 늙은 스위스 설교사가 되겠지."

하하!

나는 지난 30년 동안 우후죽순처럼 늘어난 이러한 모든 뉴에이지 치료법과 정신 요법에 대해 프롬 박사가 어떻게 생각할지도 궁금했다. 프롬 박사는 전성기에 정신분석과 선종 간의 유사점을 찾았다. 그러자 더 보수적인 성향을 띠는 프롬 박사의 동료들 중 다수가 몹시 당황스러워했다. 프롬 박사가 사상이 불순하다며 세스 같은 사람을 나무랄 거라는 생각은 들지 않았다. 새로운 치료 기술로 실험을 하고 싶어 하는 세스의 욕망을 비난할 리도 만무했다. 그러나 프롬 박사가 일시적으로 유행 중인 정신 요법을 행하는, 이러한 60년대 이후의 치료사들을 의심쩍어했을까? 개인적인 경험의 깊이가 희생되는 다양한 양상의, 문화적이고 개념적인 치료법을 아우르는 것에 대해 회의적으로 생각했을까?

세스가 말을 하는 동안 또 다른 생각이 내 머릿속을 마구 헤집고 다녔다. 세스가 여러 가지 면에서 어쩔 수 없는 아밀리아의 아들이구나, 하는 생각이 문득 들었다. 세스는 굉장한 달변가였고 이야기를 자세히 하는 재주가 있으며 은유적 표현이 기가 막혔다. 그런 특성은 분명 세스가 어머니에게 물려받은 재능이었다. 그리고 세스는 심리치료에도 소질이 있었고, 거기에다 전통적인 훈련을 받지 않았음에도 치료를 해낼 수 있다는 자신감이 있었다. 나는 세스의 그런 면을 보고 아밀리아가 쓴 편지 한 구절이 저절로 떠올랐다.

'나는 무임소 정신과 의사예요.'

그러나 아밀리아가 나르시시즘과 조종술, 파괴력의 극치를 나타낸다면 세스는 확연히 정반대였다. 세스는 사랑이 많은 사람, 베푸는 사람, 치유하는 사람, 창조하는 사람이었다. 세스는 어머니로부터 물려받은 성향을 아주 숭고한 것으로 변화시킨 것이다. 그런 면모에서 세스의 강한 생명력을 엿볼 수 있었다.

세스가 진지한 눈빛으로 나를 물끄러미 바라보고 있었다.

"사실 제 이야기가 아직 완전히 끝난 게 아니에요."

세스가 나직이 말했다.

나는 등줄기가 약간 오싹해져 아무 대꾸도 하지 않았다.

세스는 고통스런 미소를 지으며 말을 꺼냈다.

"이번에는 '신의 어두운 그림자'에 관한 이야기예요. 1983년 말에 갑자기 무기력해지기 시작했어요. 겁이 나고 몹시 괴로웠어요. 기운이 다 빠져나간 것 같았어요. 엄청나게 피곤했어요. 피부는 회색으로 변했어요. 부랑자처럼 구역질이 나고 식욕이 전혀 없고 체중이 빠지기 시작했죠. 깊은 절망감과 전부 소용없다는 허망함, 참담한 외로움을 느꼈어요. 많은 날을 공원 잔디에 누워서 생각했어요. 심각한 병, 아마 암으로 죽어가고 있는 게 틀림없구나. 제 인생, 그리고 아주 열심히 일할 수 있도록 힘이 되어준 가족과 함께 한 시간이 곧 끝나는구나. 그 쓸쓸함과 무력감은 이루 말할 수가 없었어요. 이상하게도 곧 죽는다는 사실은 무섭지 않았어요. 그냥 몹시 슬펐어요. 마리안과 사랑하는 것이 뭐가 그리 중요할까? 아이들이 청년으로 성장하는 것을 지켜보는 건 어떻고? 내가 그토록 고대했던 일의 미래는 어디에 있을까? 내가 얻으려고 했던 명성은 어디에 있을까? 이름과 묘지가 이제는 완전히 역사 속에 묻힌 16세기 농부처럼 말끔히 지워진 운명으로부터 나를 구제해줄 나의 불멸성은 얼마나 될까?"

세스가 말을 하는 동안 나는 거의 움직이지 않았다. 나는 일정하게 숨을 들이마시려고 의식적으로 노력해야 했다. 우리는 또 다시 같은 바다에서 함께 헤엄을 치고 있었다.

"병원에 갔더니 가벼운 저혈당증일 수도 있다고 했어요. 하지만 정확한 병명은 찾지 못했어요. 집에서 생활하기가 아주 힘이 들었어요. 일을 거의 할 수가 없었죠. 오랫동안 상황이 악화되기만 했어요. 이마와 부비강 부근이 묵직하게 떨리기 시작했어요. 노랫소리와 울리는 소리, 그런 이상한 소리가 계속 들렸어요. 가벼운 온도 변화에도 굉장히 민감해졌고요. 그러고 나서 어떤 면에서 가장 끔찍한 반전이 일어났어요. 갑자기 음악 소리가 싫어졌어요! 제 인생에서 늘 함께 했던 음악이! 대화 소리가 미칠 듯이 정신 사납고 어지럽게 느껴졌어요. 늘 몹시 피곤했지만 잠을 잘 수가 없었어요. 에너지가 소모되고 있었지만 동시에 어떤 기이한 에너지로 강력히 채워지는 모순적인 현상이 일어났어요. 물론 그것이 무엇인지는 알지 못했죠. 지금도 몰라요. 입에서 역한 냄새가 났어요. 이는 누렇게 변색되고, 아침에는 헛구역질을 했지요. 제가 죽을 거라는 사실 때문이 아니라 왠지 제가 이미 죽은 몸이라고 생각하니 굉장히 무서웠어요. 어떤 날 아침은 신음하고 울면서 바닥을 데굴데굴 구르다가 억지로 일어나서 고객을 맞이할 준비를 할 때도 있었어요. 창자에 경련이 일어나고, 아픈 것이 일상적인 일이 되었어요. 마치 제가 모르는 딴 세상에 와 있는 듯 생각하기가 힘들었어요. 사실 내가 원한 건 제가 옳다는 생각이 들게 하고 제가 할 수 있는 유일한 일, 즉 고객들과 명상을 하고 치료를 하는 것뿐이었어요. 그런데 명상을 하면 뽀얀 샴페인 거품이 부글부글 올라와 조직을 통해 흘러나오는 것처럼 에너지가 믿을 수 없을 만큼 마구 모이는 게 느껴졌어요. 에너지가 제 몸 속에서 솟아올랐다가 무시무시한 중력과 함께 제 얼굴과 몸을 타고 쏟아져 내리는 것 같았어요. 저는 대증요법(어떤 질환의 환자를 치료하는 데 있어서 근본적인 원인이 아닌 증세에 대해서만 행하는 치료법_옮긴이)과 자연 요법 의사들의 치료를 받았어요. 하지만 무슨 일어나고 있는가, 하는 수수께끼에 대한 정답은 아무도 찾지 못했죠."

세스가 갑자기 의자 언저리로 당겨 앉아 내 쪽으로 몸을 숙였다. 그러더니 반쯤 속삭이다시피 말했다.

"로버트, 그 답을 언제 찾았는지는 정확히 기억나지 않아요. 하지만 뜻밖에 수긍이 갈 만한 답이 드러났고, 그 덕택에 완전히 새로운 경지의 깨달음을 얻었어요. 알고 보니 저에게 일어나고 있었던 모든 일에는 이상하게 야만적인 아름다움이 있었거든요. 그 깨달음은 어느 날 갑자기 제가 내고 있는, 이 이상한 발성과 함께 시작되었어요. 단조로운 노랫소리, 사나운 울음소리와 주문 읊조림, 선승의 트럼펫처럼 숨을 오래 참았다가 뱉는 단조로운 베이스 음. 그 소리가 제 안에서 깊이 울려 퍼졌어요. 그것이 제가 겪는 극도의 고통이 완화되었다는 것을 알리는 첫 암시였어요. 옛날에 짊어졌던 짐이 떨어져 나가는 것이 아주 깊이 느껴졌어요. 그건 마치 아주 오래된 상처가 큰 고통 속에서 저절로 치유되는 기분이었어요. 하지만 다른 누군가가 하고야 말겠다는 일념으로 그 프로그램을 막무가내로 진행하고 있는 게 분명했어요. 그렇다고 하더라도 저는 그 점에 대해 사실상 할 말이 없었죠. 가끔 더없는 행복을 느끼면서 이 발성에서 벗어나곤 했어요. 마치 몸 안에 있던 씨가 완전히 빠져나간 기분이었어요. 제가 할 수 있는 거라곤 그런 순간을 가만히 기다리는 것뿐이었어요. 저는 어떤 것도 강요할 수 없었어요. 제가 할 수 있는 건 기다리면서 그 다음에 올 해독 작용에 몸을 맡길 준비를 하는 것이 전부였어요. 그 무렵에 공동체에서 지내던 시절에 알게 된 옛 친구를 우연히 만났어요. 그 친구는 인도 종교에 대해 진지하게 공부하고 영적으로 탁발하는 수사로서 인도에서 많은 시간을 보내는 사람이에요. 제가 저에게 일어나고 있는 현상을 설명하자 친구는 경청했어요. 그러더니 간단하게 한마디 하더군요. '그건 샤크티(힌두교에서 여성의 생식력 혹은 시바 신神의 아내를 말하며 우주의 원초적 에너지를 나타낸다_옮긴이)의 이동이야.'라고. 샤크티! 뱀의 힘! 깨우침의 에너지! 다들 '정화하는' 과정이 정원의 길을 따라 걷다가 아무 노력 없이도 지복을 경험하는 것이라고 생각하지요. 그리고 이 모든 '쉬운' 과정을 통해 얻은 결과가 단순히 거품이 일며 솟아올라 척추를 타고 올라가다가 결국 정수리 밖으로 불꽃을 터뜨리듯 우스꽝스럽게 쏟아지는 소다 음료와 많은 사이키델릭 아트(환각제를 복용한 뒤에 생기는 것과 같은 도취 상태를 재현한 음악, 미술, 패션 등_옮긴이), 그리고 지능 같은 것으로 생각해요. 사실은 그렇지 않아요! 지복은 틀림없이 거기에 있지만, 그것을 얻는 것은 훨씬 더 어려운 일이에요. 물론 이 모든 현상에 대해 더 많이 아는 것이 저에게는 굉장히 중요해졌어요. 그런 현상이 제 인생에 거부할 수 없을 만큼 강력한, 심지어 결정적인 영향을 미치고 있었거든요. 그리고 마침 공교롭게도 사람들을 치료하다 보니 놀랍도록 유사한 강렬한 현상을 경험하고 있는데 그들의 상황을 이해할 사람을 전혀 찾을 수 없었기 때문에 몹시 걱정하는 사람들을 만나기 시작했어요. 개중에는 정신과 의사와 상담을 하고 나서 자신이 미쳐가는 것이 아닌가 걱정하는 사람들도 있었어요."

"그런 생각 때문에 당신도 걱정이 되지 않았나요? 당신이 미쳐가는 것이 아닌가 하고."

내가 물었다. 세스가 자신의 '신의 어두운 그림자' 이야기를 시작한 뒤로 내가 처음 던진 질문이었다.

"전혀요. 정신 이상이나 정신병 같은 그런 특정한 개념은 제 머릿속에서 지운 지 오래됐어요. 이 현상이 불현듯 나에게 나타나기 오래전부터. 당신의 명예로운 전문 직종이 깨달음에 이른 세상의 모든 것을 뒤엎어 버렸어요. 정신과 의사들은 인간의 일부가 예상대로, 평상시처럼 기능하지 않으면 그걸 병에 걸렸다고 단정하는 의학적 모델을 뛰어넘지 못해요! 어떤 기이한 일이 일어나고 있고, 그래서 그 사람이 이런 생소한 행동을 하고 있다는 생각을 의사들이 할 리 없잖아요! 하긴 대부분의 의사들이 출산을 응급 치료로 이어지는 병리학적 상태로도 생각한다니 말다 했죠! 로버트, 제가 하고 싶은 말은 소위 정신병이라는 단어가 사실은 '너무 많은 창문이 열려 있다는 것'을 의미한다는 거예요. 우리는 더 고차원적인 우리 자신의 존재에 대한 두려움이 너무 큰 나머지 우리가 될 수 있는 존재보다 '뇌엽절리술(정신분열병을 치료하기 위한 전두엽 절제술_옮긴이)'을 선호해요. 위험을 무릅쓰면서까지 말이죠. 마지막 남은 LSD 연구원 스타니슬라프 그로프 아시죠. 그는 깨달음에 대한 현상과 정신병에 관한 현상 사이에 유일하게 실재하는 뚜렷한 특징은 정신병 환자가 힘과 잘못을 자기 자신의 외부에 두는 반면, 깨달음을 얻은 사람은 자신의 상태에 대한, 그리고 그 해결을 위한 궁극적인 책임을 받아들인다고 말해요. 저라면 훨씬 더 깊이 들어갈 겁니다. 저라면 우리가 신경쇠약, 우울증, 중년의 위기, 정신병적 상태라고 부르는 모든 증상, 그리고 아마도 우리가 신체 질병으로 생각하는 대부분의 증상이 생명체가 샤크티를 막으려고 싸우는 과정에서 저절로 파괴되거나 굴복하거나 치유될 때 일어나는 현상이라고 말할 거예요. 우리는 이것만 기억하면 돼요. 한 사람이 이러한 격변 중 하나를 겪을 때 다른 사회에서 그는 기이한 힘과 정신 영역과 접해 있는 상태로 간주된다는 사실을요. 하지만 현재 이 사회는 그렇지 않지요. 이 사회에서, 만일 당신이 몸을 떨기 시작한다면 사람들은 당신에게 알약을 주고 싶어 할 거예요. 그렇게 해서 모든 걸 차단시키고, 모든 창문을 닫는 거죠!"

세스는 심호흡을 했다. 세스의 뒤로 첫 아침 햇살이 굴절되어 산 정상을 비추었다. 우리 둘 다 몇 분 동안 말없이 있었다.

"그런 일이 나한테도 일어났어요."

나는 조용히 말했다.

세스는 내 눈을 뚫어지게 바라보더니 기다렸다. 나는 3년 전에 내가 겪었던 '어두운 그림자', 그리고 우울증과 절망, 불면증과 싸웠던 일에 대해 세스에게 말했다. 나는 그 증상이 어떻게 시작되었는지, 돈에 대한 내 애착이 그 근본적인 원인이라고 생각했다는 사실이 아직도 얼마나 부끄러운지 세스에게 말했다. 내가 말을 마치자 우리 둘 사이에 다시 침묵이 흘렀다.

"로버트, 제 생각을 말해볼까요?"

세스가 마침내 말했다.

"그래요."

"당신은 못 말리는 도박꾼인 것 같아요. 사실 당신은 뭔가 배울 게 있다 싶으면 위험을 무릅쓰고 달려드는 타입이잖아요."

세스가 다 알고 있다는 듯 활짝 웃으며 말했다.

나는 당혹스러운 얼굴로 세스를 응시했다. 세스가 말을 이었다.

"당신이 전부를 걸 사람이었다는 것도 장담할 수 있어요. 터무니없이 두 배로 수익을 내든지 전부 잃든지 하는 투자를 계획할 사람이었죠. 당신은 다시 기본으로 돌아갈 수 있게 완전히 잃는 쪽을 원했어요. 그래서 당신은 다시 자신을 조금씩 파고들어 갈 수 있었던 거죠. 창문 몇 개를 열어 봐요. 로버트, 당신은 쌓아두는 사람이 아니에요. 제가 그 정도는 알지요. 저는 당신이 어떻게 사는지 알아요."

"하지만 나에게는 부양할 가족이 있었어요. 내 아이들, 아내, 어머니에 대한 책임감. 그런데 나는 가족 모두를 실망시켰어요."

나는 이의를 제기했다.

세스의 얼굴이 갑자기 다시 심각해졌다.

"이 상황도 같은 맥락 아닌가요?"

세스가 우리 사이의 공간을 가리키며 말했다.

"당신이 하는 이 최종적인 추적 연구 말이에요. 당신이 우리를, 그러니까 당신의 내담자들을 실망시켰는지 알고 싶잖아요? 당신은 알아야 하잖아요, 그렇죠? 당신은 그걸 놓아버리지 못해요."

나는 이상하게 약간 어지럽고 현기증이 났다. 그러면서 프롬 박사가 내게 했던 경고가 불현듯 떠올랐다. 내 자아를 치료의 결과에 너무 많이 투영하지 말라고, 그것은 내담자들에게나 나 자신에게도 공정하지 않다는 조언이었다.

세스가 말을 이었다.

"말해 봐요. 당신이 당신의 어두운 그림자에서 치유되고 나서 얼마나 시간이 흘렀을 때 이 여행을 가야겠다고 생각했나요?"

"두어 달 정도."

내가 대답했다.

"그냥 우연의 일치겠죠, 박사님?"

세스가 웃었다.

나는 다시 세스를 응시하며 세스의 말을 이해하려고 안간힘을 썼다.

"로버트, 당신은 욕심이 많아요. 괜찮아요. 하지만 돈 욕심은
아니에요. 당신은 돈보다 훨씬 더 큰 것을 위해 버티고 있어요.
당신은 평생을 바쳐 한 일이 어떤 성과를 거두었는지 결국 알아
내야 직성이 풀릴 만큼 정말 욕심이 많아요!"

세스는 심호흡을 하며 자리에서 일어나 내게 걸어왔다. 그러
더니 두 손을 내 양쪽 어깨에 하나씩 얹었다.

"정신이 온전한 사람이라면 요즘 시대에 누가 그런 걸 알고 싶
어 하겠어요?"

나는 세스를 빤히 올려다보았다. 갑자기 나는 우스워서 못 견
디겠다는 듯 웃어버렸다. 세스도 마찬가지였다. 나는 의자에서
벌떡 일어섰다. 해가 산 위에 떠 있었다. 세스와 나는 미치광이
처럼 웃으며 함께 춤을 추기 시작했다. 해가 불타는 듯 붉은색과
황금색의 햇살을 내리비치며 우리를 노려보는 동안 우리는 두 손
을 이카로스의 날개처럼 공중으로 들어 흔들면서 바보같이 힙합
춤을 추며 빙글빙글 돌았다. 우리는 점점 더 빨리 빙빙 돌기 시
작했다. 누가 멘토이고 누가 학생인지, 누가 인도자이고 누가 인
도를 받는 사람인지는 중요하지 않았다. 우리가 환각에 빠진 듯
황홀경에 빠진 어느 한 순간, 나는 프롬 박사가 샌디아 산맥이
눈앞에 펼쳐져 있는 덱에서 우리와 함께 빙빙 돌며 웃고 춤을 추
고 환호했다고 장담할 수 있었다. 그리고 프롬 박사는 극구 칭찬
했을 것이다!

나는 세스와 그의 가족과 이틀을 더 지냈다. 그러나 우리는 더 이상 일 이야기는 하지 않았다. 세스가 말해 준 샤크티와 '열린 창문'에 대한 여러 이론을 내가 고스란히 믿는지, 혹은 완전히 이해하는지 나는 말할 수 없다. 그러나 이것만은 아주 확실히 말할 수 있다. 나는 앨버커키에서 지낸 이틀 동안 분명히 지복을 느꼈다. 안개 낀 어느 화요일 이른 아침에 세스 워터슨 가족에게 작별 인사를 할 때 나는 생기로 가득했다.

옛 사람에게 말한 바 살인하지 말라
누구든지 살인하면 심판을 받게 되리라
하였다는 것을 너희가 들었으나
나는 너희에게 이르노니
형제에게 노하는 자마다 심판을 받게 되고……
— 예수, 마태복음 5:21-26

어떤 소망을 마음에 품을지 신중하라.
반드시 그것을 얻게 될 테니까.

— 베두인족 속담

메리:
자신이 아버지를
죽였다고 믿는 여자

◆

　나는 캘리포니아를 향해 서쪽으로 달렸다. 밥 딜런의 비음 섞인 목소리가 승합차의 스피커를 통해 흘러나왔다.

　　혼자 있는 기분이 어떤가요?
　　집으로 가는 길도 보이지 않는,
　　완전한 미지의 세계,
　　목적지 없이 굴러가는 돌이 된 기분인가요?

　나는 앨버커키를 방문하는 동안 기분이 한껏 들떴고 그 상태로 애리조나 주를 관통했다. 삶에 대한 세스의 기쁨은 전염성이 있었다. 세스는 60년대와 70년대의 최상의 것에 천착했다. 그것은 바로 개방적 태도, 자상한 마음, 삶을 즉흥적 활동의 연속으로 인식하는 가치관, 그리고 마법까지. 나는 세스의 그 점이 부러웠다.

　나는 그 시대에 한창 유행하던 위력에 아무런 영향을 받지 않은 게 아니었다. 나는 개조된 아이스크림 트럭 안에서 미지의 곳을 향해 떠나지는 않았지만, 그 시기에 성행한 가치관이 웨스트엔드 가街에 위치한 내 펜트하우스 사무실의 문을 여지없이 서서히 통과해 들어온 것이었다.

그러나 나에게는 그 모든 것이 마법처럼 작용하지는 않았다.

1974년 4월의 어느 월요일 아침이었다. 나는 가족과 아침 식사를 하고 딸들을 엘리베이터에 태워 학교에 보냈다. 그런 다음 김이 모락모락 나는 커피가 담긴 머그컵을 들고 집에서 사무실까지 오전 산책을 했다. 펜트하우스 A에서 복도를 따라 펜트하우스 B까지는 스물다섯 발자국이었다. 8시 15분이었다. 첫 내담자가 9시에 오기로 되어 있었다. 오전에 오는 내담자의 기록을 살피며 커피를 천천히 마실 여유가 충분히 있었다. 어쩌면 WQXR 라디오 방송에서 흘러나오는 음악을 감상할 시간이 있을 수도 있었다.

나는 열쇠를 문에 꽂은 순간 뭔가 잘못되었다는 것을 알았다. 문이 잠겨 있지 않았다. 문을 밀었더니 문이 열렸다. 사무실이 완전히 난장판이었다. 파일이 담긴 서랍이 전부 열려 있고, 바닥에는 입구 끝에서 반대편 끝까지 파일이 흩어져 있었다. 벽에 걸려 있던 그림은 떨어져 있고, 캔버스 하나는 찢어져 있었다. 내 책상 위는 깨끗하게 쓸려 있었다. 펜과 흡수지, 전화기, 수첩이 전부 바닥에 떨어져 있었다.

나는 침입한 흔적을 통해 두 가지 특이점을 즉시 알아챘다. 먼저 테이프 재생기와 라디오, 새 타자기가 바닥에 엎어져 있기는 했지만 그대로 있었다. 만일 강도가 든 것이라면 그런 물건을 두고 갔을 리 없을 것이다. 설사 침입자들이 내가 의학박사라고 착각해 아편이 든 약이 가득한 수납장을 찾아내지 못해 실망했다면 타자기라도 가져가서 위안을 삼을 수도 있을 터였다. 타자기를 팔면 이틀 치 헤로인을 구할 수도 있었다.

열려 있는 책상 서랍에는 담배꽁초가 짓이겨져 있었다. 꽁초는 족히 여남은 개는 되었다. 누군가가(혹은 두세 사람이) 이곳에서 상당한 시간을 보낸 모양이었다. 담배를 피우고 독서를 했을 수도 있다. 그러나 여기에서 읽을거리는 사례에 대한 기록밖에 없었다.

이러한 정황으로 미루어 볼 때 불법 침입자는 내 직업과 어떻게든 연관된 사람일 가능성이 높았다. 내담자, 내담자의 친척이나 애인, 혹은 내담자의 적. 그중 누가 침입을 했든 그는 내게 눈곱만큼의 애정도 없는 사람이었다. 찢어진 그림과 흐트러진 종이, 뒤집힌 의자 몇 개. 그러한 광경은 사례 기록을 찾다가 단순히 실수로 빚어진 결과가 아니었다. 그 당시 한창 유행하던 미온적인 심리학 용어를 사용하자면 그것은 '적대감에서 나온 행동'이었고, 나를 겨냥한 것이었다. 그렇다고 해서 이곳에 침입한 사람이 누구이든 그가 내 사례 기록에서 뭔가 특정한 것을 찾고 있었다는 의미는 아니다.

그 순간 내담자 두 명이 퍼뜩 떠올랐다. 잭 노토와 베벌리 그리스올드. 잭 노토는 결혼 생활에 문제가 있는 코카인 밀매자였다. 베벌리 그리스올드는 신체적인 학대를 가하는 남편과 이혼 소송 중인 젊은 아내이자 어머니였다. 잭 노토에게는 경쟁하는 마약 밀매업자부터 마약 전담 수사관들에 이르기까지 정말 다양한 적이 있었다. 그 사람들 모두 노토에 관한 내 파일을 손에 넣으면 얻을 게 제법 많았다. 파일에는 잭 노토의 고객들과 동료들, 정보원들의 이름이 있었다. 그러니까 나에게 그런 파일이 실제로 있다면 그랬을 거란 이야기이다. 그러나 이건 그들이 모르는 사실인데, 나는 잭과 상담을 하면서 아무런 기록도 하지 않았다. 우리 둘 다 기록을 하지 않는 편이 치료를 더 안전하게 할 수 있다고 판단했기 때문이었다. 베벌리 그리스올드에게는 확실한 적이 한 명 있었고, 그는 내 적이 되기도 했다. 바로 베벌리의 남편 롤프였다. 베벌리는 일곱 살 쌍둥이 아들들의 완전한 양육권을 놓고 한창 싸우고 있었다. 침입 사건이 일어나기 딱 3주 전 나는 밤 11시에 집에서 롤프의 전화를 받았다. 롤프는 술에 취한 상태였다. 롤프는 자신의 결혼을 파탄내고 이제는 자기 아들들을 '훔친다'며 나를 원망했다. 내가 롤프의 전화를 끊기 직전에는 자기 아이들을 잃게 되면 내 아이들을 납치하겠다고 협박했다.

새벽 5시나 한밤중에 다른 전화를 받기도 했다. 그러나 내가 전화를 받으면 한마디도 하지 않았다. 상대방의 숨소리만 들렸고, 한 번은 배경에 깔린 음악을 들었다. 라디오에서 나오는 음악 같았다. 누가 그런 전화를 하는지 나는 몰랐다. 그렇지 않아도 롤프가 가장 의심스러웠는데 마침 그날 밤 롤프가 전화를 걸어 내게 노골적으로 협박을 한 것이었다. 나는 그 전화를 받고 나자 롤프가 갑자기 태도를 바꾸어 아무 말도 안 할 리 없다는 생각이 들었다. 그러나 누가 전화를 걸어 잠자코 있었든 전화를 건 당사자가 지난밤에 내 사무실에 침입한 사람일 가능성이 클 것 같았다.

침입자가 마구 헤집어 놓은 사무실 한복판에 서 있으니 사생활을 침범당했다는 생각에 화가 치밀었다. 동시에 내담자가 도착하기 전에 내키지는 않지만 서둘러 치워야겠다는 생각이 들어 다급해졌다. '증거를 남겨둘' 필요는 없었다. 어차피 경찰에 신고할 생각은 없었다. 우선 잭 노토와의 관계 때문에 그럴 수가 없었다. 잭의 범죄 관련성으로 인해 내담자의 비밀을 유지한다는 것이 법적으로는 고려할 가치가 없을 수도 있겠지만, 개인적으로는 고려할 가치가 있었다. 내가 잭을 맡았을 때 나는 비밀을 지키겠다고 잭에게 약속을 했고, 나는 그 약속을 깰 의사가 없었다. 그 원칙은 베벌리 그리스올드를 포함해 내 모든 내담자와의 관계에 해당되는 사항이었다. 만일 내담자들이 나를 완전히 신뢰하지 않는다면 나는 그들 중 누구에게도 치료사로서 도움이 될 수 없을 것이다. 그 말은 곧 내가 내담자들의 신뢰를 저버리는 행위는 어떤 것이든 해서는 안 된다는 것과 내담자들의 허락 없이는 경찰을 포함해 제삼자를 직접 끌어들일 수 없다는 것을 의미했다. 그 규칙에는 한 가지 예외가 있었다. 그것은 내담자가 당장 신체적으로 해를 입을 위험에 처해 있다고 생각하는 경우였다. 그런 판단이 서면 경찰에 전화를 걸 것이다. 그러나 아직 그런 단계까지 가지는 않았다. 침입 사건에 관해 내담자들에게 어느 부분을 말하고 하지 말아야 하는가에 대해서는 나중에 고민할 것이다. 이제 첫 내담자 메리 맥긴리가 예약한 9시 정각에 맞춰 오기 전까지 내게는 25분이 주어져 있었다.

아내 앤이 사무실을 대강 정리하는 일을 도와주었다. 우리는 사례 기록을 파일 수납장에 다시 채워 넣었다. 순서에 맞게 정리하고, 혹시나 빠진 것이 없는지 확인하는 일은 나중에 내가 해야 했다. 멀쩡한 그림은 다시 걸었다. 의자는 바로 세우고, 책상 윗면은 다시 원래대로 해 놓았다. 메리는 예약 시간보다 5분 일찍 도착했다. 그때까지도 앤과 나는 정리를 하고 있었다. 메리는 대기실에 서서 한손으로 뒷짐을 지고 경멸스럽다는 표정으로 열린 창문을 통해 사무실 안을 들여다보고 있었다. 그제야 나는 메리가 대기실에 와 있다는 것을 알아챘다. 나는 메리를 앤에게 소개했다. 그러나 앤이 손을 내밀어도 메리는 악수를 하지 않았다. 마침내 메리와 내가 단둘이 있자 메리가 말했다.

"이 시간에 집 청소를 하다니 참 독특하시네요."

최근에 메리와 함께 한 상담이 대부분 그렇듯 그날 메리가 한 말은 사실상 그것뿐이었다.

메리 맥긴리는 20대 후반의 간호사이자 조산사였다. 둥근 얼굴에는 아일랜드인의 분위기가 풍겼다. 맑고 파란 눈에 긴 머리카락은 윤기가 흘렀으며 몸매는 통통했다. 메리는 대략 8개월 전에 나를 처음 만나러 왔을 때만 해도 소심하고 잘난 체하지 않는 젊은 여자였다. 혼란스러운 심리 상태에 겁먹은 표정이었고 한 눈에 보기에도 자존감이 무척 낮았다.

메리는 아무 이유 없이 남편에게 연이어 분노를 폭발했다. 급기야 어느 날 저녁 남편이 늦게 집에 왔을 때 남편이 소중하게 여기는 기타를 박살내고 내 도움을 요청했다. 메리는 그렇게 분노를 표출하고 파괴적인 행동을 하는 것은 전혀 자기답지 않은 행동이라고 주장했다. 메리가 말했다.

"내 몸 속에 뭐가 들어왔는지 모르겠어요. 제 자신을 통제할 수가 없어요."

첫 5개월에 걸쳐 치료를 하는 동안 메리는 자기 자신과 자신의 배경, 자신의 감정에 대해 상당히 쉽게 이야기할 수 있었다. 메리는 아일랜드 가톨릭 가정에서 다섯 남매 중 셋째로 태어났다. 가족은 코네티컷 주 하트퍼드에 있는 노동자 계층 거주 지역에서 살았다. 대가족인 메리의 식구들은 모두 메리를 '가장 평범한 아이', 또한 가장 얌전한 아이로 여겼다. 메리는 가난한 대가족에서 셋째 자녀로 자라는 대부분의 아이들처럼 소외되어 외로운 삶을 살았다. 메리는 주목을 받을 만큼 특별한 점이 전혀 없었다. 외모도 재능도 성격도 평범했다. 부모의 특별한 보살핌을 받아야 하는 장애가 있거나 허약한 체질도 아니었다.

메리는 늘 물려받은 옷과 신발, 외투를 입으며 자란 것을 기억했다.

"속옷도 물려받았어요. 그게 최악이었어요. 언니가 입었던 팬티를 입는 게 너무 싫었어요. 모르겠어요. 비위생적이고 존중받지 못하는 기분이었어요. 그래서 팬티 안에 화장지를 넣어서 천이 피부에 닿지 않게 했어요. 물론 그것도 단점이 있었죠. 피부에 염증이 심하게 났어요."

메리가 내게 말했다.

물려받은 옷을 입는 것을 수치스럽게 생각하도록 더욱 부추긴 것은 메리의 오빠 지미였다. 지미는 어떤 특정한 옷을 입은 메리의 모습과 메리의 언니 코니가 똑같은 옷을 입은 모습을 인정사정없이 비교했다.

"내가 십대였을 때 오빠가 항상 이런 식으로 말을 했어요. '너 그 옷 거꾸로 입은 거 아니야? 코니는 그 옷을 입을 때 앞에서부터 채우던데.'"

메리 같은 가족에게서 흔히 볼 수 있듯이 아들은 딸보다 더 귀한 대우를 받았다. 특히 딸이 얌전한 행동 외에는 별다르게 내세울 게 없는 경우라면 더욱 그랬다. 메리는 학교 성적이 아주 우수했지만 아무도 관심을 보이지 않았다. 그도 그럴 것이 아무도 메리가 대학에 간다거나 직업을 가질 거라고 기대하지 않았다.

메리는 어른이 된 이제야 자신의 가족 내에서 아들과 딸에 대한 차별이 얼마나 심했는지 깨달았다. 메리는 최근에 어머니에게 어떤 이야기를 들었다. 메리가 아기였을 때 어머니는 극도로 지친 상태였다. 메리를 임신했을 때 유독 힘들었고 여덟 달 동안 토하지 않는 날이 없었다. 그러다가 죽을 수도 있겠다는 생각을 많이 했다고 어머니는 딸에게 말했다. 그러나 가장 큰 문제는 따로 있었던 것 같다. 메리의 오빠 지미가 당시 네 살이었는데 여전히 매일 밤 울면서 깨어났다는 것, 그래서 어머니가 지미를 안아주고 잠이 들 때까지 살살 흔들어 주었다는 사실이었다.

"내가 태어날 무렵에 어머니는 완전히 녹초가 되었다고 했어요. 그래서 2주 뒤에 나한테 모유 수유를 그만두고 내가 울다 지쳐 잠들게 내버려 뒀대요. 그게 효과가 있었던 모양이에요. 내가 틀림없이 울음을 멈추었을 테니까요. 하지만 모르겠어요. 지미는 네 살이었고, 저는 태어난 지 겨우 2주였는데 말이죠."

"당신의 어머니가 그 이야기를 할 때 당신한테 미안해하던가요?"

내가 물었다. 메리가 씁쓸하게 웃었다.

"물론 아니었어요. 그 이야기의 요점은 처음부터 끝까지 내가 어머니한테 미안해해야 한다는 거였어요."

나는 정서적으로 결핍된, 그래서 애정에 몹시 굶주린 젊은 여자가 내 앞에 앉아 있다는 것을 금세 알 수 있었다. 그런 결핍 문제에는 이런 난감한 질문이 따르기 마련이었다. 바람직하게 양육된 아이가 부모에게서 받았을 인정과 칭찬, 위로, 사랑을 얼마만큼 주어야 메리의 애정 결핍을 충족시킬 수 있을까? 우세한 이론은 애정 결핍인 내담자의 '공허함'을 채워주는 것을 극히 경계하는 것이었다. 그 이론에 따르면 그래봐야 내담자는 결코 만족하지 못하고 오히려 더 갈망하고 치료사에게 더 의존하는 경향이 생긴다고 한다. 더구나 사랑과 지지에 대한 내담자의 오랜 결핍을 충족시키는 것은 전이, 즉 내담자가 과거에 누군가(대개 부모)에게 품었던 강한 감정이 치료사에게 옮겨가는 현상을 앞당긴다. 내 동료가 예전에 글을 썼듯이 전이는 '치료사와 내담자의 전체적인 관계 중에서 가장 강렬하고, 다채롭고, 복잡하고, 당혹스럽고, 잠재적으로 파괴적이고, 결국에는 치료를 필요로 할 수밖에 없는 상황을 초래한다.'

나는 다음의 두 가지 개념에 항상 공감이 갔다. 첫째, 적절한 장소에서 적절한 시간에 정서적으로 '영양분'을 얻는 것은 치료법으로 효과를 볼 수 있는 가능성이 있다는 개념이며, 둘째, 그것은 또한 정서적으로 결핍된 어린 시절이 남겨 놓은 '구멍'을 인생에서의 선택이 더 이상 공허감과 무가치하다는 느낌으로 심각하게 제약을 받는 일이 없을 만큼 채워 줄 수 있다는 개념이었다. 물론 그 비결은 이러한 영양분의 한계를 명확히 정하여 제공하며, 내담자에게 치료사가 제공할 수 있는 것 이상을 약속하지 않는 것이다. 이것이 모든 치료에서 가장 위험한 균형 잡기 중의 하나이다.

그 시대의 많은 가족들처럼 맥긴리 가족은 서로 신체적인 접촉을 거의 하지 않았다.

"부모님이 손을 잡고 있는 모습을 본 기억조차 없어요. 우리 다섯 식구 전부 원죄 없는 잉태의 소산인가 하는 생각이 가끔 들었어요."

메리가 내게 말했다.

가톨릭 신앙이 맥긴리 가족의 삶에 깊이 배어 있었고, 특히 메리에게 영향을 끼쳤다.

"교회에 가면 세상에서 유일하게 내가 특별한 사람이라는 기분이 들었어요. 말 그대로 나를 구원해 주었어요. 하나님이 내 편에 계셨어요."

메리는 가톨릭교의 의례와 화려한 행사를 아주 좋아했다. 메리는 또한 가톨릭교의 질서정연함과 선과 악의 명확한 구분, 모든 것에 목적이 부여되어 있다는 교리를 무척 좋아했다.

"나는 하나님의 힘이 내 안에서 움직이는 것을 느낄 수 있었어요. 그 믿음이 산을 움직일 수 있고, 그것이 결국 내 힘이 내재되어 있는 곳임을 나는 마음속 깊이 알았어요. 나의 유일한 힘이죠."

메리는 마음속으로 바라기만 하면 그 일이 이루어지는 신기한 경험을 여러 번 했다. 그래서 하나님이 메리에게 특별한 재능을 주었다고 믿게 되었다.

메리는 그런 힘을 얻은 대신 어떤 대가를 치러야 하는지 아주 잘 알았다. 착하게, 아주 착하게 살아야 했다.

"나는 늘 아주 착한 여자아이였어요. 도움을 베풀고 친절했으며 전혀 소란을 피우지 않았어요. 한 그릇 더 달라고 하거나 화를 내는 일도 결코 없었어요. 하지만 그것이 내 겉가죽 안에 숨어 있는 나쁜 여자아이를 가려 놓은 위선에 불과하다는 것을 나도 신부님도 잘 알았어요. 나는 늘 사악한 생각을 했어요. 물론 그런 생각은 사악한 행동만큼 나빴어요. 사실 더 나빴죠. 그래서 나는 매주 내 영혼에 박힌 이 모든 검은 점을 드러내기 위해 고해성사를 하러 터덜터덜 걸어갔어요. 그럴 때마다 보나드 신부님은 나에게 똑같은 설교를 했어요. 한 가지 사악한 생각을 전 세계에 퍼뜨리려면 어떻게 하면 되는지에 대해. 악마가 아침 식사로 어린 여자아이의 사악한 생각을 먹었고, 그래서 악마는 아주 강해졌다고 하셨어요."

나는 메리에게 어떤 사악한 생각을 했는지 물었다.

"나쁜 일이 사람들에게 일어났으면 좋겠다고 생각했어요. 언니가 남자친구를 잃는다든지, 우리 반에서 가장 똑똑한 아이가 시험을 보기 직전에 갑자기 기억상실증에 걸리면 좋겠다든지 그런 거요."

메리의 아버지는 메리가 열 살 때 동맥류로 세상을 떠났다. 메리는 상담을 한 지 세 달이 될 때까지도 그 사실을 내게 말하지 않았다. 그 사실을 부정한다는 징후일 가능성이 있었다. 하지만 메리는 아버지가 돌아가신 뒤로 삶이 바뀐 것이 별로 없다고 주장했다. 평소에도 아버지가 집에 거의 없었기 때문이라고 했다. 아버지는 순회 외판원이어서 여기저기로 많이 다녔다.

"아버지는 주말마다 잠깐 집에 들르곤 했어요. 아무튼 우리는 식탁에 아버지 자리를 마련하는 일이 어색했어요."

메리가 말했다.

"장례식 기억나요?"

메리가 한숨을 내쉬며 대답했다.

"네. 가족들이 많이 울고 이런저런 일이 많았어요."

"하지만 당신은 울지 않았죠."

"맞아요. 저는 매사에 눈물을 흘리는 편이 아니에요."

메리가 사무적으로 대답했다.

아마 착한 여자아이들 역시 울지 않았을 것이다. 그러면 너무 시끄럽고 주변 사람을 힘들게 하니까.

"아버지가 돌아가시기 전에 아버지가 집에 계셨던 시간이 그립지 않았어요?"

내가 물었다.

"조금 그랬던 것 같아요."

메리가 대답했다.

나는 메리의 말을 조금도 믿지 않았지만 그 문제는 당분간 미뤄두기로 했다.

메리는 첫 5개월 동안 심리치료를 받으면서 눈에 띄게 만족스러워했고 점점 안정을 찾아갔다. 메리는 집에서 더 이상 분노를 폭발하지 않고, 사실 남편과 어느 때보다 더 가까워졌다고 말했다. 두 사람은 아이를 가지기로 결정했고, 그래서 행복한 마음으로 자주 성관계를 했다.

나는 메리가 안정감과 행복을 새로 얻게 된 것이 내가 메리에게 '영양분'을 제공해 주고, 아무 판단을 하지 않고 메리의 이야기를 경청해 준 덕택이 크다고 믿었다. 메리는 매사에 판단의 잣대를 들이대는 배경에서 자랐고, 나는 메리와는 반대로 모든 것을 수용해 주는 배경에서 자랐다. 틀림없이 그런 점이 전이를 가속화했을 것이다. 무의식적이긴 하지만 아마 전이는 메리에게 친숙한 과정일 것이다. 어릴 때부터 가톨릭 신부들에게 많이 의존했기 때문이었다. 그 신부들 역시 메리에게는 아버지를 대신하는 존재였다. 그 점에서 메리가 내게 말한 꿈 역시 같은 맥락이었다. 나는 아버지 같은 역할로 메리의 꿈에 자주 나타났다. 비록 서투르고 산만한 아버지의 모습을 자주 보이기는 했지만.

그러나 메리가 빠르게 개선되고 동시에 눈에 띄게 전이를 보인다는 사실은 조심해야 할 부분이기도 했다. 전이 치료라고 알려진 현상이 있다. 내담자가 '새로 찾은' 부모를 기쁘게 해주려고 열의를 다해 노력하다 보니 신경과민 증세를 의도적으로 보이지 않는 것이다. 전이 치료가 안고 있는 유일한 문제는 그것이 피상적이고 단기적이라는 것이다. 그 증상이 불가피하게 돌아오면 그 증상은 어느 때보다 단단하게 자리 잡는다.

심리치료를 한 지 5개월째인 어느 날 메리는 다음과 같은 꿈을 꾸었다고 말했다. 메리는 다시 하트퍼드에서 살고 있었고, 내 사무실은 메리의 옆집이었다. 나는 아주 늙었고, 메리는 십대 초반이었다. 메리가 정기적으로 상담을 왔을 때 나는 나이가 많이 들어서 이제 일을 줄이기로 했다고 알렸다. 내 가족과 더 많은 시간을 보낼 수 있도록 '특별한 내담자'들만 계속 치료할 거라고 했다. 그러니까 나는 메리에게 더 이상 오지 말라고 통보하는 것이었다. 꿈속에서 메리는 엄청난 충격을 받았다. 그도 그럴 것이 그 말은 곧 메리가 내 관심을 계속 끌 만큼 '특별하지 않다'는 의미였다. 메리는 사무실에서 그 꿈 이야기를 할 때도 무척 언짢은 기색이 역력했고 눈물을 삼키려고 꾹꾹 참았다.

그 무렵에 메리는 수요일 오후에 내가 먼저 온 내담자와 상담을 끝내기를 기다려야 했을 때 정말 싫었다고 털어놓았다.

"그 남자는 정말 끔찍하게 지겨운 사람 같더라고요."

메리가 말했다. 내가 아무 반응을 보이지 않자 메리가 불쑥 내뱉었다.

"당신한테 가족이 있다는 사실은 참을 수 있어요. 하지만 다른 내담자들까지 참아야 해요? 그건 정말…… 모르겠어요, 정말 난잡해요!"

불길한 징조였다. 메리는 긍정적인 전이에서 아주 다루기 힘든 부정적인 전이로 변할 위험에 빠져 있었다. 그 과정에서 나는 아버지에 대한 메리의 감정을 대신하는 대상으로 남아 있을 것이다. 그러나 부정적인 감정이 메리를 지배해 다른 모든 감정은 사실상 배제될 것이다. 메리가 진짜 아버지에게서 느낀 상처, 화, 분노가 메리의 아버지를 대신하는 존재인 나를 향할 것이고, 메리가 나에게 느꼈던 긍정적인 감정은 전혀 남아 있지 않을 것이다. 나는 메리의 '나쁜 부모'가 될 위험에 처해 있었고, 진짜 부모에 대한 불신이 수반될 것이다. 이제 나는 극도로 조심하며 상담을 진행해야 했다. 또한 메리가 나에게서 자립하도록 도와야 할 시점이기도 했다.

그래서 나는 여름에 상담을 잠시 쉬는 것을 메리가 받아들이도록 2월부터 마음의 준비를 시키기로 했다. 이처럼 상담을 중단하는 것은 대부분의 내담자들에게 문제가 될 수 있다. 그리고 나의 내담자들에게는 더 문제가 될 수 있다. 보통은 치료사들이 여름휴가로 한 달을 쉬는 것이 관례인데, 나는 매년 여름에 꼬박 두 달 동안 치료를 하지 않기 때문이다. 나의 가족은 모두 7월과 8월이면 샘플레인 호수에 있는 상당히 원시적인 '캠프장'으로 간다. 그곳에서 서로 관계를 돈독히 하고 우리 자신의 더 깊은 내면과 다시 교감한다. 그러려면 계획된 일정 없이 개간되지 않은 자연의 깊은 곳에서 오랫동안 머물 필요가 있다. 이렇게 일시적으로 일을 쉬어야 더 훌륭한 치료사, 생명력을 더 잘 전할 수 있는 사람이 될 수 있다고 나는 늘 스스로에게 말했다. 그러나 물론 나는 여름마다 두 달 동안 뉴욕을 벗어나라고 나를 부추기는 심리가 주로 이기심이라는 것을 안다.

내가 메리에게 여름휴가에 대해 말하자 메리는 곧바로 시무룩해졌다.

"하지만 당신이 필요하면 전화 통화는 언제든 할 수 있어요. 전화로 장시간 상담을 하는 거죠."

나는 메리에게 확언했다.

"우리가 여기에서 뭘 하는 거죠? 당신 취미 생활을 하는 건가요?"

메리가 불쑥 말했다. 메리의 입에서 그런 비꼬는 말이 튀어나온 건 그때가 처음이었다.

"내가 오랫동안 휴가를 간다고 해서 그것이 꼭 내가 내 일에 최선을 다하지 않는다는 의미는 아니에요."

나는 나도 모르게 방어적으로 나왔다.

그해 2월의 상담 시간이 끝나갈 무렵에 메리가 느닷없이 나를 바라보더니 말했다.

"그래서 생각을 바꿨어요?"

"뭘 바꿔요?"

"이번 여름휴가요."

"아니에요, 메리. 내가 왜 마음을 바꾸겠어요?"

메리가 고개를 저으며 중얼거렸다.

"진작 알았어야 했는데. 이 모든 게 착각이란 걸."

"뭐가 착각이라는 거예요?"

내가 물었다.

"이 모든 것이요. 여기에서 일어나는 모든 일이요."

메리가 대답했다.

바로 그때부터였다. 메리는 내 눈앞에서 차갑게 변했고, 그 다음 10주 동안 발길을 끊었다. 조심하려고 했던 내 노력은 역효과를 낳았다.

내 사무실에 침입 사건이 있었던 월요일 오후 늦게 나는 롤프

그리스올드의 변호사 리처드 브렌트우드로부터 전화를 받았다. 브렌트우드는 베벌리 그리스올드의 사례 기록 복사본을 보고 싶다고 말했다. 자신이 선정한 정신과 의사가 베벌리 그리스올드가 어머니로서 적합한지 평가해야 한다는 것이었다. 나는 브렌트우드에게 그 기록은 내담자 보호 차원에서 공개할 수 없다고 답했다.

"그리스올드 부인을 위해 양육권 공판에서 증언을 할 의사가 있나요?"

브렌트우드가 물었다.

"그리스올드 부인이 부탁을 한다면 할 생각이 있습니다."

내가 대답했다.

"그러면 나는 당신의 기록을 볼 수 있는 권리가 있습니다. 전부 다요. 그래서 내가 반대심문을 할 때……."

"브렌트우드 씨, 이만 끊겠습니다."

내가 말했다.

"기록을 주지 않는다면 소환장을 발부할 거예요. 어떤 방법을 써서라도 기록을 손에 넣고 말 겁니다."

"브렌트우드 씨, 대체 왜 이러세요? 롤프가 어젯밤에 원하는 것을 찾을 수 없었다고 하던가요?"

나는 언성을 높여 말했다.

"도대체 무슨 이야기를 하는 건가요?"

"당신 고객에게 물어봐요."

나는 그렇게 말하고 전화를 끊었다.

그날 밤 나는 저녁 식사를 하고 나서 사무실로 돌아와 내 모든 기록을 훑어보았다. 다행히 기록에 페이지 수와 암호를 적어 놓아서 빠진 페이지가 없는지 어렵지 않게 알 수 있었다. 나는 특히 베벌리 그리스올드의 파일을 유심히 살폈다. 페이지 몇 장에 얼룩이 있기는 했다. 담뱃재인 것 같았다. 그러나 이 파일이든 다른 파일이든 빠진 건 없었다. 도난당한 유일한 물건은 한 친구가 멕시코에서 나를 위해 사준 오닉스(장식품, 보석, 세공물, 조각, 장신구의 재료 등으로 쓰이는 광택을 지닌 보석의 일종_옮긴이)로 만든 작은 재규어였다.

나는 자물쇠를 새로 사서 11시경에 낡은 자물쇠를 새것으로 바꿨다. 그때 사무실 전화가 울리기 시작했다.

"여보세요?"

아무 대답이 없었다.

"누구세요?"

이번에도 마찬가지였다.

"잘 들어요. 원하는 게 있는 모양인데 계속 말을 하지 않으면 당신이 원하는 걸 얻지 못할 거예요."

그래도 아무 반응이 없었다.

"당신이 모를까봐 해주는 이야기인데, 남의 사무실을 부수고 들어가는 건 중죄예요. 내가 당신이라면 그런 짓은 두 번 다시 하지 않을 겁니다."

전화가 끊겼다.

전화기를 다시 내려놓는데 내 손이 떨리고 있었다. 누군지는 몰라도 나쁜 놈, 나쁜 놈! 결국 나는 더 이상 참지 못하고 욕설을 내뱉었다. 내담자와 상담을 하면서도 종일 분노를 억눌렀다. 그러나 이제는 분노로 떨고 있었다. 별안간 이제 경찰에 신고해도 괜찮겠다는 생각이 들었다. 대체 내가 누구를 보호하고 있는 거지? 만일 내가 경찰에게 내 전화기에 장치를 달아서 몰래 전화를 거는 사람을 추적해 달라고 요청하면 어떻게 될까? 결국 나를 괴롭히는 사람에게 좋은 일만 시켜주는 꼴이 될 수도 있었다. 누가 그런 행동을 하든 그 사람은 도움이 필요한 게 분명했다.

나는 화요일 아침에 그날의 첫 내담자 잭 노토를 만나러 7시 45분에 복도를 걸었다. 잭보다 먼저 오는 내담자도 없고, 잭의 상담이 끝나고 10분 뒤에 그 다음 내담자가 오도록 해 놓았기 때문에 잭의 사생활은 다른 환자들로부터 철저하게 보장되었다. 아무리 봐도 다른 환자들 눈에 띄지 않는 것이 잭이 안고 있는 여러 걱정거리 중에 가장 대수롭지 않아 보이기는 했지만.

잭은 굉장히 쓸쓸한 표정으로 사무실 문밖에서 나를 기다리고 있었다.

"잭, 어떻게 지냈어요?"

나는 잭과 함께 사무실에 들어서면서 물었다.

"엉망이에요. 내 인생은 완전히 엉망진창이라고요."

잭은 늘 그렇게 앓는 식으로 대화를 시작했다.

대략 4년 전에 잭은 국제 은행 업무를 전문적으로 하는 월스트리트 변호사였다. 잭은 예일 대학과 조지타운 법대를 졸업하고 승승장구하여 그 위치에 올랐다. 대학에서 사귄 애인과 결혼을 했고, 스포츠카를 소유하고, 그래머시 파크에 아파트를, 파이어아일랜드에 두 번째 집을 마련했다. 그때 그의 나이는 스물아홉이었다. 그러고 나서 잭은 마약을 하기 시작했다. 브라질과 아르헨티나에 있는 사업 동료들을 통해 코카인에 흥미를 갖게 되었다. 그 당시에는 커피를 마시는 휴식 시간에 코카인을 한두 줄코로 흡입하는 것이 평범한 사람들 눈에는 근사하게 보였다. 코카인을 하면 반사작용이 더 빨라지고 경쟁심이 더 생기며 그날 하루를 더 빠르게 순항하는 데 도움이 되었다. 아니 잭한테는 그렇게 보였다.

잭이 일하는 법률 회사의 동료들은 잭과 생각이 달랐다. 동료들은 잭이 점점 변덕이 심해지고 신뢰가 가지 않는다고 여겼다. 동료들은 판단을 잘못 내린 일로 잭에게 몇 번 전화를 걸었고 결국은 잭을 내보냈다. 잭은 마약을 하는 습관은 말할 것도 없고 여러 가지 융자에다 유지비로 인해 '놀랍게도' 한 달에 십만 달러에 가까운 돈이 필요했다. 그래서 잭은 법인 고문 변호사보다 훨씬 더 많은 월급을 주는 일에 자연스럽게 끌렸다. 바로 코카인 밀매자였다. 1년도 안 되어 잭은 대도시 지역에서 확실한 상류층, 즉 연예인들과 제작자들, 기업 임원들을 고객으로 확보해 중요한 밀매자 중 하나로 자리 잡았다.

잭의 아내 게일은 남편에게 일어난 일을 몹시 못마땅해했다. 게일은 임신 중이었고 걸핏하면 이렇게 물었다. "우리 아들이 아빠 직업이 뭐냐고 물으면 뭐라고 대답할 거예요?" 게일은 잭에게 아이가 태어나기 전에 마약 판매를 그만두지 않으면 이혼하겠다고 말했다. 괜히 하는 협박이 아니었다. 잭은 게일에게 자기를 믿으라고, 마약 판매를 그만둘 생각이지만 그게 쉽지 않다고 말했다. 잭에게는 매듭지어야 할 일이 많았다.

그중 가장 큰 문제는 잭이 부에노스아이레스에 있는 공급업자에게 빌린 30만 달러였다. 잭은 그 돈을 자신의 운반원들 중 한 명에게 배를 사주는 데 썼다. 잭은 공급업자에게 기다려 달라고 했지만 공급업자는 잭의 아내처럼 잭에게 마감 시한을 정했다. 그것 역시 괜한 협박이 아니었다.

바로 그 시점에서 잭은 심리치료가 필요하다고 결정을 내렸다. 잭이 나를 찾아왔을 때 잭은 네 명의 심리치료사에게 거절을 당했다. 그들 모두 양심상 범죄자를 치료할 수 없다고 딱 잘라 말했다. 반면 나는 바르게 살기 위해 도움을 절실히 원한다고 말하는 범죄자의 치료를 양심상 거부할 수 없었다.

잭을 치료하기 위해 내가 내건 조건은 단순했다. 첫째, 약물 중독자 모임에 가입하고 코카인을 흡입하는 습관을 버려야 했다. 둘째, 누구한테도 나에게 치료받는다는 말을 해서는 안 되었다.

잭은 첫 상담 때 이렇게 말했다.

"일을 아주 주먹구구식으로 해 왔어요. 집 전화로 전화를 하고, 운반에 늦고, 거래를 할 때 거절하는 건 기본이고. 사실 무의식적으로 차라리 잡혔으면 좋겠다는 생각을 하거든요."

예일 대학을 졸업한 마약 밀매자만이 그런 자아 분석을 할 터였다. 그러나 우리는 정신분석을 할 시간이 없었다. 잭은 근본적인 직업 상담과 더불어 신속한 행동 수정이 필요했다. 나는 잭에게 공상을 하도록 유도함으로써 즉시 행동에 돌입했다.

"당신이 차를 운전하고 있다고 상상해 봐요. 게일이 조수석에 앉아 있어요. 게일은 지금 임신 8개월이에요. 그리고 어떤 자동차가 당신을 따라가고 있어요. 당신은 백미러로 그 자동차를 볼 수 있어요. 잭, 그 자동차가 보이나요?"

"네."

"그 자동차에는 남자 네 명이 타고 있어요. 당신은 그들 중 한 명을 알아봐요. 부에노스아이레스에서 만난 남자죠. 그들은 당신 옆에 차를 댑니다. 그들의 총이 창밖을 통해 당신을 겨누고 있어요. 그들은 당신에게 차를 세우라고 강요합니다. 그러고 나서 그들은 옆문을 열어 게일을 홱 끌어냅니다."

"알았어요, 그만해요. 어떤 의도인지 알겠어요."

"계속해요, 잭. 아직 안 끝났어요. 부에노스아이레스에서 온 당신의 친구가 칼을 꺼내 게일의 목에 댑니다. 자기 돈이 어디에 있는지 알고 싶다고 말해요."

이 공상의 주안점은 잭이 다시 현실에 눈뜨게 하는 것이었다. 잭은 2년 동안 마약을 한 탓에 원인과 결과를 논리적으로 따지는 감각이 무뎌졌기 때문이었다.

솔직히 말해서 나는 잭을 치료하는 것이 즐거웠다. 잭의 인생은 사람을 매료하는 아슬아슬한 매력이 있었고, 우리의 목적은 달성하기 쉽지는 않았지만 뚜렷했다. 그러나 사무실 침입 사건이 일어난 뒤로 잭의 '매력'에 대한 내 흥미는 크게 줄었다. 그 사건은 나에게 그동안 내가 간과했던 현실감을 일깨워 주었다.

그 주 화요일 아침에 잭은 나쁜 소식을 더 많이 가져왔다. 이틀 전에 게일이 집을 나가버렸다. 카를로스라는 마약 밀매자가 잭의 브로드웨이 고객들을 인계받겠다고 잭에게 통보했다. 그리고 부에노스아이레스에서 온 남자가 전화를 걸어 빚 갚을 날이 열흘밖에 남지 않았다고 말했다.

"적어도 당신은 더 이상 결정할 일이 없네요. 빚을 갚을 때가 됐어요."

내가 잭에게 말했다.

"대체 무슨 돈으로 갚죠?"

"잭, 당신 수중에 있는 걸 전부 팔아요. 아파트, 가구, 집, 자가용. 그걸 전부 팔아서 빚을 갚고 깨끗하게 다시 시작해요. 달리 방법이 없잖아요, 안 그래요?"

잭은 고개를 끄덕이더니 나를 똑바로 바라보았다.

"잘 들어요. 아케렛, 당신 괜찮아요?"

잭이 불쑥 물었다.

"그럼요, 괜찮죠. 왜 그래요?"

"지난주에 내가 전화했을 때 기억해요?"

잭이 물었다.

"네."

"그때 집 전화기로 건 거예요. 그런데 알고 보니 그 전화가 도청되었더라고요. 경찰 말고 카를로스 짓이에요. 내 구역을 인수하려고 하는 녀석이요. 이제 카를로스는 당신이 누구이고 내가 여기에서 무엇을 하는지 알 거예요."

나는 잠시 아무 말도 하지 않았다.

"잭, 그 일에서 손 떼기나 해요. 당장. 알겠죠?"

내가 말했다. 내 불안감까지 보태 잭에게 부담을 주는 건 시기상 적절하지 않을 것 같았다. 나는 침입 사건에 대해서는 언급하지 않았다.

내 딸들은 대기실 장식을 거드는 일을 늘 좋아했다. 딸들은 학교에서 그려온 그림을 벽에 걸었다. 첫째 딸은 펠트 천으로 밸런타인 카드를 만들어 문 안쪽에 붙였다. 막내 딸 틸은 샘플레인 호수에서 따온 야생화를 말려서 꽃병에 넣어 탁자에 올려놓았다.

침입 사건이 일어나고 나서 월요일에 나는 사무실 문을 열어 메리 맥긴리를 들였다. 그때 꽃병에 신선한 튤립 부케가 꽂혀 있고, 말린 야생화의 줄기가 쓰레기통 밖으로 삐죽이 나와 있는 것이 보였다. 메리는 내가 그 광경을 눈여겨보는 모습을 지켜보았다.

"이제 봄이잖아요? 봄꽃으로 사무실 분위기를 살려도 괜찮겠더라고요."

나는 아무 대꾸도 하지 않았다. 몇 달 전 일이 떠올랐다. 그때 메리가 나에게 말린 야생화가 어디에서 났는지 물었다. 나는 틸이 준 선물이라고 대답했다.

우리가 사무실 안에 들어가자 메리는 태도가 싸늘하게 바뀌더니 입을 다물었다. 나는 기다렸다. 아무 말이 없었다. 나는 꽃을 선물해 주어 고맙다고 메리에게 말했다. 메리는 어깨를 으쓱했다. 나는 메리에게 메리가 느끼는 감정에 대해 말하지 않고 그 자리에 멀뚱히 앉아 있어 봐야 자기 자신에 대해 알 수 있는 소중한 기회를 버리는 것이라고 말했다. 아마 메리에게 그 이야기를 하는 것이 50번째는 될 터였다. 메리는 아무 반응이 없었다. 그때 나는 튤립에 대한 알레르기 반응 때문인지 기침을 했다. 목구멍이 간질간질해서 가슴속 깊은 곳에서부터 나는 기침이었다. 기침이 멈추지 않았다. 나는 콜록콜록 기침을 하는 중에 나를 빤히 바라보고 있는 메리를 얼핏 보았다. 메리의 얼굴은 시뻘게지고 입은 떡 벌어지고 눈에는 눈물이 글썽였다. 겁먹은 표정이었다.

나는 메리의 감정이 잔뜩 올라온 것을 어떻게 이해해야 할지 몰랐다. 하지만 메리가 아직 표현하지 않은, 마음속 깊은 감정을 끌어낼 수 있는 흔치 않은 기회가 온 것은 분명했다.

"당신 아버지에 대해 이야기해 봐요. 어떤 기억이든. 아무거나 좋아요. 얼른요."

나는 다그쳤다.

메리의 둥근 얼굴을 보니 어떤 기억이 떠오르는 것이 분명했다. 메리의 눈가에 눈물이 맺히고 메리가 그 기억을 마음 깊은 곳에서 길어 올리는 것이 보였다.

"생각하지 말고 그냥 말해요!"

나는 메리 쪽으로 상체를 숙이며 말했다.

"밤…… 밤늦은 시간이에요."

메리는 눈을 감고 단조로운 목소리로 말을 더듬으며 이어 나갔다.

"잠이 오지 않아요. 그 이유는 모르겠어요. 몸을 이리저리 뒤척여요. 그래서 아래층으로 가 보니 어머니와 아버지가 텔레비전을 보고 있어요. 심야 영화가 상영돼요. 어머니가 엄격한 눈빛으로 나를 봐요. 이 시간에 안 자고 여기서 뭐 하느냐는 뜻이죠. 하지만 아버지는 이리 오라고 손짓을 하더니 나를 들어 무릎에 앉혀요. 특별히 나에게 눈길을 주지는 않아요. 그냥 나를 무릎에 앉혀 놓고 계속 영화를 봐요. 그리고 나…… 나는 기분이 믿을 수 없을 정도로 좋아요. 정말…… 정말……."

메리는 눈물을 참으려고 안간힘을 쓰다가 결국 말을 잇지 못했다.

"참지 말고 울어요."

내가 부드럽게 말했다. 메리가 고개를 저었다.

"괜찮아요. 그냥 울어요."

내가 반복해서 말했다.

"싫어요!"

"메리, 왜 그래요?"

"왜냐하면⋯⋯ 왜냐하면 울기 시작하면 멈추지 못한단 말이에요!"

메리가 불쑥 내뱉었다.

"아니에요. 안 그럴 거예요. 다 울고 나면 울음이 멈출 거예요."

내가 메리에게 장담했다.

"안 멈추면요? 그러다 7월이 되었는데 내가 그때까지도 울고 있으면요? 네? 그럼 어떡해요? 내가 울음을 멈출 때까지 당신이 여기에 있어 줄 건가요?"

메리가 화를 내며 퉁명스럽게 말했다.

"그럼요. 당신이 7월까지 계속 울면 내가 여기에 있어 줄게요."

내가 미소를 지으며 말했다.

그러나 메리는 좋아하는 표정이 아니었다. 메리는 내 눈을 매섭게 노려보더니 말했다.

"당신은 기껏 친해지면 떠나버려서 사람들에게 고통을 주는 걸 좋아해요."

"또 어떤 사람이 그렇다고 생각해요?"

내가 물었다.

"다른 사람은 안 그래요! 당신만 그래요!"

메리가 폭발했다. 그리고 그것이 그날 남아 있는 상담 시간에 메리가 한 마지막 말이었다.

그날 뒤늦게 베벌리 그리스올드가 왔다. 나는 몇 주 만에 더 강해지고 더 자신감이 생긴 베벌리의 모습을 보자 기뻤다.

4개월 전에 도움을 구하러 처음 왔을 때, 문 앞에 도착한 베벌리의 모습은 말이 아니었다. 퉁퉁 부은 얼굴, 멍든 눈, 이마에 가로로 난 꿰맨 지 얼마 안 된 자국. 최근에 남편 롤프에게 두들겨 맞은 몰골이었다. 롤프는 알코올 중독자에다가 지킬 박사와 하이드 같은 성격이었다. 롤프는 술에 취하면 극도로 잔인해지고 폭력적으로 변했다. 롤프는 베벌리에게 바람을 피운다고(사실은 그렇지 않았다) 비난하고, 베벌리를 마구 때리고 죽이겠다고 협박하곤 했다. 베벌리는 남편과 헤어져야 한다는 것을 알았지만 겁이 나서 그러지 못했다. 남편이 자신과 쌍둥이 아들들에게 무슨 짓을 할까봐, 결혼에 실패한 것이 어쩐지 자기 탓인 것 같아 불안해했다. 그것은 롤프가 입버릇처럼 하던 말이었다. 롤프는 베벌리가 처음부터 두 사람의 결혼을 파탄 냈고, 자신을 폭력적으로 만든 것이 바로 베벌리라고 주장했다.

나는 이 시점에서 두 사람의 관계가 나빠진 것을 두고 누구 탓인지를 따지는 것은 적절하지 않다고 베벌리에게 말했다. 우선 베벌리와 두 아들의 안전을 확보해야 했다. 그런 다음 베벌리와 롤프는 중립 지대에서 문제를 해결하려고 노력하면 되었다. 심리치료사의 사무실이 괜찮을 것이다. 나의 격려로 베벌리는 롤프와 별거를 하고 롤프의 아파트 접근을 막는 금지 명령을 얻어 냈다. 그런 다음 베벌리는 남편에게 부부 치료를 함께 받자고 요청했지만 롤프는 거절했다. 롤프는 아픈 사람은 베벌리라고 주장했다. 그래서 결국 베벌리는 이혼 소송을 제기하고 아이들의 완전한 양육권을 얻으려 하고 있었다.

베벌리는 오늘 나에게 양육권 공판이 다음 주로 잡혀 있다고 말했다. 또한 내가 베벌리의 심리적인 안정 상태에 대해 법원에서 증언해 주기를 자신의 변호사가 원한다고 덧붙였다. 나는 롤프의 변호사한테 전화를 받았던 일에 대해 베벌리에게 말했다.

"변호사가 원하면 제 기록을 보여주세요. 저는 부끄러울 게 전혀 없어요…… 그렇지 않아요?"

베벌리가 말했다.

"그렇죠. 하지만 나한테는 원칙의 문제예요. 아무도 내 기록을 볼 수 없어요."

"원칙이 확고하시네요."

베벌리가 행복하게 미소를 지으며 대답했다.

그날 밤 나는 아무 말도 하지 않는 전화를 또 받았다.

"말해요, 롤프! 당신 말소리가 안 들려요!"

나는 전화기에 대고 외쳤다. 아무 대답이 없었다.

"당신인가요, 카를로스? 잘 들어요. 당신이 찾는 자료는 나한테 없어요! 알아들어요? 그러니까 단념해요, 알겠어요?"

나는 수화기를 쾅 내려놓았다. 그러고 나서 진정이 되지 않아부들부들 떨었다. 맙소사, 점점 인내의 한계에 도달하고 있었다.

그 다음 며칠에 걸쳐 여러 가지 일이 있었음에도 내 불안감은 거의 누그러들지 않았다. 목요일에는 내 책상에 있던 만년필이 없어졌다는 것을 발견했다. 금요일 아침에는 베벌리 그리스올드의 사례 기록을 요구하는 소환장을 든 남자가 사무실 앞에 왔다. 나는 그 남자를 사무실에 들이지 않았다. 그리고 일요일 아침에 내 딸 틸이 리버사이드 파크에서 개를 산책시키고 나서 충격받은 표정으로 집에 돌아왔다.

"누가 나를 미행했어요."

틸이 말했다.

"확실해?"

"네."

"어떻게 생긴 남자였니?"

"남자가 아니었어요. 여자였어요. 체격이 크고 예뻤어요. 파란 눈은 슬퍼 보였고요."

틸이 말했다.

나는 캘리포니아 1번 해안 고속도로를 타고 북쪽으로 달리다가 삼나무가 우거진 시골로 진입했다. 필 오크스의 노래가 테이프 재생기에서 흘러나왔다.

……별 주위를 달리는 경주, 변화의 불길에 휩싸인 우주를 관통하

는 여행……

내 오른편에 빅서로 가는 분기점을 알리는 표지판이 있었다. 빅서는 60년대와 70년대에 시대를 앞질러 실험적 심리치료를 시행하는 에살렌 연구소의 본거지였다. 에살렌이 아직도 그곳에 있는지 궁금하고, 만일 있다면 이제는 어떤 실험을 하고 있을지 알고 싶었다.

60년대를 돌아보면 그 당시에 심리치료는 무모하고 대담하게 변하기 시작했다. 내 동료 중 많은 사람들이 그들 자신을 단순히 개인을 치유하는 치료사가 아니라 사회 혁명의 선봉으로 여기기 시작했다. 시대가 변하고 있었다. 일부 치료사들은 문화 전체를 파괴해 감정적이고 성적인 억압의 감옥에서, 그것도 빨리 벗어나게 할 특별한 역사적 의무가 자신들에게 있다고 믿었다.

그런 비범한 목적을 이루기 위해서는 비범한 수단이 필요했다. 그러나 미묘하고, 느리고, 아주 비상한 고전적인 정신분석의 기술로는 그 과업을 실행할 수 없을 것 같았다. 결국 많은 치료사들이 빌헬름 라이히의 급진적인 사상으로 관심을 돌렸다. 빌헬름 라이히는 『성 혁명(라이히가 만들어낸 문구)』의 저자로 예전에 프로이트파 비엔나 핵심층의 회원이었지만, 정신의학계의 기득권으로부터 이단아라는 조롱을 받다가 결국 1957년에 미국 연방 정부의 교도소에서 생을 마감했다. 이제 라이히의 사상은 부활되어, 그 당시 유행하기 시작한 몇 가지 새로운 요법을 들자면,

게슈탈트 심리 요법과 생물에너지학, 롤핑 요법으로 재포장되고 있었다. 이러한 요법은 서구 문명의 사회 종교적인 구속으로부터 한 사람을 해방시키기 위해서 접촉(고통스러운 깊은 조직 마사지도 포함)과 심리극, 나체, 비명 지르기 파티, 퇴행 게임, LSD 여행을 활용했다. 신속하고 획기적으로 한 사람을 '변화'시킬 수 있는 방법이면 뭐든 허용되었다.

위와 같은 치료법의 발명과 모험 정신 중 일부가 여지없이 내 사무실 문을 통해 슬며시 들어왔다. 그것은 말로 하는 것만으로 사람들은 변하지 않는다고 믿은 내 마음 한편에 와 닿았다. 그 믿음을 굳히기까지는 예전에 프롬 박사에게 교육을 받았다는 사실도 영향을 미쳤다. 어떤 사람이 "나 화났어."라고 말하는 것과 실제로 분노를 느껴서 행동으로 표출하고 분노를 재경험하는 것 사이에는 엄청난 차이가 있었다. 내가 늘 실감하는 사실이었다.

나는 여러 치료 집단을 통해 실험을 해 보았다. 그냥 말만 하는 대신 의자에서 일어나 여기저기 걸어 다니며 서로 접촉하고 우리의 공상을 행동으로 표출하면 어떨까? 우리가 단순히 어린 시절을 떠올리는 대신, 한 시간 동안 시간을 거슬러 예전처럼 어린아이가 되어 보는 것은 어떨까? 우리가 부모 역할을 해 보고 그 기분이 어떤지 느껴보는 건 어떨까? 우리의 꿈을 단순히 떠올리고 이야기하는 대신에 꿈을 한번 실연해 보면 어떨까? 집단 치료 시간에 말하는 것을 금지한다면 어떨까? 이러한 경험을 할 때 우리는 어떤 기분을 느낄까? 그리고 그런 감정을 느끼는 것이 우리가 근본적으로 바뀌는 데 정말로 도움이 될까?

우리는 우리의 상상력을 쥐어짜냈다. 우리는 바보처럼 행동했다. 우리는 깜짝 놀라기도 했고 우스워 못 견디겠다는 듯 마구 웃어대기도 했다. 그리고 우리 중 한 명을 아주 새로운 영역의 감정과 개념으로 몰아가는, 어떤 일이 가끔 일어나곤 했다.

나는 9시 10분까지 기다렸다가 기침을 하기 시작했다. 그날은 내 딸 틸이 공원에서 충격을 받고 집으로 돌아온 다음 날인 월요일 아침이었다. 메리는 내성적이고 냉정한 태도로 미동도 하지 않고 맞은편에 앉아 있었다. 나는 지난번처럼 마른기침을 했다. 기침이 그칠 만하면 또다시 시작되었고, 소리가 더 요란하고 더 심해졌다. 기침을 어찌나 세게 했던지 얼굴이 벌겋게 달아오르고 눈이 따끔거릴 정도였다. 점점 더 기침이 격하게 나오자 나는 두 손으로 가슴 왼쪽을 부여잡으며 몹시 고통스러워서 잔뜩 인상을 쓰고 "내 심장! 내 심장!" 하고 소리쳤다. 그러고는 의자에 털썩 주저앉아 죽은 듯이 입을 떡 벌렸다.

적막이 흘렀다. 내 가슴에서 심장이 있는 힘을 다해 쿵쿵 뛰었다.

그때 메리가 흐느꼈다. 아주 멀리서 들리는 듯 무시무시하고 구슬픈 통곡이었다. 정말 그랬다. 20년 전의 과거에서 들리는 것 같았다.

"아, 맙소사! 진심이 아니었어요! 제발! 제발! 맹세코 진심이 아니었어요!"

나는 숨을 죽이고 가만히 있었다.

메리가 서럽게 울기 시작했다. 목멘 소리로 식식거리며 말하고 거칠게 숨을 쉬며 이제 통곡을 했다.

"아니요! 아니요! 두 번 다시는 안 그럴 거예요!"

애달프게 우는 섬뜩한 소리를 듣고 있으니 그 소리가 영원히 계속될 것 같았다. 메리는 그런 식으로 몇 분 동안 울다가 마침내 누그러져 훌쩍였다. 나는 눈을 감고 있었지만 메리가 의자에서 일어나 천천히 나에게 다가오는 소리가 들렸다. 메리는 손을 뻗어 양손으로 내 얼굴을 부여잡았다. 나는 메리가 나에게 구강 대 구강 인공호흡법을 시작하려 한다는 것을 확신했다. 이제 내 연기를 끝낼 때가, 마법을 풀 때가 되었다. 나는 눈을 뜨고 메리를 올려다보았다.

"난 괜찮아요."

내가 속삭였다.

나는 메리가 나에게 불같이 화를 낼 거라고 예상했다. 메리의 관점에서 보면 나는 확실히 그런 일을 당해도 할 말이 없었다. 그러나 나는 슬픔이 어린 메리의 파란 눈을 보고 메리가 더욱 깊은 감정에 사로잡혀 있다는 것을 알아챘다. 메리는 여전히 두 손바닥으로 내 볼을 누르고 있었다. 고통으로 일그러진 메리의 얼굴이 내 얼굴 바로 위에서 맴돌고 있었다.

"당신은 당신이 나한테 무슨 짓을 했다고 생각했죠?"

내가 부드럽게 물었다.

"당신을 죽였어요. 내가 당신을 죽였다고 확신했어요."

메리는 여전히 훌쩍이면서 대답했다.

"어떻게요? 나를 어떻게 죽였죠?"

"당신이 죽었으면 좋겠다고 생각했어요. 내 마음속에서 당신을 살해했어요."

메리가 대답했다.

내가 왜 죽기를 바랐는지 물을 필요는 없었다. 메리는 이미 내게 그 이유를 말했다. '당신은 기껏 친해지면 떠나버려서 사람들에게 고통을 주는 걸 좋아해요.'

"당신의 아버지가 죽었으면 좋겠다고 생각했던 것처럼요?"

내가 물었다.

메리가 갑자기 내 볼에 댄 두 손을 치웠다. 얼굴은 창백하게 변해 있었다.

"왜 그런 말을 하죠?"

"대부분의 아이들은 부모가 죽었으면 좋겠다고 한두 번은 생각하기 마련이에요. 그런데 당신은 대부분의 사람들보다 그럴 이유가 더 많았을 거예요. 당신의 아버지는 당신을 위해 옆에 있어주지 않았어요. 아버지는 당신에게 상처를 주었죠. 아버지가 알고 있는 것보다 더 많은 상처를."

내가 그 말을 하자 메리가 움찔했다.

"하지만 아이들이 그런 생각을 한다고 때마침 죽는 아버지는 많지 않지요. 아버지가 죽었으면 좋겠다고 당신이 생각한 바로 그 순간에 말이에요. 당신의 아버지는 돌아가셨잖아요, 그렇죠?"

내가 말했다.

메리는 의자로 돌아가 계속 시선을 내 눈에 고정하고 앉았다.

"이 이야기는 누구에게도 한 적이 없어요. 신부님들에게도 하지 않았어요. 할 수가 없었죠."

메리가 속삭이다시피 말했다.

메리는 눈을 감았다. 나는 기다렸다.

메리가 이야기를 시작했다.

"처음에는 제가 여덟 살쯤이었을 때였어요. 아버지는 하트퍼드 시내에 있는 본사에서 회의가 있었어요. 나는 아버지가 집에 두고 간 서류를 갖다 드려야 했어요. 내가 사무실에 올라가자 아버지가 나를 상관에게 소개했고, 상관이 말했어요. '와, 해리, 당신에게 메리라는 딸이 있는지 몰랐어요. 나한테도 메리가 있잖아요.' 그 말을 들은 순간 그 자리에서 곧바로 죽을 수도 있었어요. 아버지가 나에 대해 한 번도 언급한 적이 없다니. 마치 내가 존재하지 않는 것 같았어요. 그리고 이런 생각을 했던 게 기억나요. '만일 내가 존재하지 않는다면 당신도 존재하지 않으면 좋겠어. 당신이 죽었으면 좋겠어!'라고."

"하지만 그때 아버지가 죽진 않았잖아요."

내가 말했다.

"맞아요. 아버지는 죽지 않았어요. 하지만 몸이 안 좋아졌어요. 폐렴에 걸렸죠. 2주 동안 병원에 입원했어요."

메리가 말했다.

"아버지가 입원하면 좋겠다고 당신이 생각했나 봐요."

내가 말했다. 메리는 고개를 끄덕이더니 잠시 입을 다물다가 다시 말을 이었다.

"2년 뒤에 나는 세인트 엘리자베스 학교에 다녔어요. 아버지는 집 거실에서 노트르담 미식축구 게임을 보고 있었어요. 나는 아버지에게 성적표를 보여주고 싶었어요. A 세 개, B 두 개를 받았거든요. 그런데 너무 흥분해서 커피 탁자에 발이 걸려 넘어지고, 그 바람에 아버지 맥주가 쏟아졌어요. 아버지는 나에게 몹시 화를 냈고, 나는 울기 시작했어요. 그러자 아버지가 말했어요. '입 다물지 않으면 네가 정말로 눈물 쏟을 만한 일이 생기게 해주겠어!' 그래서 그때 그 말을 했어요. 아버지 면전에 대고 소리쳤어요. '아버지가 죽었으면 좋겠어요!'"

메리는 심호흡을 하고 다시 말했다.

"그날 밤 아버지는 병원에 실려 갔어요. 그리고 다음 날 죽었어요."

"그래서 당신은 정말로 당신이 아버지를 죽였다고 생각하는군요, 그렇죠?"

내가 물었다.

"네."

"그런 법이 어디에 있어요. 마음속으로 빈다고 그대로 이루어지는 건 아니에요. 소원을 비는 것만으로 상황이 달라지는 게 아니라고요."

"그건 당신도 확실히 모르는 일이잖아요."

메리가 쏘아붙였다.

"나는 확실히 알아요. 소원은 아주 자주 이루어지지 않아요. 내 소원도 마찬가지고요."

내가 대답했다.

"그건 당신에게 그런 힘이 없기 때문이에요."

메리가 말했다.

"그건 당신도 마찬가지일 걸요. 당신에게 그런 힘이 있다면 나는 오래전에 죽었을 테니까요. 내가 두 달 동안 휴가를 갈 거라고 당신한테 말했을 때 말이에요."

메리가 다시 훌쩍이기 시작했다.

"나…… 나는 당신이 정말로 죽기를 바란 건 아니에요."

메리가 더듬거리며 말했다.

"당신은 그렇게 되길 분명히 원했어요. 그런 마음도 있고 안 그랬으면 하는 마음도 있고 두 마음이 공존했겠죠."

나는 잠시 머뭇거리다가 덧붙였다.

"당신이 내 딸 틸에게 그랬던 것처럼."

"아니에요! 아니에요!"

메리는 겁을 먹은 표정이었다.

"난 그냥…… 난 그냥……."

그러고 나서 메리는 다시 본격적으로 울기 시작했다. 나는 몇 분 동안 기다렸다. 더 많은 이야기가 쏟아져 나오리라는 걸 나는 알 수 있었다.

"그건…… 그건 나였어요. 전화요. 나는 전화를 해야 했어요. 당신이 아직 살아 있는지 확인해야 했어요. 내가 정말로……."

마침내 메리가 더듬거리며 말했다.

"알아요."

나는 부드럽게 말했다.

틸이 전날 밤에 내게 메리의 그림자에 대해 설명했을 때 나는 마침내 그 사실을 알게 되었다. 그리고 나니 모든 퍼즐이 맞춰지면서 모든 의문이 풀렸다. 메리가 아버지의 죽음에 대한 자신의 감정을 부정했던 일, 자신이 비는 소원에 치명적인 힘이 있다는 믿음, 가톨릭교회의 가르침에 따라 행동하지 않았다는 사실에 대해 죄책감을 느끼면서도 소원에 대해서도 똑같이 죄책감을 느끼는 것. 그런 다음 두 달 동안 휴가를 가겠다는 내 계획에 대해 나에게 보였던 분노, 그리고 그 분노를 완전히 표현하지 못했다는 사실, 마지막으로 틸의 꽃을 버리고 자신의 꽃을 화병에 꽂음으로써 틸을 '대신하려' 했던 시도. 아마 그렇게 해서 내 가족 안에서 틸의 자리를 완전히 차지할 셈인 모양이었다.

나는 진작 그 모든 사항을 종합해 정리를 했어야 했다. 그러나 훨씬 더 그럴 듯한 다른 용의자들이 있어서 미처 그 생각을 하지 못했다.

"내가 어떤 사람인지 모르잖아요. 실상을. 내가 정말 얼마나 나쁜 사람인지 당신은 몰라요."

이제 무슨 말이 나올지 뻔했다.

"나한테 당신 펜이 있어요. 당신 책상에서 훔쳤어요. 그리고 당신의 작은 재규어도."

나는 고개를 끄덕이며 마지막 자백을 기다렸다. 침입 사건. 그러나 메리는 그 자리에 앉아서 불안한 눈빛으로 나를 가만히 바라보기만 했다. 더 이상 아무 말도 하지 않았다. 다 고백한 걸까?

"언제요? 펜을 언제 가져갔어요?"

내가 물었다.

"모르겠어요. 당신이 안 볼 때요. 상담 시간이 끝나갈 때쯤에. 그냥 손에 꼭 쥐었어요. 재규어도 마찬가지고."

메리가 말했다.

나는 미소를 지었다. 아니었다. 내 사무실에 침입한 사람은 메리가 아니었다. 만일 메리가 침입했다면 이 자리에서 고백을 하지 않을 리 없었다. 그러나 또 다른, 훨씬 더 중요한 수수께끼가 오늘 아침에 풀렸다.

"왜 나한테 화를 안 내세요?"

메리가 느닷없이 나에게 고함을 쳤다.

"드디어 우리가 본격적으로 치료에 들어갈 수 있으니까요."

내가 말했다.

메리와 나는 그 뒤로 2년을 더 함께 치료했다. 그러나 우리가 고비를 넘긴 건 그날 아침이었다. 그 이후로 메리는 어린 시절의 기억을 거침없이 쏟아냈다. 메리는 어린 시절에 눈을 가늘게 뜨고 다녔던 일을 떠올렸다. 그 모습이 다른 아이들 눈에는 항상 얼굴을 찡그리고 다니는 것으로 비쳤다. 메리는 뒤늦게야 자신이 안경을 써야 한다는 사실을 알게 되었다. 반에서 여학생 중 유일하게 자기만 문법학교 댄스 티파티에 초대를 받지 않아서 모멸감을 느꼈던 일, 뭔가에 몰두해 있는 부모에게 여러 번 무시당했던 일을 떠올리기도 했다. 심지어 부모가 메리의 견진성사에 참석하지 않았던 적도 있었다. 그 몇 년 동안 우리는 '착한 소녀'와 '나쁜 소녀'가 되는 문제가 '진정한' 성인 여성이 되는 것과 무슨 관계가 있는지 연구했다. 우리는 '특별히', 조건 없이, 사랑을 받아야 하는 메리의 욕구에 대해, 그리고 이제는 아내인 메리가 받을 수 있거나 받을 수 없는 사랑의 방식에 대해 논의했다. 그리고 우리는 메리가 어릴 때 필요했던 아버지를 앞으로도 결코 가질 수 없다는 사실, 때문에 메리의 인생에 뻥 뚫려 있는 구멍이 결코 완전히 채워질 수 없다는 점에 대해 이야기를 했다.

치료가 끝나고 나서 이따금씩 나누는 포옹이 수천 마디의 말과 맞먹는 가치가 있지 않았나 싶다.

우리가 마침내 1977년에 작별 인사를 했을 때 메리는 결혼 생활에 푹 빠져 있었다. 당시 메리는 임신 2주였으며 자립심이 아주 강했고 행복했다.

나는 베벌리 그리스올드의 아이들을 위한 양육권 공판에서 증언을 하지 않았다. 그러나 법원에 베벌리의 사례 기록에 대한 요약문을 적어서 제출해도 된다는 허락을 받았다. 나는 요약문에 베벌리를 훌륭하고 사랑이 넘치는 어머니로, 롤프를 폭력적인 남편이자 잠재적으로 위험한 아버지로 기술했다. 베벌리는 후한 이혼 수당을 지급받으라는 판결뿐만 아니라 쌍둥이에 대한 완전한 양육권을 얻어냈다. 롤프는 한 푼도 지불하지 않고 사라졌다.

잭 노토는 마약 사업에서 손을 뗐을 뿐 아니라 가까스로 이익을 챙겨 나왔다. 자신의 모든 고객들에게 카를로스를 직접 소개하는 대가로 현금을 받기로 거래했기 때문이었다. 그 즈음 잭은 마약을 전혀 하지 않았다. 잭은 버지니아 비치로 이사를 갔고, 그곳에서 해산물 식당을 열어 성공했다. 잭은 그곳에서 내게 편지를 보냈다. 편지에는 잭과 그의 아내가 화해했고, 아내가 딸을 낳았으며 현재 둘째 아이를 임신한 상태라고 적혀 있었다.

나는 내 사무실에 침입한 사람이 누구인지 끝내 알아내지 못했다.

메리는 나에게 캘리포니아 유레카에 있는 자신의 직장 〈노스 카운티 부모/자녀 센터〉에서 만나자고 했다. 센터는 갈색 지붕 널로 된 작은 집에 자리하고 있었다. 벽면에 보라색 부겐빌레아 꽃이 얽혀 있어 유아 책에 나오는 삽화처럼 보였다. 내가 건강한 얼굴을 한 라틴계 여자 접수원에게 이름을 말하니 접수원이 활짝 미소를 지었다.

"메리, 손님 오셨어요!"

접수원이 복도를 향해 소리치더니 나를 돌아보고 말했다.

"당신에 대해 항상 들어서 잘 알아요. 메리가 매일 아케렛 박사라면 이렇게 말할 거야, 아케렛 박사라면 이런 식으로 접근할 거야, 하고 말하거든요. 어쩐지 당신과 진작부터 알고 지낸 사이 같아요."

"그래서 이미 나에 대한 감정이 안 좋다는 말로도 들리는데요."

내가 활짝 웃으며 말했다.

"전혀 아니에요. 메리는 성인 같은 사람이에요. 그리고 메리가 우리한테 해 준 이야기를 들어 보니 메리가 지금처럼 된 게 전부 당신 덕택이던데요."

여자가 대답했다.

나는 어색하게 미소를 지었다. 그러고 나서 곁눈질로 보니 메리가 환한 얼굴로 나를 향해 걸어오는 것이 보였다.

"로비!"

메리가 나를 얼싸안더니 내 양 볼에 진하게 입을 맞추었다.

"오랜만이에요, 메리. 근사해 보이는데요."

메리는 정말로 아주 좋아보였다. 아직도 통통했다. 17년 전보다 훨씬 더 통통해졌지만 대학생처럼 피부에 윤기가 흐르고 얼굴이 발그레했다. 흰 머리가 섞인 금발 머리가 어깨까지 내려와

있었고, 하늘색 눈은 밝고 따뜻했으며, 활짝 웃어 보이는 미소는
사는 것이 즐겁다고 광고하는 듯했다.

"이곳을 안내해드릴게요."

메리가 나에게 팔짱을 끼며 말했다.

메리는 나를 데리고 여러 공간을 보여주었다. 주간 보육 시설,
십대 임신부 지원단, 저예산의 건강한 식사법을 알려주는 교실.
우리가 각 공간에 들어가면 담당자가 하던 것을 멈추고 오랜 친구
처럼 나에게 인사를 했다. 그들 모두 나에 대해 알고 있었다. 그들
은 하나같이 드디어 나를 만나서 영광이라고 했다. 나는 뿌듯하기
도 하고 왠지 모르게 멋쩍기도 해서 얼굴이 홍당무가 되었다.

〈노스 카운티 부모/자녀 센터〉를 본 내 느낌은 한마디로 무척
감동적이었다. 센터는 노스 캘리포니아에서 십대 임신율이 가장
낮고, 출생 시 아기들의 체중이 비교적 많이 나간다는 점, 그리
고 영아 사망률과 어린이 학대, 가정 폭력 발생률이 낮다는 점을
자랑했다. 그리고 그 모든 것이 센터의 설립 이사인 메리 맥긴리
덕택이라고 모두가 입을 모아 말했다.

메리는 우리가 함께 내 승합차를 타고 메리의 집으로 갈 수 있
도록 조치를 해 두었다. 메리의 집은 자동차로 45분 떨어진 곳에
있었다. 출발할 때 나는 메리에게 센터와 그곳을 이끌어가는 메
리의 리더십에 굉장히 감동을 받았다는 말부터 했다. 메리는 뿌
듯해하며 미소를 지었다.

"꿈에 그리던 일이에요. 수녀복만 안 입었을 뿐이지, 수녀가

다 됐다니까요. 그런데 웃긴 게 여전히 남편이 옆에 있어야 잠이 오지 뭐예요."

우리는 내륙 도로를 달렸다. 그러는 동안 메리는 지난 17년간 어떻게 살아왔는지 내게 말해 주었다. 대부분 행복한 이야기의 연속이었다.

메리는 1977년에 아들 제어드를 낳았고, 제어드는 이제 밝고 잘생기고 사교성이 좋으며 심성이 좋고 야망이 큰 청년으로 성장했다. 메리와 남편 맬은 제어드를 굉장히 자랑스러워했다.

"인생은 참 묘한 것 같아요. 그중 하나는 '인생을 바로잡을' 두 번째 기회가 실제로 주어진다는 거예요. 그것도 아이들을 통해서 말이죠. 남편도 나도 어린 시절을 행복하게 보내지 못했거든요. 하지만 지금 우리는 제어드와 딸 글로리아를 위해서, 우리가 살면서 받지 못한 모든 걸 해 주게 되더라고요. 그런데 그 효과가 우리 두 사람에게도 긍정적으로 나타나더군요. 우리는 아이들을 키우는 동시에 아직도 그런 보살핌을 필요로 하는 우리 내면의 아이를 키우고 있어요."

포크 가수인 맬의 일은 기복이 심했다. 작곡을 해서 녹음한 첫 앨범이 꽤 성공을 거두었지만 두 번째 앨범은 성공하지 못했다. 메리는 가장 큰 원인이 포크 음악에 대한 대중의 관심이 줄어든 탓이라고 생각했다. 그러나 맬은 '돈벌이가 되는' 일을 거의 늘 한두 가지 했다. 그 당시에는 스쿨버스를 운전하고 있었다. 맬은 계속 음악에서 즐거움을 얻었다. 대체로 메리와 맬은 세월이 흐르면서 더 가까워졌고 서로를 더 인내하고, 더욱 사랑하며 더욱 친밀해졌다고 했다. 두 사람 모두 무척 행복하게 가정생활을 했다. 함께 저녁을 먹고, 제어드의 고등학교 농구 경기(제어드는 스타팅 가드였다)를 보러 가고, 교회 예배에 참석하는 소박하고 일상적인 행사를 즐겼다.

"네, 마침내 돌아왔어요. 교회를 오랫동안 떠나 방황하지는 못하는 법이에요. 교회는 감옥 같아요. 늘 사람을 다시 붙잡아두죠."

메리는 여학생처럼 키득키득 웃었다.

"농담한 거예요, 로비. 사실 나는 영국 성공회 교도가 되었어요. 원죄를 인정하지 않는 가톨릭교라고 할 수 있죠. 하지만 의식은 그대로예요. 그 의식이 여전히 내 마음을 편안하게 해줘요. 그리고 기본적인 거 있죠? 네 이웃을 사랑하라는 거. 그것이 제 인생에서 가장 큰 기쁨을 줘요."

메리는 지역의 성공회 교구 목사 웨슬리 걸크와 가깝게 지냈다고 말했다. 이윽고 메리는 주일학교 책임자가 되어 걸크가 가난한 사람들과 노인들을 위해 다양한 교회 봉사활동 프로그램을 시작하는 일을 도와주었다. 그러나 몇 년 뒤에 걸크는 갑자기 그곳을 떠나 샌프란시스코에 있는 교회의 교구 목사가 되었다.

"걸크는 인정사정없이 나를 떠났어요. 어느 날 우리는 식사 배달 서비스 프로그램을 시작할 계획을 세우고 있었어요. 그 다음 날 걸크가 가버린 거예요. 그게 좀 마음에 상처가 되었어요."

메리가 착잡해하며 말했다.

도로가 좁아지더니 언덕을 따라 유레카의 북쪽으로 빙글빙글 돌았다. 웨슬리 걸크에 대한 메리의 이야기는 왠지 친숙하게 들렸지만 나는 그 부분에 대해서는 아무 말도 하지 않았다. 우리는 몇 분 동안 조용히 차를 몰고 갔다. 그러고 나서 메리가 자신의 직업에 대해 이야기하기 시작했다.

제어드가 태어나고 나서 얼마 뒤에 메리는 대학원으로 돌아가서 전문 간호와 병원 운영에 관한 학위를 받았다. 대학에서 쓴 논문을 계기로 '휴대용' 의학 사전과 종합 간호 참고 문헌 목록을 쓰는 일을 했다. 메리는 그 저작권으로 코블에 있는 집을 살 수 있었다. 많은 세월을 시간을 쪼개 조산사로 일하고 개인 가정에서 간호를 했다. 또한 그 지역의 2년제 대학에서 강의를 했다. 그러나 5년 전에 〈노스 카운티 부모/자녀 센터〉를 설립할 기회가 생긴 뒤로 전적으로 센터에서 일했다.

"센터는 두루 인정을 받았어요. 주지사로부터 명판을 받고, 여러 신문에 논평 기사가 실렸어요. 지역사회 돌봄 서비스 분야에서 다른 지역을 위해 우리가 전례를 마련한 셈이죠."

나는 메리에게 메리가 이룬 성과가 굉장히 자랑스럽다고 다시 말했다. 그러자 메리는 고맙다는 뜻으로 내 손등을 토닥거렸다.

그 오랜 세월, 맬과 메리는 아이를 한 명 더 낳으려고 노력했지만 뜻대로 되지 않았다. 그러다가 메리가 센터를 시작하고 1년 뒤에 센터의 보육실에 오게 된 세 명의 위탁 아동 중 한 명에게 새로운 집이 필요하게 되었다. 그 아이가 글로리아였다. 맬과 메리는 가능한 한 빨리 글로리아를 입양했고, 그 뒤로 한 가족이 되었다.

"이 세상에 어떤 일이든 문제가 있기 마련이더라고요. 우리가 글로리아를 입양하기 전에 글로리아는 끔찍한 학대와 방치를 당한 징후가 보였어요. 한때 글로리아와 나는 그 문제를 해결하려고 함께 심리치료를 받았어요. 하지만 진정으로 치유되는 유일한 길은 물론 오랜 세월 안아주는 거예요. 그 아이가 맞고 버텨온 세월, 잠긴 방에 혼자 남아 있던 시간 그 이상 수없이 많이 안아주는 거죠."

메리가 느닷없이 미소를 짓더니 말을 이었다.

"우리 집에선 포옹을 얼마나 많이 하는지 몰라요. 제어드는 이제 그런 걸 좀 거북해하는 나이가 되었어요. 제어드가 그러더군요. 그 습관을 버리려고 노력 중이래요. 포옹 중독자 모임에 가입한다더군요."

나는 메리와 함께 웃었다. 메리는 창문을 내리고 얼굴에 불어오는 저녁 공기를 쐬었다.

"당신을 만나서 얼마나 행복한지 몰라요! 난 정말로 당신이 무척 좋아요. 우리 가족 모두 당신을 아주 좋아해요. 우리는 감사하게 생각하고 있어요."

나는 뭐라고 대답을 해야 할지 도무지 생각이 나지 않았다. 왠지 모를 불편함이 다시 찾아왔다.

"내가 빌리 도나휴에 대해서 당신한테 말 안 했죠?"

그 순간이 어색했던지 메리가 활기찬 목소리로 다짜고짜 물었다.

"네. 그 사람이 누군데요?"

"아버지가 고등학교 때부터 가장 친했던 친구예요."

메리는 도나휴와 어떻게 연락이 닿았는지 내게 말했다. 메리의 어머니가 고등학교 동창회 위원회를 위해 졸업생을 추적하는 에이전시에서 편지를 받은 모양이었다. 메리의 어머니는 남편이 20여 년 전에 세상을 떠났다고 답장을 썼다. 어머니가 메리에게 그 편지 이야기를 하자 메리는 동창회 위원회에 아버지의 옛 친구들을 만나고 싶다는 내용의 편지를 썼다. 그렇게 해서 메리는 비행기를 타고 동쪽으로 가서 뉴헤이븐에서 빌리 도나휴와 그의 가족과 함께 저녁 식사를 했다.

메리가 나에게 말했다.

"우리는 금세 마음이 통했어요. 빌리는 학생 시절의 아빠와 자신에 대해 엄청나게 많은 이야기를 해주었어요. 미식축구 팀, 데이트 하던 여학생들, 모든 것에 대해. 처음으로 아빠가 살아 있는 것처럼 느껴졌어요. 그리고 또 어땠는지 알아요? 나는 빌리가 마음에 들었어요. 빌리에 대해 들은 이야기도 좋았고요. 그래서 빌리와 나는 놀랍게도 편지를 주고받기 시작했어요. 빌리와 빌리의 아내는 이곳으로 몇 번 우리를 만나러 왔어요. 우리는 서로 크리스마스 선물과 생일 선물을 보냈어요. 빌리가 2년 전에 세상을 떠나기 바로 전까지."

또 그 이야기였다. 그러나 나는 이번에도 아무 말도 하지 않았다.

"로비, 당신이 무슨 생각하고 있는지 알아요! '메리가 아직도 아버지를 찾고 있군. 처음에는 웨슬리 걸크, 그 다음에는 빌리 도나휴. 메리는 아직도 아버지에 집착하고 있어.' 내 말이 맞죠?"

메리가 쾌활하게 말했다.

"비슷해요."

나는 미소를 지으며 대답했다.

"예전과 달라진 점이 있다면 이제는 내가 하고 있는 일을 의식한다는 거예요. 알고 보니 나 같은 여자들이 많더라고요. 그래서 그 주제에 관해서만 학술지를 쓰고 있어요. 인용문과 이런저런 글을 쓰죠. 낸시 프라이데이의 글에서 발췌한 인용문이 가장 좋더라고요. '아버지가 없었던 우리들에게 선생님들과 지도자들은 거부할 수 없는 존재죠.' 그 문장 안에 거의 모든 내용이 압축되어 있잖아요?"

메리가 말했다.

우리는 코블에 도착했다. 메리는 나에게 집으로 가는 길을 알려주었다. 메리의 집은 비교적 가난한 동네에 있고 지붕널이 깨진 단층의 작은 집이었다. 나는 진입로에 있는 가족의 픽업트럭 뒤에 주차했다. 그런 다음 문을 열려고 하는 찰나에 메리가 내 손에 자기 손을 얹으며 나직이 말했다.

"로비, 한 가지 할 말이 있어요. 지금 해야겠어요. 내가 나름 정리한 이론이 있어요. 모든 사람은 다른 모든 사람에게 영향을 미쳐요. 하지만 어떤 사람들은 다른 사람들보다 더 많은 영향을 미치지요. 부모나 성직자, 심리치료사, 간호사 같은 경우가 그래요. 당신은 나한테 어마어마한 영향을 주었고, 이제 내가 다른 사람들에게 그런 영향을 주고 있어요. 어머니들과 내가 함께 일하는 가족들에게요. 그러니까 그런 영향이 점점 퍼져 나가는 거죠. 맬은 그것을 가리켜 선善의 낙수 효과 이론이라고 불러요. 낙수 효과 경제 이론 중에 우리와 관계된 건 그것뿐이라고 맬이 말하더군요."

"고마워요."

내가 말했다.

"고맙긴요."

메리는 그렇게 말하더니 내 볼에 또다시 입을 맞추었다.

맬과 제어드, 글로리아가 주방에서 우리를 기다리고 있었다. 식탁에는 멋진 저녁 식사가 차려져 있었다. 그들은 오후 내내 통닭구이와 으깬 감자, 아몬드를 곁들인 강낭콩, 크랜베리 소스, 배 모양의 그릇에 담긴 걸쭉한 크림 같은 그레이비(고기를 익힐 때 나온 육즙에 밀가루 등을 넣어 만든 소스_옮긴이)를 요리해서 준비해 두었다. 농담을 잘하는 편안한 가족과 함께 있으니 딸들과 함께 살았을 때의 내 가족이 생각났다. 가족 모두가 내가 여행한 다양한 지역에 대해 이런저런 질문을 쏟아냈다. 유일하게 심각한 질문을 한 사람은 어린 제어드였다. 제어드는 내가 여행을 하는 목적에 대해 들어서 알고 있었다.

"그래서 평결이 어떻게 나왔나요? 심리치료가 효과가 있는 건가요?"

제어드가 내게 물었다.

메리가 나를 진지한 눈빛으로 바라보고 있었다.

"모르겠어. 아직 증거를 다 모으지 못했어."

"효과가 있고말고요!"

메리가 끼어들었다.

"효과가 있을 때만 효과가 나타나는 게 아닐까요."

맬이 말했다.

"발음하기 어려운 구절이네요."

내가 말했다.

"네, 아빠는 항상 구구절절 이야기하지요."

글로리아의 말에 우리 모두 웃음을 터뜨렸다.

저녁 식사를 한 뒤에 맬이 바로 주방 식탁에서 기타를 꺼내어 최근에 직접 작곡한 노래를 두서너 곡 불렀다. 그중 한 노래가 특히 매력적이었다. 풍자적인 부드러운 포크 발라드로 제목이 〈패밀리 맨〉이었다. 승합차에서 내 기타 케이스를 본 메리가 나에게 기타를 가져오라고 재촉했다. 많이 구슬릴 필요도 없었다. 맬과 나는 필 오크스와 밥 딜런의 옛 노래 몇 곡을 함께 불렀다.

멋진 저녁이었다. 메리가 나와 함께 승합차로 걸어와 잘 자라는 인사를 했을 때 나는 메리에게 멋진 저녁을 보낼 수 있게 해 줘서 고맙다고 말했다. 달빛 아래에서 본 탓에 확실하지는 않지만 메리의 얼굴이 붉어졌던 것 같았다.

나는 남서쪽에 있는 모텔을 며칠 동안 알아본 끝에 메리가 추천한, 아침식사를 제공하는 코블 인에 머물기로 했다. 주인은 별이 총총한 하늘 아래 목초지가 보이는 넓은 방을 내게 주었다. 나는 한참 동안 샤워를 하고 가운을 입고 더블 침대에 누었다. 왠지 모를 불안감이 다시 밀려들었다. 사실 종일 자꾸 그런 기분이 들었다.

메리가 내게 보여준 것처럼 행복하고 강인하게 삶에 잘 적응하고 있다는 것을 내가 의심했을까?

사실 그렇지는 않았다. 메리는 어느 모로 보나 아주 진솔해 보였고 가식은 전혀 없어 보였다. 메리의 딸, 입맞춤, 일에 대한 자부심의 표현, 자신에게 주어진 모든 것에 감사한다는 말. 그 가운데 거짓된 몸짓이나 머리를 굴려 나온 답변은 하나도 없었다. 그런데 무엇이 마음에 걸리는 걸까?

메리가 끊임없이 아버지를 대신할 사람을 찾아서일까? 그것은 분명 감정이 아직도 해소되지 않았다는 사실을 보여주는 것이었다. 그러나 메리는 평생 아버지를 갈망하던 마음을 인식함으로써 많은 변화가 일어났고, 그 마음이 신경증적 충동의 영역을 벗어났다고 주장했다. 메리는 그 갈망은 메리의 인생에서 일어난 엄연한 사실이고, 그러한 사실은 사라지지 않으며, 당사자가 할 수 있는 것이라고는 그러한 사실을 인식하고 그것을 감수하는 법을 배우는 것이라고 말했다. 나 역시 메리와 같은 생각이었다.

나에 대한 메리의 강한 애착 때문에 불안한 마음이 들었던 걸까? 그 애착과 끊임없이 고마워하는 마음 때문에?

아무래도 그것 때문인 것 같았다. '너무 좋아서 믿어지지 않는다'는 생각이 머릿속에 맴돌았다.

그러나 그건 또 무슨 소리인가? 심리치료사가 갑자기 겸손해져서 부끄러움을 타는 것인가? 아, 이런. 부인, 저는 정말 한 게 아무것도 없어요.

아무튼 내가 이렇게 전국 곳곳을 여행하는 목적은 무엇일까? 가슴 한켠에는 적응을 잘해서 행복하게 사는 옛 내담자들이 진심을 담아 '고맙습니다, 선생님. 덕분에 내 인생이 달라졌어요.'라고 말해주기를 바라는 마음이 깔려 있는 건 아니었을까?

아니면 나 역시 어떤 소망을 마음에 품을지 신중해야 했을까?

메리는 그 다음 날 아침 여유롭게 아침 식사를 하기 위해 코블인에서 나를 만났다. 우리는 주로 메리의 일에 대해 이야기를 했다. 메리는 목회 상담(상담자인 목회자가 성서에 근거하여 피상담자의 여러 문제를 듣고 해결해주는 것_옮긴이) 수업을 듣고 있었다. 나는 목회 상담 이야기에 귀가 솔깃해졌다.

"내 수업 중에 사람들과 가까워지는 것에 관한 두려움에 대해 이야기를 나누는 내용이 있어요. 그런데 당신과 상담을 하기 전에는 내가 어느 누구와도 결코 가까워지지 못했다는 사실이 저절로 떠오르더군요. 내가 당신과 상담하면서 배운 것은 가까워지는 것이나 누군가를 잃는 위험, 그리고 그것이 수반하는 고통을 감수하는 것이 괜찮다는 사실이었어요. 왜냐하면 가장 중요한 것은 그 관계이지 그것을 잃는 두려움이 아니니까요."

보람이 있었다. 우리가 오랫동안 심리치료를 하면서 끝도 없을 것 같던, 침묵이 흐르던 부정적인 시간을 인내한 보람이 있다는 생각이 들었다.

나는 10시경에 메리가 손목시계를 두서너 번 확인하는 것을 보았다. 나는 사람들이 센터에서 메리를 기다리고 있는지 물었다. 메리는 마지못해 그렇다고 대답했다. 나는 곧 떠나야 한다고 메리에게 말했다. 나는 메리를 메리의 트럭까지 바래다주었다.

"로비, 당신이 여기 온 뒤로 당신한테 꼭 묻고 싶었던 질문이 있어요. 내가 당신한테 걸었던 그 무시무시한 유령 전화 기억해요?"

메리가 느닷없이 물었다.

"그 일을 어떻게 잊겠어요?"

"당신한테 이 말은 한 번도 안 했는데, 그때 당신이 정말 걱정스러웠어요. 당신이 아주 화난 것 같더라고요. 당신은 내가 한 번은 카를로스라는 이름의 어떤 사람이라고, 또 한 번은 롤프라는 사람이라고 생각했죠. 도대체 그 사람들은 누구였어요?"

나는 웃음을 터뜨리고는 메리에게 자초지종을 말해 주었다.

우리가 작별 인사를 할 때 메리는 눈물을 글썽였다.

나는 집으로 향했다. 마지막 목적지인 파리로 떠나기 전에 하루나 이틀 집에서 지낼 생각이었다. 최대한 빨리 뉴욕에 가고 싶은 마음이 굴뚝같았다. 여행을 시작한 뒤에 처음으로 집이 조금 그리워지기 시작했다. 론 레인저(미국 TV · 영화 등의 서부극의 주인공_옮긴이) 노릇에 한계가 온 모양이었다.

나는 아이다호 어딘가에 있는 모텔 방에서 앤에게 전화를 했다. 앤은 불과 몇 시간 전에 메리 맥긴리로부터 전화를 받았고, 메리가 완전히 제정신이 아니었다고 나에게 말했다. 메리는 내가 당장 연락을 해 주기를 원했다.

나는 앤과 통화를 마친 뒤에 몇 분 동안 기다렸다가 코블에 전화를 걸었다. 애초부터 내담자들을 찾아간 것이 잘못이라고, 엄청난 잘못이라고 또다시 혼잣말을 했다. 설사 옛날 내담자들이 내가 오는 것을 환영한다고 하더라도 나는 그들의 인생에 다시 끼어들 권리가 없었다. 이 여행을 시작하기 전에 왜 그런 사실을 깨닫지 못했을까?

"여보세요?"

"메리? 로비예요. 아케렛 박사."

"어머나, 세상에, 로비. 정말 미안해요. 정말…… 정말 미안해요!"

메리가 말을 더듬었다.

"뭐가 미안해요? 무슨 일이에요, 메리?"

"당신 물건을 훔쳤어요. 미안해요."

"메리, 그건 오래전 일이잖아요. 다 끝난 일이에요."

"아니요. 당신 기타 피크요. 당신이 여기에 있을 때 내가 당신 기타 케이스에서 훔쳤어요."

나는 어안이 벙벙해서 전화기를 물끄러미 바라보았다. 내 기타 피크?

"그렇게 오랜 세월이 흘렀는데도 아직도 그 문제가 없어지지 않았어요."

메리가 말했다.

나는 나도 모르게 갑자기 웃음이 터져 나왔다. 나는 메리가 내 웃음소리를 듣지 않도록 전화기를 손으로 가리다가 그러지 않기로 했다. 아니야, 그냥 듣게 내버려두자!

"왜 웃는 거예요?"

메리가 화가 나서 퉁명스럽게 물었다.

"당신 때문에요! 성자 메리!"

내가 말했다.

"나는 성자 메리가 아니에요!"

메리가 소리쳤다.

"그렇죠. 당신은 성자 메리가 아니잖아요? 그러니 얼마나 다행이에요! 그렇지 않아도 당신이 아주 완벽하다는 생각이 들어서 섬뜩했거든요."

내가 말했다.

"무슨 말을 하는 거예요?"

"이제 캘리포니아에서 다시 착한 소녀 콤플렉스가 발동한 거잖아요. 그걸 받아들이기가 좀 힘들었거든요. 너무 완벽해서 믿어지지 않았어요."

내가 말했다.

"하지만 나는 정말 행복해요. 일, 가족. 내가 사는 모습을 고스란히 보여준 거예요, 로비."

메리가 항의했다.

"알아요. 그냥 완벽하지는 않다는 거예요. 또 완벽할 필요도 없고요. 당신을 위해서나 나를 위해서나. 그래서 당신 도벽이 발동한 게 아닌가 싶어요. 마치 그 일이 일어나서 우리 둘 다 그 사실을 인식하게 되었잖아요. 우리 둘 다 자유롭게 해 주잖아요."

"우리 둘 다요?"

메리가 물었다.

"네. 나도 성자 로비로 산다는 것이 영 거북스럽거든요."

내가 말했다.

우리는 그날 밤 무려 한 시간 반 동안 통화를 했을 것이다. 통화를 하면서 메리의 인생에 대해 철저히 새로운 면을 알게 되었다든지 엄청난 고백을 듣지는 않았던 것 같다. 그러나 우리가 나누는 대화의 분위기가 훨씬 더 현실적으로 바뀌어 있었다. 내가

290

메리와 함께 보내는 동안 머릿속을 맴돌았던, 너무 완벽해서 믿어지지 않는다는 생각은 이제 버려야 했다. 성인이 아닌 평범한 인간과 교류하는 것이 훨씬 더 부담이 없다.

나는 그날 밤 잠이 들기 직전 예전에 능력 있는 정신분석가 프리다 프롬 라이히만으로부터 들은 한 이야기가 문득 떠올랐다. 피가 날 때까지 항상 발을 뜯는 여자 내담자가 있었다. 심리치료가 진행될수록 이 내담자는 급격히 바뀌었지만 마지막 상담 시간까지 계속 잔인하게 발을 뜯었다. 프롬 라이히만 박사가 내담자에게 많이 나아졌는데도 왜 그런 자해 행위를 습관적으로 계속하느냐고 묻자 그 내담자는 이렇게 대답했다.

'이걸 해야 옛날에 내가 어땠는지 잊어버리지 않으니까요.'

나는 그날 밤 며칠 만에 숙면을 취했다. 왠지 모를 불안감은 어느 새 없어졌다.

〈미녀와 야수〉라는 동화는
나르시시즘이 매력적으로 보일지 모르지만
만족스러운 삶은커녕
전혀 삶이라고 할 수 없다는 것을 가르쳐준다.

— 브루노 베텔하임, 『마법의 사용』

5 _{PART}

사샤:
작품을 위해
자신의 삶을 희생한 작가

◆

　나는 생제르맹데프레(프랑스의 세느 강 왼쪽 기슭에 있는 파리의 한 지구_
옮긴이) 노천카페에 앉아 있다. 정상正常이라는 개념의 미묘한 차
이가 문화적으로 결정된다는 생각이 머리에서 떠나지 않았다.
실크 셔츠와 풀라드 천(얇은 비단의 일종_옮긴이)으로 된 화려한 색상
의 옷을 입은 70대의 한 프랑스 남자가 내 옆에 앉아 있었다. 남
자는 자기 나이의 절반 정도 되어 보이는, 긴 다리에 미니스커트
를 입고 산책을 하는 여자에게 노골적으로 추파를 던진다.

　이런 탐욕스런 행동은 나이가 들어감에 따라 수반될 수밖에
없는 발기불능에 대한 두려움을 과잉 보상하려는 심리에서 나오
는 것일까?

　젊은 여자는 고개를 돌려 남자를 바라보고 매혹적으로 미소를
짓는다. 한마디 말도 오가지 않지만 두 사람의 시선이 마주칠 때
그들 사이에 어떤 의사가 전달되었을지는 빤하다. 여자는 남자
에게 자신의 섹시한 매력을 인정해 주어 고마움을 표하는 것이
다. 한편 남자는 아름다운 모습을 감상할 수 있게 해 준 여자의
관대함에 고마움을 표하는 것이다. 양쪽 모두 그런 작은 의사 표
현을 할 뿐 상대방에게 아무 기대도 하지 않는다.

　성희롱? 성취향이 불안정하다는 징후?

　Non, mon cher. C'est Paris. Vive la différence!(아니라네,

294

친구여. 여긴 파리라네. 다양성이여, 영원하라!)

길 건너편에 있는 교회 앞에서 젊은 두 사람이 갑자기 걸음을 늦추고 서로 마주보더니 열정적으로 포용을 한다. 두 사람의 입술이 만나고 입이 벌어진다. 행인들이 너그럽게 감상하며 미소를 짓는다.

경계성 노출증? 유치하게 자신의 성적 능력을 입증해 보이고 싶어 하는 욕구, 혹시 잠재하는 동성애를 나타내는 징후?

Non, non, mon cher. C'est le printemps, et la vie est belle.(아니라네, 친구여. 지금은 봄이라네. 삶은 아름답다네.)

나는 카페 '레 되 마고'에서 카페오레를 마시면서 프랑스의 소설가이자 비평가인 사샤 알렉산드로비치가 오기를 기다리며 그런 생각을 했다. 사샤는 26년 전에 도움이 절실히 필요하자 뉴욕에 있는 내 사무실로 찾아왔다. 눈은 충혈되어 있고 심란한 기색이 역력했다. 장소와 사람을 잘못 선택해서 왔다고 전적으로 확신하는 듯했다.

"한 사람의 아내에 대해 쓴 훌륭한 소설은 없더군요."

사샤 알렉산드로비치는 수십 년 전에 내 사무실에 들어와 자리에 앉더니 다짜고짜 그 말부터 했다.

"나는 진솔하지 않은 대화는 사절이에요. 그러니 몇 가지는 분명히 해 둡시다."

사샤가 말을 이었다.

"나는 당신이 여기에서 무슨 일을 하는지 알아요. 당신이 말로 하는 뇌엽절리술에 대해 안다고요. 당신은 우리 모두를 행복하고 시답잖은 사람으로 기꺼이 만들겠지요. 아무 생각 없이 듣기 좋은 말을 하는 사람에게 만족스런 미소를 지어 보이고, 대수롭지 않은 아내와 아이들과 일에 만족하게 하겠지요. 단조롭고 평범한 자질구레한 삶에 만족하게 하겠지요. 아케렛 박사, 사람들이 당신을 정신과 의사(shrink, '정신과 의사'라는 뜻과 '줄인다'는 뜻이 있음_옮긴이)라고 부르죠? 당신은 내 정신을 줄여 놓고 정신 건강을 찾았다고 하겠지요! 내 열정을 줄여놓고 정상으로 돌아왔다고 하겠지요! 당신은 아마 내 남성성 역시 줄이겠지요. 그렇게 하면 내가 집에 있는 시간이 많아져 문제를 일으키지 않을 것이고, 결국 위험에 빠지지 않을 거라고 생각해서 말이에요. 하지만 이건 꼭 아셔야 해요. 나는 위험한 순간을 즐기며 살아요! 위험한 순간에 삶의 의욕이 생긴답니다! 그것은 내 인생을 살맛나게 만들어 주고, 내 창의력의 초에 붙이는 불이라고 할 수 있지요. 잘 들어요, 부탁이에요. 위험은 내 인생의 활력소예요. 비극은 나의 뮤즈예요. 그런 것을 내 인생에서 빼낼 생각은 하지도 마요. 다시 말하는데, 한 사람의 아내에 대해 쓴 훌륭한 소설은 없어요!"

사샤는 굉장히 소양 있는 장광설을 열정적으로 늘어놓았다. 동시에 손가락이 긴 두 손을 정신없이 움직이고, 강렬한 검은 눈으로 내 눈을 줄곧 꿰뚫어 보았다. 사샤는 키가 크고 몸이 약간 구부정하고 머리가 텁수룩하고 볼에 주름이 진 사내였다. 그 당시로서는 촌스러운 헐렁한 바지에 맨 위의 단추 세 개는 채우지 않은 짙은 파란색 셔츠, 목에 헐렁하게 두른 실크 크라바트(넥타이처럼 매는 남성용 스카프_옮긴이) 차림이었다. 나는 사샤가 도착하기 전에 사샤가 불어권에서 저명한 소설가이자 비평가라는 사실을 알고 있었다. 그러나 사샤가 영어로 그렇게 사람의 혼을 쏙 빼듯이 말하리라고는 예상하지 못했다. 사샤는 예인 같았고, 내가 치료한 대부분의 예인들처럼 나르시시즘에 빠져 있는 듯했다.

"정확히 어떤 이유로 여기에 왔나요?"

내가 상냥하게 물었다.

"내가 죽었기 때문이에요."

사샤가 바닥을 내려다본 채 대답했다.

"당신이 죽었다고요?"

"네. 나는 열흘 전에 죽었어요. 어머니가 돌아가신 순간 살 의지를 잃었어요. 나는 마비 상태이고 공허하고 하찮은 사람이에요. 아무 느낌도 없고 아무것도 하지 않아요. 글도 한 줄 못 써요. 지금은 목숨이 붙어 있으니까 살고 있는 거예요."

나는 사샤가 계속 말하기를 기다렸다. 그날 아침, 토요일에 사샤가 나에게 전화를 했을 때 사샤는 한시바삐 긴급 상담을 해 달라고 간청했다. 공포에 질린 숨 가쁜 목소리였다. 열흘 동안 '울부짖고' 있다고 했다. 사는 의미를 더 이상 모르겠다고도 말했다. 이 긴박한 상황을 연출한 것이 주말에 나와 긴급 상담을 하기 위한 연극에 불과했을까? 아직 대면하지 못한 심리치료사와 관계를 맺기 전에 기선 제압을 한 걸까? 설사 그렇다고 하더라도 그것이 도움을 청하는 심각한 외침이었던 건 변함없는 사실이었다. 나는 그날 하루가 끝날 무렵에 사샤에게 한 시간을 내주었다.

"어머니가 어떻게 나한테 이럴 수가 있죠? 어떻게 이 세상에 나를 혼자 내버려두고 갈 수가 있냐고요? 외아들을 말이에요! 내가 어머니를 얼마나 사랑하는지 다 알면서. 내가 아직도 할 일이 얼마나 많은지 알면서! 좀 더 기다려줄 수 있었잖아요!"

사샤는 이제 오열하며 말했다.

나는 못 믿겠다는 듯한 미소를 억누르며 사샤 알렉산드로비치를 가만히 바라보았다. 세계적인 문인인 마흔 살의 이 남자의 말투는 버릇없는 다섯 살 사내아이와 아주 흡사했다.

"기다려 줄 수 있었다고요?"

나는 사샤의 말을 그대로 따라했다.

"그래요! 어머니는 내가 죽을 때까지 기다렸다가 돌아가실 수도 있었다고요!"

사샤가 고함을 쳤다.

'나르시시즘'이 있을 수 있다는 가능성이 확신으로 굳어질 것 같았다.

사샤는 한밤중에 어머니가 세상을 떠났다는 소식을 들었던 일에 대해 계속 이야기했다. 사샤는 자다가 깨는 것을 싫어했다. 그래서 이중문이 있고 덧문이 달린 자기 방에서 혼자 잤다. 아내가 사샤의 방에 들어와 사샤를 흔들어 깨우고는 파리에 있는 사샤의 누이로부터 온 전화를 받으라고 했을 때 사샤는 아내에게 소리를 질렀다. (나는 그때 처음 사샤에게도 아내가 있다는 이야기를 들었다.) 사샤의 누이는 사샤에게 어머니가 가벼운 수술을 받은 뒤에 합병증으로 돌아가셨다고 알렸다. 그 말에 사샤는 전화기를 내동댕이치고 잠옷을 입은 채 지하로 달려갔다. 그런 다음 바닥에 엎드려 밤새도록 '개처럼 울부짖는' 바람에 딸들까지 깨웠다.

"딸이 몇 명이죠?"

나는 살며시 끼어들어 물었다.

"지금 그게 중요한가요?"

사샤가 쏘아붙였다.

"그냥 몇 명인지 궁금해서요."

나는 무표정한 얼굴로 대답했다.

사샤는 의심하는 눈초리로 나를 주시했다.

"당신은 뭐하는 사람인가요? 코미디언? 스탠드업 코미디를 하는 정신분석학자?"

사샤가 조롱하듯 웃고는 말을 이었다.

"그 말이 정답이네요, 안 그런가요?"

"딸이 몇 명이죠? 두 명, 세 명?"

나는 똑같은 질문을 했다.

"두 명이요! 이런 격 떨어지는 질문은 하고 싶지 않지만, 그런 질문을 왜 하는 거죠?"

사샤가 퉁명스럽게 물었다.

"그냥 궁금해서요. 어머니가 당신 혼자 놔두고 떠나셨다고 말하기에."

내가 어깨를 으쓱하며 대답했다.

사샤가 독기 어린 눈으로 나를 빤히 바라보았다. 그러더니 빈정대며 조롱하듯 말했다.

"이런, 세상에, 지금 여기에서 가치 판단을 하는 건가요? 어떤 비열한 놈이 아내와 두 딸이 버젓이 있는데 혼자 남았다고 말할까? 어떤 괴물이 어머니가 돌아가신 마당에 자기 자신만 생각할까 하고?"

사샤는 오른손을 허공에 멈춘 채 극적으로 말을 잠시 멈추었다. 그런 다음 갑자기 그 손을 돌려 집게손가락을 마치 권총인 양 자신의 관자놀이에 댔다. 그러고는 단언했다.

"mon cher!(친구여!), 정확히 이런 괴물! 마치 가족이 생생한 아침 식사용 시리얼인 양 가족을 아름답게 꾸미는, 노먼 록웰 같은 감상적인 필경사가 아니라 진실을 기록하는 사람으로서 내 약속을 지키고 싶다면 내가 버려서는 안 되는 그런 괴물."

사샤는 의자에서 몸을 기울여 이글거리는 자신의 눈을 내 눈 60센티미터 앞까지 들이댔다. 사샤의 눈은 누가 우월한가를 놓고 나와 눈싸움을 하는 것 같았다. 프로이트가 내담자들이 자신과 눈을 마주치지 않고 비스듬히 기대어 앉아 있도록 하는 아이디어를 생각해 낸 이유 중 한 가지가 사샤 같은, 최면을 거는 듯한 눈을 한 내담자들을 보고 나서였다. 하지만 그 기술은 나에게는 맞지 않았다. 나는 늘 단서를 찾기 위해 내담자들의 눈을 읽어야 한다.

"여기는 가치 판단이 적용되지 않는 구역인 줄 알았어요. 악마도 천사도 없는 곳이요. 마음이 괴롭고 고통스러워서 당신의 자상한 손길을 찾는 가엾은 인간들만 있는 곳. 비난은 하지 않고 이해해 주기만 하는 곳."

사샤가 비꼬는 투로 진지하게 말했다.

물론 사샤가 옳았다. 사샤에 대한 내 반응은 비판적이었고, 도덕적인 잣대를 들이대고 있었다. 그러나 나는 일부러 그렇게 했다. 사샤 알렉산드로비치가 자신과 맞닥뜨리는 모든 사람과 모든 상황을 지배해야 직성이 풀리는 사내라는 인상을 받았기 때문이었다. 아무래도 사샤는 어머니에게서 귀에 거슬리는 말은 안 듣고 과한 칭찬을 받으며 양육되었고, 그 뒤로 다른 모든 사람들로부터 그런 반응을 기대했던 것 같았다. 내가 사샤의 주의를 온전히 끄는 유일한 방법은 모든 것을 수용하는 부모 같은, 전통적인 치료사의 역할을 버리는 것이었다. 그것도 사샤가 반사적으로 나를 자신에게 홀딱 빠진 또 다른 팬으로 치부하기 전에 당장 실천해야 했다. 그러기는 해야겠지만 사실 나로서는 쉽지 않은 일이 될 것 같았다. 다른 모든 사람들도 그랬겠지만 나 역시 사샤에게 완전히 매료되었기 때문이었다. 사샤 알렉산드로비치는 사람의 마음을 사로잡을 만큼 달변가였다. 달변가와 함께 있는 시간을 귀하게 여기지 않는다고 말하는 심리치료사가 있다면 그것은 정직하지 않은 답변일 것이다. 사실 우리 심리치료사들은 사람들이 하는 이야기에 귀를 기울이는 일을 하기도 하지만, 치료법에 대한 생각을 떠나 고급스런 입을 판별하는 감정가이다.

"괴물이라고 해도 나는 괜찮아요. 당신이 정말 사실만을 이야기한다면."

나는 깊이 생각하지 않고 말했다.

"좋아요. 사실만 말하죠. 하지만 프로이트 학설에 끼워 맞추지 않으면 좋겠어요. 꿈을 해석하지도 말고. 그리고 내 무의식에 대해 말도 안 되는 소리 좀 하지 말아줘요!"

나는 사샤를 치료하는 조건을 두고 협상할 생각은 없었다.

"당신이 하고 싶어 하지 않는 걸 내가 무슨 수로 시키겠어요."

나는 애매하게 대꾸했다.

사샤는 나에게 고맙다는 미소를 지어 보였다. 사샤는 나를 완벽하게 시험했고, 나는 시험을 통과했다. 적어도 지금까지는.

나는 사샤에게 그동안 살아온 인생에 대해 짤막하게 이야기해 달라고 요구했다. 사샤는 기꺼이 입을 열었다.

사샤는 1928년에 파리에서 태어났다. 나도 같은 해에 취리히에서 태어났다. 사샤의 어머니 소냐는 사샤가 태어난 순간부터 아들에게 집착적으로 헌신했던 것 같다. 러시아 태생인 소냐의 부모는 소냐가 딸이라는 이유로 학교 교육을 시키지 않았다. 게다가 소냐는 사샤의 아버지 테오와 중매결혼을 해서 두 사람 사이에는 사랑이 없었다. 그래서 소냐는 애정뿐만 아니라 자신의 모든 야망과 기대도 외아들에게 쏟아부었다.

"내가 예닐곱 살 정도 됐을 때 어머니는 내가 작가, 훌륭한 작가가 될 거라고 내게 장담했어요. 어머니는 평소의 내 이름은 안드레지만 진짜 이름은 사샤 표도르라고 했어요. 그러면서 사샤라는 이름은 내 첫 책이 출간될 때까지 쓰지 말아야 한다고 했어요. 나는 그 이름을 얻어 내야 했고, 실제로 해냈지요."

사샤는 사무적으로 나에게 말했다.

소냐는 감각적인 삶과 상상의 삶이 신비하게 엮여 있다고 믿었다. 그래서 소냐는 아들이 참여할 감각적인 시나리오를 끊임없이 엮었다.

"어머니에게는 하다못해 대변을 보는 것도 신비롭고 마법 같고 감각적인 모험이었어요. 어머니는 대변보는 일을 아주 상쾌한 경험으로 만들었어요. 어머니는 나에게 더 이상 한순간도 참을 수 없을 때까지 미루고 기다렸다가 확 터뜨리는 짜릿한 기술을 가르쳤어요. 지금도 시간이 있을 때는 그 기술을 연습해요."

이것은 내가 알기로 화장실 훈련 역사상 틀림없이 새로운 내용이었다. 나중에 사샤는 어머니가 자신의 직장에 체온계를 자주 삽입해서 일정한 시간에 볼일을 볼 수 있도록 했고, 그 시간을 몹시 기다리게 되었다고 덧붙였다.

사샤는 여섯 살이 되었을 때 동네 학교에 다니게 되었다. 그런데 알고 보니 그곳은 여학생만 다니는 학교였다.

"어머니는 여학교를 다니는 것이 공부에 더 도움이 된다고 생각했어요. 학교 측에서 왜 규정을 어기고 저를 받아주었는지 모르겠어요. 하지만 보나마나 나를 받아주는 것 자체가 엄청난 특권을 누리는 것이라고 엄마가 학교 측을 설득했을 거예요.”

사샤가 조금도 비꼬는 기색 없이 말했다.

“그 학교에 대해 기억하는 거 있어요?”

“그럼요.”

사샤가 한쪽 눈썹을 치뜨고 음흉한 미소를 내게 보이며 대답하더니 말을 이었다.

“학교에서 처음으로 passion de coeur(심장이 뜨거워지는 것)를 느꼈어요. 마리라는 이름의 여자아이였죠. 금발에 큐피드 입술이 매력적이었어요. 그리고 점퍼 스커트 안에 감춰져 있는 곧게 뻗은 날씬한 몸은 보기만 해도 흥분이 되었어요.”

“그때가 몇 살이었나요?”

사샤가 웃음을 터뜨리더니 대답했다.

“여덟 살밖에 안 됐어요. 나는 조숙한 사랑꾼이었거든요! 안좋게 끝났지만. 내가 마리에게 입맞춤하는 것을 마리가 거부했을 때 봉헌된 양초에서 뜨거운 촛농이 마리의 점퍼 스커트 위로 떨어졌어요.”

그 말은 사샤가 여자들을 조숙하게 사랑했을 뿐 아니라 조숙하게 괴롭히기도 했다는 내 첫 단서였다.

사샤는 잠시 뒤에 말을 이었다.

“나는 허약한 아이였어요. 위장에 계속 탈이 났어요. 그래서 엄마는 나를 위해 특별한 식단을 짜서 에나멜 팬에 요리해 주었어요. 나는 아직도 그 팬을 가지고 있어요. 아내 자넷이 그 팬에 제가 먹을 음식을 요리하죠……. 전쟁 중에는 우리 모두 숨어 살았어요. 그래서 어머니는 나에게 맞는 식단을 해 주기가 아주 힘들었지요."

독일이 점령하는 동안 사샤의 가족은 파리에 있는 창고의 창문 없는 다락방에 2년 동안 숨어서 지냈다. 그런데 놀랍게도 그 사실을 밝히게 된 계기가 사샤의 특별한 식단에 관한 이야기를 하면서 곁들인 설명 때문이었다. 그러니까 그 말에 숨은 명백한 의도는 제2차 세계대전의 가장 심각한 희생자 중 하나는 어린 사샤 알렉산드로비치의 민감한 위장이라는 것이었다. 이 사내의 나르시시즘은 그 누구와 비교할 수 없을 정도로 굉장했다.

전쟁이 끝나고 4년 뒤에 사샤의 아버지는 결핵으로 세상을 떠났다. 그 당시에 사샤는 열아홉 살이었고, 누이 파울레트는 열네 살에 불과했다. 그해 사샤는 파리 고등사범학교 1학년에 들어가서 서양고전학과 문학을 전공했다.

사샤가 검은 눈을 반짝이며 말했다.

"문학을 하다 보니 아름다운 여자들도 만나게 되더군요. 그 뒤로 문학과 여자는 내 인생에서 떼려야 뗄 수 없는 존재가 되었어요. 여자들의 얼굴이 내 단어이고, 내 단어가 그들의 얼굴이죠. Une belle phrase, une belle visage(여자의 말, 여자의 얼굴). 나는 여자들의 얼굴을 묘사하는 단어의 소리가 정말 좋아요. 동그란 단어, 부드러운 단어. 혀를 간질이는 축축한 단어. 우선 나는 여자들을 집어삼킬 듯 관찰했어요. 그런 다음 여자들을 종이 위에 재창조했어요. 실재하는 것을 환상적으로, 환상적인 것을 실재하는 것으로 만들었어요. 열정적인 내 심장이 내게 영감을 주고, 흥분하는 내 성기가 내 펜이 된답니다. 첫 여자는 모니크였어요. 파리에서 공부하는 루마니아 의대생이었어요. 내분비학, 멋지지 않아요? 호르몬, 사랑과 성행위의 체내 화학 작용. 시체처럼 침대에 가만히 누워서 모니크가 부드러우면서도 강한 손으로 나를 탐색하게 놔뒀어요. 그게 정말 좋았어요. 이곳이 두근거리고 저곳을 꾹 누르고. 굉장히 기분이 좋아요! 모니크는 나를 여기저기 검사하면서 애원해요. 도저히 입에 담을 수 없는 것을 말하고, 탐색이 끝나면 내가 모니크에게 무엇을 해줄 건지 말하라고 애원해요. 모니크의 스타킹을 찢어서 긴 다리에서 벗겨낼 건지 축축해진 성기의 분비물을 빨아낼 것인지. 내분비학자의 호르몬이 볼가 강처럼 흐르게 할 건지. 저속한 볼가 강! 육감적인 외음부! 아! 모니크를 처음 만난 날을 또렷이 기억해요. 나는 '라 쿠폴'에서 커피를 마시고 있었어요. 그때 모니크가 내 옆에 있는 테라스에 앉았어요. 해부학 서적 『그레이즈 아나토미』를 들고 있는 모습을 본 순간 도저히 믿을 수가 없었어요. 그러고는 심장 횡단면을 펴 놓더군요. 맙소사, 그 순간 홀딱 반했지요! 푸른빛이 도는 매력적인 검은 눈. 둥그스름한 아름다운 가슴에 검고 윤기 나는 머리를 한 집시 같은 분위기. 맨살인 긴 다리 하나를 앞으로 쭉 뻗고 나머지 다리는 얌전히 깔고 앉은 채 인간의 심장에 대해 공부하고 있더라니까요! 모니크를 본 순간 사랑에 빠졌어요. 그래서 모니크를 가져야만 했어요. 나는 모니크의 테이블 위로 상체를 숙이고 말했어요. '고동치는 심장을 살펴보고 싶다면 당신을 위해 기꺼이 내 심장을 도려내 주겠어요.'"

나는 손목시계를 힐끗 보았다. 사샤와 약속된 시간에서 이미 10분이 초과되었다. 사샤 뒤에 예약된 내담자가 없었고, 집에 급히 가야 할 일도 없었다. 그러나 그 시점에서 전략상 사샤의 제왕적인 자아에 한계를 두고 싶었다. 또한 사샤가 그동안 살면서 만난 다른 모든 사람들은 사샤가 자기 하고 싶은 대로 하도록 선뜻 내버려 두었지만 그들과는 달리 나는 그럴 생각이 없다는 것을 사샤가 알게 하고 싶었다. 그러나 사샤가 한창 이야기를 하고 있는데 무슨 수로 중단시킬 수 있을까? 아니 더 적절한 표현을 하자면, 이 맛깔스런 이야기의 결말이 너무 궁금한데 내가 거기에 푹 빠지지 않고 어떻게 교묘히 빠져나올 수 있을까?

사샤는 내가 손목시계를 확인하는 모습을 보았다. 사샤가 앞으로 몸을 숙이고는 극적인 눈빛으로 나를 빤히 바라보았다.

"모니크가 미소를 짓더니 조금도 망설이지 않고 대답했어요. '내 가방에 메스가 있어요, 검은 눈의 친구.' 그 말에 나는 셔츠를 홱 열어젖혔고……."

"오늘은 여기까지 해야겠어요."

내가 살며시 끼어들었다.

사샤는 믿을 수 없다는 표정으로 잠시 동안 나를 물끄러미 바라보았다. 그런 다음 미소를 짓더니 내 말을 못 들은 듯 계속 이야기를 했다.

"나는 모니크의 손을 움켜쥐고 그 손을 두방망이질 치는 내 가슴에 갖다 대고 눌렀어요……."

나는 벌떡 일어서서 내 사무실 문을 빤히 바라보았다.

"다음에 하지요."

내가 말했다.

사샤의 얼굴이 벌게지고 눈은 튀어나올 것 같았다. 사샤는 가만히 앉아 있었다.

"한 사람의 아내에 대해 쓴 훌륭한 소설은 없어요!"

사샤가 고함쳤다.

"알아요, 압니다. '행복한 가족들이 전부 다 그렇지요, 뭐.' 안 그래요?"

나는 사무실 문을 열며 지친 목소리로 말했다.

사샤가 고개를 푹 숙였다. 그 순간 모든 활력과 모든 격정과 모든 매력이 동시에 사라졌다. 사샤는 몹시 불행해 보이고 연약해 보였다. 맹목적으로 사랑하는 어머니에게 무시당한 조숙한 어린아이 같았다. 사실 그것이 사샤에 대한 정확한 느낌이었던 것 같다.

"앞으로 이야기할 시간은 많잖아요."

나는 위로하듯 말했다.

사샤는 일어서서 내게는 거의 눈길 한 번 주지 않고 씩씩한 걸음으로 나갔다.

"그럴지도 모르죠."

사샤는 협박이라도 하는 양 고압적으로 말했다.

사샤가 사무실 밖으로 나가자마자 나는 내가 첫 만남에서부터 너무 거칠게 사샤를 대한 건 아닌지 걱정했다. 자기애성 성격장애가 있는 내담자들은 치료하기가 어려운 것으로 악명이 높다. 그들은 끝도 없이 심리치료사를 시험하고 통제하려 하고 칭찬이든 벌이든 자신에게 특별한 관심을 기울이라고 언제까지고 애걸한다. 그러나 무엇보다도 그들은 아주 쉽게 상처를 받고 심한 질투심에 빠져든다. 이야기 도중에 사샤의 말을 중단시킴으로써 나는 이 문학적인 재담가의 가장 아픈 부분에 타격을 주었다. 틀림없이 사샤는 내가 자신의 이야기를 따분하게 여겼다고 해석할 터였다. 게다가 지나가는 말로 톨스토이를 언급함으로써(『안나 카레니나』의 '행복한 가족들은 다 그렇잖아요.' 라는 구절) 나는 이 러시아계 프랑스인 소설가가 분명히 부러워할 위대한 문학가들 중 하나를 그와 비교하여 비위를 상하게 했다. 그럼에도 불구하고 나는 장기간 사샤를 치료하려고 애쓰는 일은 높은 공중에서 줄타기를 하듯 아슬아슬한 일이 될 것임을 진작 알아챘다. 사샤의 허세를 모욕하는 일과 타협할 줄 모르는 나르시시즘에 빠진 자아의 요구에서 벗어나 사샤의 삶을 살 수 있도록 자신감을 키워 주는 일 사이에서 균형을 이루어야 했다. 초기에 세운 내 주요 목표 중 하나는 평범한 사람이 될 수 있다는 자신감을 사샤 알렉산드로비치에게 심어주는 것이 될 터였다.

그것이 바로 사샤가 두려워하는 것이다.

사실상 치료를 함으로써 창의적으로 발기불능이 될까봐 불안해하는 것이 아주 근거가 없는 걱정은 아니었다. 여러 종류의 정신병이 창의적인 천재성과 관련이 있음을 증명하는 증거가 점점 늘고 있다. 사실 아리스토텔레스가 '천재성으로 유명한 모든 사람들은…… 정신이상 증세를 보이는 경향이 있다.'라고 언급한 것이 몇천 년 전이었다. 정신적으로 불안정한 창조적인 천재들의 목록이 세월이 흐르면서 늘었다. 몇 명만 예를 들자면 위대한 독일 작곡가 로베르트 슈만(슈만은 자신에게 노래를 불러주는 천사들이 작곡을 알려주었다고 주장했다), 루트비히 판 베토벤, 엑토르 베를리오즈, 빈센트 반 고흐, 오노레 드 발자크, 제임스 배리, 조지프 콘래드, 버지니아 울프, 에드거 앨런 포, 실비아 플래스, 윌리엄 스타이런, 그리고 물론 레프 톨스토이가 포함되어 있다. 그 목록에는 삶의 오랜 기간을 쓸쓸함과 절망 속에서, 흔히 요양소에서 보낸 남자들과 여자들이 많이 포함되어 있다. 또한 자살한 사람들도 많이 있다.

그러나 정신병과 창조적인 천재성이 '관련이 있다'고 말하는 것은 전자가 후자의 원인이라고 말하는 것과는 다르다. 그 역도 마찬가지이다. 그 두 가지는 단 하나의 인식 '스타일', 즉 극단적인 개방, 민감성, 격정, 그리고 상상력을 수반하는 스타일이 동시에 작용해 일어난 결과일 수도 있다. 진정으로 독창적인 예술가가 되기 위해서는 여러 아이디어를 '과감하게' 연결시킬 수 있어야 한다. 전통적인 미학적 경계를 넘어서고, '선 밖에 색칠을 할 수' 있어야 한다. 그러나 그렇게 위험을 감수하는 스타일은 또한 정신병의 촉진 요인으로 잘 알려진 스트레스, 상실, 거부에 심리적으로 특히 취약할 수 있다는 것을 암시한다. 다시 말해서 세상을 인습에 얽매이지 않는 방식으로 바라보는 예술가의 소질은 방어 기제가 약하다는 의미와 같을 수도 있다. 방어 기제가 약하다는 것은 몇몇 심리학자들이 경계가 희미하다는 의미로 일컫는 용어이기도 하다.

그러나 이러한 사실이 역으로 알려주는 것은 무엇인가? 그것은 난감한 상황에 빠진 예술가인 내담자가 자신의 '희미한 경계'를 '강화하는 것'을 도와주는 것이 결과적으로는 독창적인 방식으로 창조하는 그의 능력을 축소시키는 경향이 있다는 의미일까? 그것은 분명 타당한 결론으로 보인다. 특히 조울증이 있는 많은 예술가들과 작가들이 그들이 고조된 감성과 빠르게 마구 떠오르는 아이디어, 그리고 조증 상태에서 나오는 왕성한 에너지를 활용해 가장 훌륭한 창조물을 만들어냈다고 주장할 때 그렇다. 게다가 그들 중 많은 이들이 그들의 가장 비옥한 '소재'가 그들의 우울증과 조증과 관련된 에피소드의 질풍노도에서 나온다고 주장할 때 더욱 그렇다. 벌써부터 나는 사샤가 그런 주장을 하는 모습이 상상이 되었다.

큰 그림을 놓고 보면 불행이 위대한 예술을 생성한다면 가치 있는 것이라고 사샤가 주장하는 소리도 들리는 듯했다. 왜냐하면 위대한 예술은 초월적이기 때문이다. 그에 비하면 행복하고 만족스러운 삶은 작은 것, 심리치료사들이 아주 열심히 권장하는 사소한 것이었다.

그럼에도 불구하고 사샤는 현재의 마비 상태에서 아무것도 창작하지 않고 있다고 말했다. 사실 감정이 울컥하는 예술가라면 누구를 막론하고 그다지 생산적이지 않을 것이다. 독창적인 작품을 창조하려면 독창적인 개념이나 아이디어 이상의 것이 필요하다. 즉 지속적인 에너지가 필요하다. 정신병원의 환자들 대부분이 미동도 하지 않고 앉아서 벽을 빤히 바라보며 하루하루를 보낸다는 것을 나는 경험으로 알았다. 에너지도 없고 어떤 종류의 창조 행위도 없다. 심각한 정신병에 깊이 빠지는 것이 특별한 창조력을 발휘하는 가장 좋은 방법은 아닌 것 같다.

하지만 이 시점에서 사샤 알렉산드로비치가 심각한 정신병에 빠져들고 있다고 믿을 만한 근거가 내게 있을까? 그렇지 않다. 사샤는 명백히 심한 우울증이 있지만 그럴 만한 이유가 있었다. 사샤는 불과 열흘 전에 세상을 떠난 사랑하는 어머니의 죽음을 슬퍼하고 있었다. 사샤에게 자기애성 성격장애 증세도 있다는 것은 아주 분명해 보였지만 그 병은 심신을 약화시키는 더 깊은 병으로 악화되지는 않는다. 물론 자기애성 성격장애가 있으면 강렬한 절망감과 피해망상, 상습적으로 불행한 관계에 시달리기 마련이다. 그러나 반드시 그런 것은 아니다. 좋든 나쁘든 자기애성 성격장애를 겪는 사람들이 성취욕이 높은 경향이 있다고 표현하는 것이 더 적절할 것이다. 어떤 심리치료사이든 파블로 피카소를 만나게 되면 보나마나 피카소에게 자기애성 성격장애가 있다고 진단을 내릴 것이다. 피카소 역시 어릴 적에 자신에 관한 거창한 생각으로 머릿속을 채워 준 어머니가 있었다. 피카소도 비교적 짧은, 일방적인 관계를 계속 맺었다. 그러나 제대로된 심리치료사라면 파블로 피카소에게 치료받으라고 권유를 할까? 나라면 그렇게 하지 않을 것이다.

아무튼 나는 피카소는 치료받을 필요가 없다고 생각하고 싶다.

그렇다면 사샤는 어떤가? 사샤는 '자신의 정신을 줄이고 그것을 건강한 정신'으로 부르고 싶어 한다고, '정상으로 돌려놓는다는 명목하에 자신의 열정을 줄이고 싶어 한다고' 다짜고짜 나를 비난했다. 그 말에 조금이라도 맞는 부분이 있을까? 내 안에(그리고 내 동료들의 마음속에) '극단으로 치우치는 것'이 정신 건강에 나쁘다고 생각해서 내담자의 인생을 평범하게 만들고 싶어 하는 보수적인 의도가 깔려 있을까? 조증을 병리학으로 간주하는 생각은 그러한 의도가 있음을 시사한다. 아무튼 자신에 대해 부풀려진 생각으로 가득한, 이런 고조된 상태를 왜 병으로 치부하는가? '자부심'이라는 긍정적인 힘을 아주 중요시하는 우리가 왜 조증의 고통에 있는 사람들의 부풀린 자아를 그토록 비난해야 하는

가? 조증이 나타난 뒤에는 거의 늘 우울증이 뒤따르기 때문에? 그것은 욕조에 있는 아기를 통째로 내던지는 것과 같지 않을까? 우리는 과도한 민감성과 마구 넘치는 아이디어, 풍부한 에너지, 대단히 큰 자부심, 즉 창조성을 위한 이 모든 훌륭한 전제 조건을 활용해 조증을 피하면서 우울증을 없앨 방법을 알아내려고 노력해야 하지 않을까?

'분석의 목적은 일하고 사랑하는 능력을 불러일으키는 것'이라는 프로이트의 유명한 격언이 있다. 그 격언에서 중산층의 도덕성의 기미가 보인다. 근면과 안정적인 결혼에 대한 칼뱅 파의 선호가 엿보인다. 그 격언이 위태로운 삶을 통해 소재와 추진력을 모두 얻는 열정적이며 낭만적인 프랑스 작가에 대해 무엇을 말해 주는가? 나는 평생 소설을 써 본 적은 없다. 그러나 한 사람의 아내에 관해 쓴 훌륭한 소설이 없다는 사샤의 말에 동의한다.

나는 이 문제에 대해서는 내 직감에 따라야 했다. 우선 사샤가 치료를 통해 정말로 원하는 것이 무엇인지 알아내야 했다. 사샤가 원한다고 밝혔던 사항과 꼭 같지는 않을 것 같았다. 물론 사샤가 치료를 계속하기를 원한다는 전제 하에서. 그날 토요일 오후에 사샤가 발끈 성을 내며 가버렸을 때 예약은 되어 있지 않은 상태였다. 사샤에게서 다시 연락이 올지 미심쩍었다.

그러나 나는 오래 기다릴 필요가 없었다. 그 다음 날 아침에 사샤가 집으로 전화를 했다.

"다음 주에 예약을 2회 잡아두고 싶군요. 내가 언제 시간이 되는지 알려드리도록 하죠."

사샤는 상당히 고압적인 목소리로 정중하게 말했다.

우리는 날짜를 정했고, 나는 미소를 지으며 전화를 끊었다. 벌써부터 멋진 이야기를 잔뜩 기대하고 있으니 큰일이다.

"어머니에 대한 이야기는 하지 않겠어요."

사샤는 자리에 앉기도 전에 말을 꺼냈다.

"무척 실망했겠군요. 아마 당신은 오이디푸스 콤플렉스라는 덫을 놓아두고 미끼를 던져 내 급소를 찌를 준비를 하고 있겠죠. 계획대로, 적절한 공식대로 나를 분석할 수 있게 말이에요. 그래요. 당신을 실망시켜서 굉장히 미안해요. 하지만 오이디푸스 콤플렉스가 없는 남자가 있다면 그게 바로 나랍니다!"

나는 최선을 다해 심리치료사답게 모호하게 고개를 끄덕였다.

"내 말을 못 믿겠어요?"

사샤가 공격적으로 언성을 높이며 말했다.

나는 어깨를 으쓱하며 대답했다.

"모르겠어요. 오이디푸스 콤플렉스가 그렇게 쓸모 있는 개념인지 의문이 들 때가 있어서요. 그것은 많은 분야에 적용되지요. 가끔은 모든 사람이 오이디푸스 콤플렉스를 가지고 있는 것 같아요."

"모든 사람이 그렇지는 않아요!"

사샤가 반항적으로 대꾸했다.

나는 이번에는 애써 웃음을 참지 않고 활짝 웃어 보였다.

"몇 년 전에 화이트 연구소에 돌았던 농담이 있어요."

나는 사샤에게 미소를 지어 보이며 말을 이었다.

"마흔 살인데 아직 어머니와 같이 사는 남자에 관한 농담이었죠. 어느 날 그 남자가 정신분석가에게 갔어요. 남자는 집에 와서 어머니에게 정신분석가가 자신에게 오이디푸스 콤플렉스 진단을 내렸다고 말했어요. 그러자 남자의 어머니가 소리쳤대요. '오이디푸스가 아니라 혐오디푸스겠지! 네가 네 어머니를 사랑하는 게 어때서?'"

사샤는 미소도 짓지 않았다.

"더 이상 시간 낭비하지 맙시다. 나는 상당히 흥미로운 딜레마에 빠져 있어요. 일을 해결하려면 당신의 도움이 필요해요."

"어떤 딜레마인지 말해 봐요."

"나는 사랑에 빠졌어요. 깊이, 열정적으로, 노골적으로 사랑에 빠졌어요. 사랑에 빠져서 너무 좋아 어쩔 줄을 몰라요. 병적으로 빠져 있어요. 이제야 살아 있는 기분이 들어요. 그 여자의 이름은 에바예요. 에바는 스톡홀름 출신이지요. 아주 화끈하기도 하고 아주 냉정하기도 해요. 여신이나 다름없어요. 지난 8월에 파리에서 열린 비교 문학 회의에서 만났어요. 에바는 스트린드베리(스웨덴의 소설가, 극작가, 수필가_옮긴이) 전문가예요. 세상에, 스트린드베리라니! 운명은 참 기묘하지요. 라게르크비스트(스웨덴의 작가, 시인, 노벨 문학상 수상자_옮긴이)와 입센(노르웨이의 극작가, 시인_옮긴이) 같은 다른 스칸디나비아 출신 작가를 만났다면 조금 노닥거리다가 잊어버렸을 텐데. 하지만 에바는 우리가 침대에 있는 동안 『더 드림 플레이』의 구절을 통째로 인용하더군요. 내가 두 손으로 에바의 멋진 엉덩이를 더듬는 동안, 마치 스웨덴 알프스에서 스키를 타는 것 같은 동안 에바는 스웨덴어로 그 구절을 암송해요. 그런 여자를 어떻게 잊겠어요?"

나는 나도 모르게 어안이 벙벙해서 그 이야기를 듣고 있었다. 닷새 전만 해도 사샤는 자신이 마비 상태이고 목적이 없으며 죽었다고 단언했다. 그래놓고 오늘은 살면서 이렇게 살아 있는 기분을 느낀 적이 없다고 확신했다. 어머니를 애도하는 기간이 끝난 게 분명했다.

"물론 문제가 몇 가지 있어요. 그중 지리적인 문제도 무시할 수 없죠. 에바는 내가 스톡홀름에 와 있으면 해요. 에바는 그곳에서 문학 에이전시를 운영해요. 에바가 그러더군요. 내가 거기에 가면 종일 글만 써도 된다고. 우리 둘을 책임질 수 있는 것보다 더 많은 수입을 번다고요. 하지만 거기는 겨울에 햇빛이 없잖아요. 낮은 어둡고 기나긴 밤은 칠흑같이 캄캄하죠. 나는 거기에 있다가는 해가 그리워서 미쳐 버리고 말 거예요. '해. 해. 나에게 해를 달라!' 그리고 물론 에바의 남편 군나르 문제가 있어요. 이름이 군나르인 남자와 결혼을 하다니 참 독특하지 않아요? 군나르는 금발에 파란 눈이에요. 나보다 더 금발이지요. 유대인의 피가 섞인 자그마한 러시아인은 에바가 비명을 더욱 지르게 만드는

데, 군나르는 에바의 관심을 끌지 못하죠. 군나르와 에바는 허울 좋은 부부일 뿐이에요. 에바의 마음은 온통 나에게 있어요."

이 대목에서 사샤는 의기양양하게 낄낄 웃더니 다시 말을 이었다.

"그리고 애들 엄마 자넷이 마음에 걸려요. 물론 자넷은 성인 같은 여자예요. 체격이 비대한 순교자라고 할 수 있죠. 로렌에 있는 잔다르크 옆에 자넷의 조각상을 만들어야 할 정도라니까요. 아니, 아니지. 조각상을 만들 필요도 없어요. 자넷은 그 자체가 이미 조각상이니까요! 돌로 만든 조각상! 차갑고 뚫을 수 없는 돌! 하지만 자넷을 무시할 순 없어요. 아니에요. 어떻게든 자넷 문제를 해결해야 해요."

"아내가 에바에 대해 알고 있나요?"

내가 물었다.

사샤는 전형적인 프랑스 사람 특유의 방식대로 입술을 오므리고 눈썹을 치켜 올리며 어깨를 으쓱했다.

"내가 학생들과 조금 무분별한 행동을 한다는 걸 알고 있어요. 문학 개별 지도 시간에 뺨이 발그레한 미국 여대생들에게 감각과 감정을 구분하는 방법을 가르쳐 주었죠. 자넷은 그런 건 알고 있어도 눈 감아 줘요. 하지만 에바 문제는 완전히 다른 이야기죠. 단순히 한눈을 파는 것이 아니라 에바에 대한 감정에는 대단한 열정이 담겨 있으니까요. 자넷한테 에바에 대한 흔적을 모두 감추려고 얼마나 조심하는지 몰라요. 에바는 대학에 있는 내 사무실로 편지를 보내고 전화를 해요. 그리고 일요일에 에바가 나를 만나러 비행기를 타고 왔어요. 그날 자넷에게는 보스턴에 회의가 있다고 말했죠."

"에바가 이번 주말에 스톡홀름에서 비행기를 타고 왔다고요?"

내가 물었다. 사샤가 자랑스럽게 활짝 웃으며 대답했다.

"물론 내가 에바에게 엄마가 돌아가셔서 많이 힘들다고 이야기를 했거든요. 그래서 에바가 뉴욕행 첫 비행기를 예약했어요. 우리는 빌리지에 있는 얼 호텔의 객실에서 스물네 시간을 보냈어요. 주네에서 나오면 곧장 보이는 객실이에요. 페인트가 벗겨지고 라디에이터가 덜컹대는 소리가 들렸어요. 우리는 열렬히 그 일을 시작해 녹초가 되었어요. 그런 다음 페킹덕(베이징의 전통 오리 요리_옮긴이)을 배달시켜 걸신들린 듯 먹고는 다시 그 일을 열심히 했어요. 먹고 사랑을 나누고, 사랑을 나누고 또 먹고! 아하! 나의 아름다운 얼음 여신은 감라스탄(스웨덴의 수도 스톡홀름의 구시가지_옮긴이)에서의 대대적인 발굴 작업을 내팽개치고 얼 호텔에서 내 음경을 빨았어요. 에바가 당신보다 훨씬 더 능숙한 치료사랍니다."

나는 무표정한 얼굴로 사샤를 가만히 바라보았다. 사샤는 내가 반응이 없자 무안해하는 것 같았다.

"내가 에바의 아름다운 엉덩이에 대해서 말한 적 있나요?"

사샤가 다급하게 물었다.

"네. 스웨덴의 알프스 산맥에서 스키를 타는 것과 같다고요. 내가 잘못 들은 게 아니라면."

나는 차분하게 대답했다.

"당신은 그런 여자와 사귄 적 있어요?"

사샤가 거만하게 머리를 뒤로 젖히며 물었다.

"그건 아무 관련이 없는 이야기인데요."

내가 대답했다.

사샤가 고함을 쳤다.

"관련이 없다고요? 그런 여자, 금발 머리가 엉덩이골까지 내려오는 여자를? 그런 여자가 아무 관련이 없다고 말한다면 그건 분명 당신이 조금이라도 비슷한 여자를 경험한 적이 한 번도 없다는 의미인데. 그 사실을 그냥 인정하지 그래요?"

나는 아무 말도 하지 않고 아무 내색도 비치지 않았다. 사샤는 또다시 나에게 미끼를 던지고 있었다. 사샤의 성적인 경쟁은 청소년의 성 경쟁처럼 노골적이었다. 그리고 사샤는 청소년처럼 자신의 성적 위업에 대해 적어도 자신에게는 성적 경험 그 자체만큼 중요한 것처럼 이야기를 했다. 마흔 살의 남자에게서 나타나는 그런 성적인 허풍은 성적 불안감이 꽤 깊숙이 자리해 있다는 것을 시사했다. 그것은 자기애성 성격장애라는 내 진단에 부합했다. 자기도취증에 빠진 바람둥이들, 즉 이 세상의 돈 후안들의 겉가죽 바로 아래에는 대개 자신이 성적으로 무능하다는 것을 두려워하는 마음이 숨어 있기 마련이다.

게다가 사샤의 여성 편력 이야기에서 나타나는 패턴은 전형적인 성녀−창녀 콤플렉스를 강하게 시사했다. 여자의 세계를 성스러워서 감히 손댈 수 없는 어머니들과 부담 없는 천박한 창녀들로 나누는 것. 그런 콤플렉스가 있는 사람들은 대개 전자와 결혼을 하고 그들과 가능한 한 적게 성행위를 하지만 후자와는 '입에 담을 수도 없는' 것들을 한다. 이 이론에 따르면 그런 남자들에게 성녀는 감히 손댈 수 없는 어머니를 대신하는 여자이다. 물론 이것은 사샤의 심리 안에 오이디푸스 콤플렉스 같은 심각한 뭔가가 있다는 사실을 암시했다. 그것은 사샤가 나와 그다지 상의하고 싶어 하는 개념이 아니었다.

"내가 정확히 어떻게 당신을 도울 수 있을까요, 사샤?"

나는 조용히 물었다.

사샤는 그 질문에 깜짝 놀란 것 같았다. 사샤는 잠시 눈살을 찌푸리고는 말을 꺼냈다. 그러다 이내 멈추더니 다시 시작했다.

"나는, 음, 가끔 내가 자넷과 아이들에게 얼마나 괴물 같은 존재인지 죄책감이 들어요."

사샤가 말을 더듬었다. 자신이 어떤 일에 대해 조금이라도 죄책감을 느낄 수밖에 없다는 생각에 당황한 게 분명했다.

"그래서 그 문제를 해결하기 위해 당신 도움이 필요해요. 죄책감을 없애는 일이요."

"당신은 내가 당신에게 아무 죄가 없다고 말해주기를 원하는 거예요? 교황처럼?"

나는 무표정한 얼굴로 물었다.

"이렇게 죄책감이 드는 걸 보니 분명히 노이로제가 생긴 것 같아요. 그러니까 그걸 알아낼 수 있게 뭐든 해봐요."

사샤가 안달하며 말했다.

"그런데 당신의 어머니를 거론하지는 말고 하라는 거죠?"

내가 차분하게 물었다.

사샤가 경멸스런 표정으로 눈을 가늘게 떴다.

"이봐요, 의사 양반, 이 일을 맡을 자신이 없으면 지금 말해요. 서로 더 이상 시간 낭비할 필요 없잖아요."

나는 심호흡을 했다. 내가 누구를 막론하고 내담자에게 가장 하고 싶지 않은 일은 나에게 치료를 받으면 효과가 있다고 납득시키는 일이다. 그러나 특히 사샤 같은 내담자는 예외이다. 단지 나를 괴롭히는 것만으로는 나아지지 않을 수도 있기 때문이다.

"미안하지만 여기에서 치료가 어떤 식으로 진행되든 나는 크게 상관없어요."

내가 말했다.

"나도 그럴 거라 생각했어요!"

사샤가 코웃음을 쳤다.

나는 손목시계를 확인했다. 시간이 다 되었다.

"글 쓰는 일은 어떻게 돼가요?"

나는 의자에서 일어나면서 가볍게 물었다.

이번에도 생기가 가득했던 사샤의 얼굴이 깊은 절망에 빠진 표정으로 바뀌었다. 사샤는 일어서서 한마디도 하지 않고 사무실에서 나갔다.

사샤가 그 질문에 보인 반응에 나는 안심이 되었다. 사샤는 여전히 창의력이 막혀 있었고 분명 그 탓을 꽤 피상적인 우리 두 사람의 심리치료에 돌릴 수도 없었다. 나는 '예술 대 온전한 정신'에 관한 내 내면의 토론을 적어도 당분간은 연기할 수 있었다.

그러나 사샤를 어떻게 치료할 것인가 하는 문제는 여전히 감이 잡히지 않았다. 모든 내담자들은 치료에 대해 거부감을 보인다. 기본적으로 그것을 넘어서야만 치료를 할 수가 있다. 그러나 사샤의 거부감은 본질적으로 성격이 다르다. 사샤가 설정한 기본 규칙으로 인해 내가 해온 치료가 사실상 불가능해졌다. 그 규칙은 어머니에 대해 이야기하지 않기, 꿈 분석이나 자유 연상법 같은 정신분석학에서 흔히 쓰이는 것과 유사한 기법 적용하지 않기였다. 그러나 사샤는 평범한 치료는 원하지 않는다고 고집했다. 아니, 사샤는 수술을 원했다. 죄책감을 잘라내고 괴물을 없애주기를 원했다.

사샤는 정말로 그것이 가능하다고 믿었을까? 우리가 정신적으로 살짝 '가위질을 해서 자르고' '어설프게 손보는' 일을 할 수 있다고 생각했을까? 문제를 아주 깊게 파고들지 않고도 원활하게 살아갈 수 있도록 하는 능력이 우리에게 있다고 생각했을까? 그것은 알기 어려웠다. 사샤는 매우 똑똑하고 세련된 남자였지만 동시에 자신에게 오이디푸스 콤플렉스가 있을 리 없다고 확신했다.

사샤는 자신이 정말로 무엇 때문에 나를 찾아오는 거라고 생각할까? 단지 자신의 복잡한 사회생활을 '정리하는 것'을 돕게 하려고? 사샤는 그 문제에 대해서라면 내가 필요하지 않았고, 그 자신도 그 점을 알았다. 사샤는 자신의 기막히게 멋진 위업으로 나를 감동시키기 위해서 내 사무실에 오는 걸까? 그것 역시 굉장히 의심스러웠다. 그런 목적이라면 사샤 주위에는 열성적인 여대생들이 아주 많았다.

사샤는 나에게 무엇을 원하는 걸까?

나에게 딱 한 가지 단서가 있었다. 나는 사샤의 얼굴이 별안간 생기를 잃는 모습을 두 번 보았고 움푹 들어간 사샤의 눈에서 그 단서를 감지했다. 그런 다음 나는 사샤에게서 아주 깊은 상실감을 언뜻 보았다. 그 상실감은 죄책감을 훨씬 넘어서는, 혹은 어머니의 죽음에 대해 사샤가 느끼는 슬픔조차 훨씬 뛰어넘는 것이 확실했다. 그 순간 사샤의 얼굴은 에드바르 뭉크의 그림에 등장하는 인물처럼 뭔가에 홀린 듯 겁에 질린 표정이었다. 나는 길지 않았던 그 순간에 사샤에게서 자아에 대해 과장되게 이야기하고 여자에 집착하는 극도로 불쾌한 괴물의 모습을 볼 수 없었다. 아니 내가 본 것은 필사적으로 싸우는 남자의 모습이었다.

우선 내가 할 수 있는 일은 사샤 알렉산드로비치가 나에게 자신의 이야기를 하게 하는 것이었다. 그 이야기가 급속히 미궁으로 빠져들고 있었다.

"에바에게는 상반된 두 가지 모습이 있는데, 저는 그 점이 가장 마음에 들어요."

사샤가 몇 차례 상담을 하고 나서 흥분하며 말했다.

"에바는 금발이에요. 앞머리가 왠지 섬뜩해 보이는 것이 꼭 프로이센 사람이 쓰는 헬멧 같아요. 아주 전투적이고 엄격한 분위기를 풍겨서요. 하지만 에바가 입을 열면 한 줄기 안개처럼 숨소리가 섞여 작게 속삭이는 소리가 나와요. 말수가 아주 적고 아주 얌전하지요. 에바는 서 있으면 발키리(북유럽 신화에서 주신主神인 오딘을 섬기는 싸움의 처녀들_옮긴이)처럼 나보다 키가 더 훤칠해요. 그러고는 새끼 고양이처럼 내 발치에 웅크리지요. 하지만 가장 좋은 점은 옷을 입은 에바와 옷을 벗은 에바가 완전히 다르다는 거예요. 에바가 맞춤 정장을 입고 진주 목걸이를 하고 있으면 우아한 여인, 영화 〈세브린느〉에 등장하는 까뜨린느 드뇌브 같아요. 하지만 문을 닫고 옷을 벗으면 짐승, 암호랑이가 되지요. 부끄러움을 몰라요. 에바는 바닥에 쪼그려 앉아서 나더러 자기 몸속으로 들어오라고 그 멋진 엉덩이를 쳐들고 흔들어요. 내가 그걸 얼마나 좋아하는지 에바는 알아요. 뒷문, 금지된 동굴 말이에요."

사샤의 어머니가 재미있게 게임을 하듯이 배변 훈련을 헌신적으로 시켰던 것을 고려하면 사샤가 항문 성교를 아주 좋아한다는 사실은 놀랄 일이 아니었다. 또한 사샤는 그것이 금기 사항을 깨뜨리거나 버릇없는 사내아이가 되는 일처럼 금지된 것이라는 점에 끌린 듯했다. 사샤가 매력을 느끼는 가학성애적인 요소도 약간 있지 않았을까. 항문 성교는 '받아들이는' 파트너가 꽤 고통스러울 수 있기 때문이다. 그러나 아마 가장 중요한 것은 항문 성교가 눈 마주침과 입맞춤, 포옹 같은, 어떤 종류의 개인적인 친밀감을 나타내는 행동도 사실상 불가능하게 만든다는 점이다. 항문 성교는 전부 생식기만을 활용한다. 흥분이 되기는 하지만 결국 외로움을 느낄 수밖에 없다. 그것은 나르시스트들이 누구와 관계를 맺든 치르는 대가이다.

여느 때처럼 나는 이러한 내 의견을 사샤에게 말하지 않았다. 사샤는 내가 너무 '정신분석학적'으로 나온다고 생각할 게 분명했다.

"그런데, 자넷도 항문 성교를 즐기나요?"

내가 물었다. 사샤가 버럭 소리를 질렀다.

"자넷은 항문 성교를 경멸해요! 불결하고 자연스럽지 않다고 해요. 도덕군자인 체하는 미국 여자가 자연에 대해 뭘 알겠어요? 우리 모두의 내면에 숨어 있는 짐승에 대해. 자넷은 사랑을 나누는 것이 음식을 차리는 것과 같다고 생각해요. 포크는 여기에, 나이프는 저기에 둬야 한다는 거죠. 내가 내 방식대로 하고 싶으면 자넷에게 애원을 해야 해요. 그러고 나면 기쁨을 느낄 수가 없게 돼요. 하지만 에바한테는 애원할 필요가 전혀 없어요."

"자넷과 사랑을 나누기도 하나요?"

내가 물었다.

"거의 하지 않아요. 가끔 하려는 시늉은 해요. 단지 죄책감을 덜려고."

사샤가 대답했다.

나는 자넷과의 관계가 열정적이었던 적이 있었는지 사샤에게 물었다. 사샤는 처음에는 그랬지만 결혼을 한 뒤에 자넷이 변했다고 말했다. 나는 자넷과 사귀던 초기 시절에 대해 말해달라고 요구했다. 사샤는 자넷이 소르본 대학에서 풀브라이트 장학금으로 공부하고 있을 때 자넷을 만났던 일에 대해 이야기했다.

"자넷의 다리가 얼마나 예뻤는지 몰라요!"

사샤가 갑자기 흥분하며 말했다.

"경주마처럼 길고 잘 빠진 다리였죠. 전형적인 미국 스타일의 근육질 몸이었어요. 자넷은 어릴 때 체조 선수였거든요. 자넷은 아주 성실한 학생이었어요. 배우려는 열의가 대단했어요. 그리고 물론 나는 열의를 갖고 자넷을 가르쳤어요. 그런데 자넷이 더 이상 장학금을 탈 수 없게 되었어요. 그래서 자넷에게 나와 계속 지내자고 매달렸어요. 하지만 자넷은 콜롬비아 대학에 자리가 났다며 놓치고 싶지 않다고 했죠. 마치 연애보다 그 자리가 더 의미가 있는 것처럼. 맙소사, 자넷이 미국 사람 특유의 현실적인 성격 때문에 속마음을 조금도 내비치지 않는다는 걸 그때 알았어야 했는데. 물론 대서양을 사이에 두고 전화와 긴 편지가 필사적으로 오가긴 했어요. 한밤중에 비행기를 타고 불시에 찾아가기도 했고요. 나는 자넷에게 나와 같이 지내자고 애걸했어요. 운명을 더 이상 거부하지 말라고 했어요. 그렇게 꿈쩍도 안 하던 자넷이 청혼을 하니 결국 받아들이더군요. 같이 자살하자고 해도 그러자고 했을 걸요."

"대서양을 오가는 연애에 취미가 있는 것 같군요."

내가 말했다. 그러나 이 사소한 말조차 '심리학적인 해석'에 너무 가까운 발언인 것 같았다.

"그런 연애를 안 할 수는 없어요. 전 세계가 내 활동 무대이니까요."

사샤가 단호히 대답했다.

"그 여자들이 더욱 매력적으로 보이는 이유가 거리, 그러니까 멀리 떨어져 있어서 쉽게 만날 수 없는 점 때문일 수도 있다고 생각하진 않나요?"

내가 물었다.

"세상에, 아케렛, 그것이 심오한 심리학적 통찰력에서 나온 당신의 생각인가요? 거리가 멀면 좋아하는 마음이 더 커진다고요? 프로이드가 시시한 건 알았지만 이건 시시하다는 말도 아까울 정도로 수준 이하군요!"

사샤가 빈정거리며 말했다.

"단순히 그 말을 하려는 게 아니에요. 여기에 어떤 패턴이 있을지도 모른다는 거예요. 당신은 장거리 연애를 하다가 마침내 같이 살게 되면 시들해지는 경향이 있어요. 행동에 어떤 패턴, 즉 반복되는 양상이 보이면 대개 당신은 과거에……."

"맙소사, 상담을 하면서 이런 논리를 만들어가는 거예요?"

"그런 경우도 있죠."

내가 미소를 지으며 대답했다.

사샤는 내 솔직함에 놀라 웃었다. 그러나 그날 사샤가 나의 심리학적 '통찰력'을 기꺼이 받아들인 것은 거기까지이다.

이 시점에서 사샤는 굉장히 극적인 새로운 이야기를 전개했다. 자넷이 사샤의 외투 주머니에서 에바가 보낸 사랑의 쪽지를 발견하고, 사샤가 자넷에게 그 쪽지가 그가 한 번도 만난 적 없는 문학 '팬'으로부터 온 것이라고 둘러댄 일이었다. 나는 그 이야기를 듣는 동안 점점 더 불안감에 휩싸였다. 불길한 조짐이 느껴졌다. 사샤가 자신의 불륜이 발각되도록 무의식적으로 일을 벌여놓은 것이 분명했다. 사샤는 자신의 냄비를 더욱 달구고 있었다. 나는 그 작업이 끝나기 전에 사샤를 포함해서 모두가 심각한 타격을 입을 것이라고 확신했다.

만일 사샤가 내 다른 내담자들 중 한 명이었다면 나는 그러한 내 생각을 그에게 일러주었을 터였다. 또한 사샤가 자신의 미래를 혼자 힘으로 결정하기보다는 그 자신이 유일한 관찰자이자 피해자가 될 수 있는 드라마를 만들어내고 있다고 내비쳤을 터였다. 뿐만 아니라 그러한 면모를 통해 사샤가 얼마나 자유롭지 않은지, 노이로제에 걸려 있다는 사실을 알 수 있는 또 한 가지 예라고 말해 주었을 것이다.

그러나 나는 한마디도 하지 않았다. 그제야 어떻게 사샤를 치료할 것인지 깨달았기 때문이었다. 나는 사샤가 스스로 무너지도록 내버려 둘 생각이었다. 나는 가만히 기대어 앉아 사샤가 '인생의 활력소'인 위험을 자초하고 자신의 '뮤즈'인 비극, 즉 사샤의 원대한 창조적 삶을 위한 두 가지 필수 요소를 유혹하는 것을 지켜볼 작정이었다. 아마 그러고 나면 삶의 고통이 아주 극심해져 우리가 심리치료를 시작할 수 있을 터였다.

아무튼 나에게 선택의 여지가 많은 것 같지는 않았다.

나는 기차가 느린 속도로 움직이며 파괴되는 것을 보는 심정이었다.

그 다음 주에 사샤는 비틀거리며 내 사무실에 들어왔다. 눈은 이글이글 불타오르고 몰골은 부스스했다. 에바가 사샤와 아무 의논도 하지 않고 남편과 별거를 한 것이었다.

"에바가 그러더군요. 나와 함께 지낸 뒤로 군나르가 자기 몸에 손을 대면 소름이 돋았다고요. 나 때문에 다른 남자와 다시 사귀는 일은 불가능하게 되었다고 하더군요. 그동안 나한테 단단히 빠져 있었나 봐요. 에바는 낙인이 찍혔다는 표현을 썼어요. 낙인이 찍혔다니 무슨 그런 표현을!"

사샤는 자부심이 역력한 모습으로 그 소식을 전했지만 그 자부심 이면에 두려움이 요동치는 것이 내 눈에 빤히 보였다. 사샤가 흥분해서 장황하게 이야기를 늘어놓을 때 나는 애매한 태도로 고개를 끄덕였다. 상담 시간이 끝나가자 사샤는 자신의 문학적 상상력이 최근에 '하품을 하고 기지개를 켜는 것'을 느끼기 시작했다고 말했다.

"잠자고 있던 거인이 마침내 깨어나고 있는 건지도 몰라요."

사샤가 말했다.

몇 번 상담을 한 뒤에 사샤는 최근에 자넷에게 무슨 일이 일어나고 있고, 그래서 걱정이라고 말했다.

"자넷이 마약에 취한 듯 걸어 다녀요. 얼굴은 핼쑥해 보이고 눈은 반쯤 감겨 있어요. 꼭 좀비 같아요. 이제 나에게 요리도 전혀 안 해줘요. 딸들한테는 통조림만 부어 주고. 가끔 잠옷을 벗을 생각도 안 하고 종일 있어요. 자넷이 아픈 걸까요?"

사샤가 내게 말했다.

"그럴지도 모르죠. 아니면 우울증이 있든가."

내가 말했다.

사샤는 잠깐 그 말에 대해 생각했다. 그런 생각은 미처 못 했던 게 분명했다.

"자넷이 왜 우울해진 걸까요?"

사샤가 순진하게 물었다.

"모르겠어요. 나는 자넷을 잘 모르잖아요."

"가끔은 차라리 자넷이 바람을 피우면 좋겠다는 생각을 해요. 그러면 내 죄책감이 덜하지 않겠어요?"

사샤의 얼굴에 또다시 완전히 절망한 표정이 스치더니 금세 사라졌다. 어느새 사샤는 최근에 스웨덴 애인과 대서양을 한가운데 두고 성적인 대화를 나눈 것에 대해 이야기하고 있었다.

그로부터 얼마 뒤에 사샤가 내 사무실에 몹시 심란하고 피곤한 모습으로 왔다. 에바가 알리지도 않고 비행기를 타고 뉴욕에 온 모양이었다. 그들은 사샤가 가장 좋아하는 싸구려 호텔 방에서 정신없이 성관계를 했다. 그러나 에바는 떠나기 직전에 갑자기 성질을 냈다.

"난데없이 에바가 나한테 묻더라고요. 내가 자넷한테 이혼 이야기를 했는지. 정말 어이가 없더군요! 자넷과 이혼하겠다는 이야기는 한 번도 한 적이 없거든요. 왜 여자들은 늘 즐기며 살지 않고 고생을 자청할까요? 고상하게 살면 될 걸 왜 따분하게 살려고 할까요? 여자들은 성관계를 할 때도 꼭 임신 타령을 한다니까요!"

나는 내 치료 방식을 고수할 뿐 아무 말도 하지 않았다. 어떤 패턴도 지적하지 않고, 한마디 조언도 하지 않았다. 내가 마치 프랑스 극작가 아누이의 『안티고네』에 등장하는 내레이터가 된 기분이었다. 나는 운명의 봄이 단단히 묶여 있고, 내가 할 수 있는 일은 오직 비극이 펼쳐질 때 가만히 있는 것뿐이라는 사실을 알았다.

사샤는 그 다음 상담 시간에 어느 때보다 더 괴로운 모습으로 왔다. 자넷이 아무 예고도 없이 일주일에 닷새씩 심리치료를 받고 있었다.

"게다가 여자 치료사라고 하더군요!"

사샤가 몹시 화를 냈다.

"다 예상한 일이잖아요."

내가 말했다.

"하지만 그 여자는 전혀 치료사라는 생각이 안 들어요. 여자

마법사 같아요. 스벵갈리(조르주 뒤 모리에의 소설 『트릴비』에 나오는 인물
로 다른 사람의 마음을 조종하여 나쁜 짓을 하게 할 힘을 지니고 있는 사람을 뜻함_
옮긴이)라고요!"

그 표현은 평생 여자들의 마음을 사로잡아 노예로 만들려는
남자에게 어울리지 않게 흥미로우면서도 경멸스런 비유였다. 그
러나 물론 나는 아무 말도 하지 않았다.

"자넷은 이제 딴 사람이 되었어요. 아이들은 저희끼리 알아서
하게 놔두고 무조건 밖으로 나돌아요. 요리도 청소도 전혀 안 해
요. 그리고 상스러운 말을 해요. 무례한 말!"

"자넷이 당신을 존중하지 않나요?"

"네. 나도, 내 일도 존중하지 않아요. 심지어 돌아가신 내 어머
니도요. 이런 게 당신들의 그 유명한 심리치료 방법인가요? 교양
있는 여자들을 괴물들로 변하게 하는 거?"

나는 그 말을 듣고 미소를 짓지 않으려고 치료사답게 모든 절
제력을 끌어내야 했다. 심리치료가 자신의 내면에 있는 괴물을
길들일까봐 두려워하는 남자 사샤 알렉산드로비치는 이제는 괴
물의 성향을 키운다고 치료를 비난하고 있었다. 그러나 이것은
물론 다른 누군가의 내면에 있는 문제에 불과했다. 뼛속 깊은 나
르시스트의 유아론적唯我論的인 우주 안에서, 나르시스트 자신에
게 좋은 것이 나르시스트가 상대해야 하는 사람에게는 좋을 게
거의 없다. 상대방이 누구이든 마찬가지이다. 특히 나르시스트
와 함께 살아야 하는 대상에게는 더욱 그렇다.

나는 사샤의 아내에게 일어나고 있는 일이 흥미로웠다. 분명히 자넷은 남편의 방치, 억압, 배신으로 인해 우울증이 깊어졌을 것이다. 치료를 통해 자넷은 자존감을 되찾기 시작했고, 그와 더불어 자넷의 자아가 힘을 회복해 자기주장을 하기 시작했다. 이것은 내가 예상 못한 플롯의 전개였다. 나는 그 일을 계기로 사샤에 대한 내 치료가 성과를 거둘 수도 있겠다는 생각이 들었다. 여자보다 한 수 위에 서려는 사샤의 강박 증세가 어쩌면 심리치료로까지 확장될 수도 있을 것이다. 그래서 사샤는 자넷보다 '더 훌륭한' 내담자가 되기 위해 전력을 다할 수도 있었다.

그러나 우선 냄비가 더 격하게 끓어야 했다. 사건에 속도가 붙기 시작했다.

그 다음 주에 사샤는 파리에서 열리는 사흘간의 회의에 참석했다. 에바와 사샤는 그곳에서 만났으나 두 사람 사이는 원만하지 않았다. 에바는 사샤가 피임을 하지 않고 자신과 성관계를 해야 한다고 주장했다. 에바는 사샤의 아기를 낳고 싶어 했다. 사샤가 거절하자 에바는 사샤가 자기 몸에 손도 못 대게 했다. 그러고 나서 에바는 사샤의 동료들 앞에서 여러 번 사샤를 모욕하기 시작했다. 에바는 사샤가 늙고 힘없고, 한물간 작가라고 비난했다. 에바는 회의에서 몇몇 젊은 작가들에게 보란 듯이 추파를 던졌다. 그러나 두 사람이 함께 한 마지막 날 밤 에바는 감정을 주체하지 못하고 사샤에게 용서를 구했다. 두 사람은 새벽이 올 때까지 성관계를 했고, 새벽이 되자 사샤는 비행기를 타야 했다.

한편 사샤는 자넷과 살면서 계속 당황스러운 일을 겪었다.

"내가 파리에서 돌아왔는데 자넷이 집에 있지도 않더군요. 밖에서 새 친구들과 시간을 보내더군요. 나더러 애들이나 보란 얘기죠!"

자넷은 좌파 주간지 편집자로서 일을 시작했고, 이제는 저녁마다 밖에서 시간을 보내고는 했다. 자넷이 그날 밤 늦게 집에 돌아왔을 때 사샤가 성관계를 하자고 제안했지만 자넷은 그럴 기분이 안 난다며 사샤의 면전에서 방문을 닫아버렸다.

"나랑 말도 섞지 않으려고 해요. 적어도 우리에게는 이야기 나누는 걸 좋아한다는 공통점이 있었어요. 지적인 교감을 나누었다고 할까요. 하지만 지금은 아무것도 없어요. 자넷이 바람을 피우고 있는 건 아닌지 모르겠어요. 맙소사, 어떻게 나를 원하지 않을 수가 있죠?"

예상대로, 사샤는 자신이 가질 수 없는 것을 원했다. 이제 아내가 거리감을 두니 갑자기 매력적으로 보이는 것이었다.

이번 상담이 끝날 무렵에 사샤는 새 소설을 위해 기록을 하기 시작했다고 내게 말했다.

그 다음 3주 동안 사샤는 헤어 나올 길 없는 혼란에 빠졌고 어느 쪽을 택할지를 두고 계속 갈팡질팡했다.

"만일 내가 에바와 결혼을 하면 부양해야 할 가족이 또 하나 생기겠군요. 그러면 나를 위해서는 아무것도 못 하겠지요. 특별한 사치를 부릴 여유가 전혀 없을 거예요. 또 내 혈육인 내 딸들

곁을 내가 어떻게 떠날 수 있을까요? 하지만 그럼에도 불구하고 에바는 내가 바라는 모든 걸 갖추고 있어요. 거침없는 성관계, 젊음, 아름다운 젊음! 자넷은 나이 든 태가 나기 시작해요. 나이 많은 여자들에게서 보이는 아주 볼썽사나운 모습이지요. 자넷과 같이 살면 나도 시들해질 거예요. 내 펜에 든 잉크가 말라버릴 걸요. 나는 자넷에게 결코 충실할 수가 없을 거예요. 하지만 그 렇다고 에바한테는 충실할 수 있을까요? 다시 외도를 할 바에 뭐 하러 또 결혼을 하지요?"

좋은 질문이었다. 사샤는 처음으로 희미하게 어렴풋이 깨닫고 있었다. 반복되는 패턴에 갇혀 있는 것이 어떤 의미인지. 나는 여전히 아무 말도 하지 않았다.

그러고 나서 거의 동시에 에바와 자넷의 이야기가 극적인 절 정에 이르렀다.

에바는 주말에 또다시 비행기를 타고 얼 호텔로 왔다. 사샤와 에바는 성관계를 했고, 그런 다음 사샤는 음식을 사러 나갔다. 사샤가 돌아와 보니 에바가 열린 창문 밖의 테라스에 나체로 서 서 자신과 결혼하지 않으면 뛰어내리겠다고 협박을 했다.

"어쩔 수 없었어요. 결혼하겠다고 약속했어요. 그것이 거짓말 이라는 것을 알면서도. 에바와는 결코 결혼을 할 수가 없어요. 에바는 상상을 초월하고 너무 부담스러워요. 하지만 난 말했죠. '그래, 그래, 물론이야. 뭐든지 해 줄게, 자기. 안으로 들어오기 나 해.' 에바가 안으로 들어왔고, 우리는 다시 사랑을 나누었어요. 그런 다음 에바를 비행기에 태워 보내려고 공항으로 데려 갔어요. 하지만 막상 에바를 보내려고 하니까 에바가 아기 같은 파란 눈으로 나를 바라보며 말했어요. '사샤, 약속을 지키지 않으면 당신을 죽여 버릴 거예요.' 에바는 아주 다정하게 그렇게 말했어요. 너무 다정해서 그 말이 진심이라는 걸 알았죠."

사샤는 그날 저녁 집에 돌아와서 자넷에게 자신의 불륜에 대해 털어놓았다.

"그러자 자넷이 마구 웃기 시작했어요. 믿어져요? 자넷이 그러더군요. '맞춰볼까요? 당신과 헤어질 때마다 엉엉 우는 금발의 어린애 같은 여자를 말하는 거죠? 사샤, 당신이 그 관계를 즐기기를 바랄게요. 내가 불륜을 즐기고 있는 만큼의 반이라도 당신이 그 관계를 즐기길 바란다고요!'"

사샤가 내게 말했다.

그런 다음 자넷은 사샤에게 자신의 직장 동료와 같이 잘 거라고 말했다. 휴고라는 이름의 흑인 작가였다.

"Un negre!(흑인!) 아마 종마처럼 탄탄한 녀석일 거예요. 그런데 나의 자넷과 성관계를 한다니! 자넷은 내 거야, 제길! 내 거야! 내 거라고!"

사샤가 울부짖었다.

사샤는 거의 한 시간 내내 고래고래 소리를 질러댔다. 자신에게 일어난 일을 도저히 믿지 못했다.

"그들은 괴물이에요, 둘 다 괴물이야! 내가 두 사람에게 했던 것보다 더 잔인해. 고문을 가하는 사람들! 가학성애자들! 여자들!"

사샤가 소리쳤다.

사샤는 살면서 처음으로 '자신보다 더한 괴물들'을 경험했다. 상담시간이 거의 끝나자 사샤는 별안간 조용해졌다. 그러더니 패배한 어린아이처럼 나를 바라보았다.

"어젯밤에 악몽을 꿨어요."

사샤가 나직이 말했다.

나는 사샤에게 계속 이야기해 보라고 고개를 끄덕였다. 사샤는 꿈 이야기를 했다. 한 남자가 네이팜(코코넛 기름의 지방산과 나프텐산에서 얻는 알루미늄 비누. 휘발유와 반죽하여 소이탄 같은 화염성 폭약의 원료로 씀_옮긴이)을 이용해 여자들과 아이들을 불구로 만들고 죽이고 있다. (당시는 베트남 전쟁이 절정에 이른 1971년이었다.) 사샤는 당국에 의해 징집되어 그 남자를 생포해 넘기라는 임무를 받는다. 사샤는 그 남자를 찾아내지만 갑자기 그 남자가 아름다운 여자로 변하자 여자와 성관계를 하기 시작한다. 여자는 남자에게 자기를 넘기지 말라고 간청하고, 사샤는 넘기지 않겠다고 약속한다. 그러자 아름다운 여자는 다시 살인자로 바뀌더니 달아난다.

사샤가 꿈 이야기를 마치자 나는 호기심 어린 눈초리로 그를 바라보았다. 우리의 치료에서 대단히 중요한 순간이었다. 나는 조심스럽게 계속 진행시킬 필요가 있었다.

"그래서 그게 무슨 의미인가요, 선생님? 내가 어머니와 사랑에 빠져 있고 아버지를 살해하고 싶어 한다는 의미인가요?"

사샤가 몹시 빈정대는 어투로 물었다.

"바로 그거예요."

내가 어깨를 으쓱하며 대답했다.

"맙소사, 내가 마침내 당신한테 꿈 이야기를 하는데 당신은 그게 무슨 뜻인지 전혀 모른다는 말인가요? 대체 대학교에서 정확히 뭘 배운 거예요?"

사샤가 조롱하며 말했다.

"같은 것을 놓고도 사람마다 그 의미를 아주 다르게 느낄 수도 있으니까요."

나는 부드럽게 대답했다.

"아니면 아무 의미가 없을 수도 있죠."

사샤가 응수했다.

"어쩌면요. 당신도 문학을 하다 보면 겪을 테지만 심리치료에서도 모호한 경우에 갇힐 때가 있거든요. 고정된 사실에 의지해 일을 풀어가면 안 돼요. 직감에 따를 때도 있어야죠."

나는 그런 생각을 전에는 그런 식으로 명확히 설명한 적이 없었다. 그러나 그 말을 하면서도 꼭 들어맞는 표현이라는 기분이 들었다. 사샤는 멍한 표정으로 나를 가만히 바라보았다. 내가 한 말이 치료에 대해 회의적으로 여기는 사샤의 마음을 정곡으로 찌른 것 같았다. 아니면 개인적으로 엄청나게 불행한 일이 걷잡을 수 없이 터져서 내가 줄곧 사샤에게 말하려는 것을 듣는 것이 결국 힘겨워진 것일 수도 있었다. 그것이 결국 사샤의 '기차가 파괴되는 것'에 개입하지 않으려는 내 목적이었다.

나는 아주 조금 부추기고 거들기만 했는데 사샤가 갑자기 자신의 꿈을 스스로 해석하기 시작했다. 어느 한 가지와 연관을 짓다가 다른 것으로 관련을 짓기도 하면서 다각도로 분석을 했다. 그리하여 현재 자신에게 일어난 불행을 어린 시절에 겪은 몇몇 중요한 사건의 맥락에서 이해했다. 내가 늘 의심했던 것처럼 사샤는 꿈 분석에 뛰어난 재능이 있었다. 결국 그것은 문학 분석과 별반 다를 게 없었다.

사샤는 그 꿈을 다시 어머니와 연관시켰다.

"어머니는 결코 어떤 것을 위해서도 '나를 넘기지' 않을 거예요. 내가 아무리 끔찍한 행동을 한다고 하더라도. 어머니는 결코 내가 한 행동을 아버지에게 이르지 않았어요. 나는 계속하고 싶은 대로 행동했어요. 그러다가 내가 벌을 받지 않고 얼마나 구제 불능이 될 수 있는지 보았죠. 하지만 나는 내가 꿈속의 여자처럼 언제든 엄마를 유혹할 수 있고, 늘 내가 하고 싶은 대로 전부 할 수 있다는 것을 알았어요."

사샤는 또한 그 꿈을 제2차 세계대전 중에 목숨을 건진 경험과 연관시켰다.

"네이팜탄에 화상을 입은 한 베트남 어린이의 사진을 최근에 봤어요. 그 가엾은 아이를 보니 너무 안됐더라고요. 죄책감도 깊이 들었고요. 그건 분명 살아남은 자의 죄책감이죠. 아주 많은 아이들이 홀로코스트에서 죽었어요. 하지만 나는 아니죠."

잠시 뒤에 사샤가 다시 말을 이었다.

"가끔은 내가 내 아이들에게 네이팜탄을 터뜨리고 있는 것 같은 기분이 들어요. 아이들을 전혀 찾지 않고 늘 방치해 두고 있으니까요."

사샤는 잠시 뒤에 다시 말했다.

"꿈에서 '큐피드와 프시케'를 봐요. '미녀와 야수'의 원조잖아요. 변형, 변신. 나는 물론 야수고요. 죄를 짓고 저주를 받아 추한 모습으로 변해 순수한 처녀가 나를 다시 아름답게 바꿔주기를 기다리고 있죠. 영국 작가 체스터턴이 그러더군요. 야수가 사랑스러운 모습으로 바뀌기 전에 사랑을 받아야 한다고. 그래요, 그게 바로 저예요. 하지만 이제 엄마가 돌아가셨으니 어쩌죠? 누가 나를 사랑스러운 사람으로 만들 수 있겠어요?"

나는 아무 말도 하지 않았다.

"아하! 그러니까 당신은 나를 사랑스럽지 않다고 생각하는군요?"

사샤가 외쳤다.

"전혀 그렇지 않아요. 당신이 어떻게 꿈속의 네이팜탄 살인자가 달아나서 계속 큰 피해를 일으키게 했을까 생각하고 있었어요. 물론 당신이 사랑스러운 사람이 될 수 있는가는 오로지 당신의 선택에 달린 당신만의 문제라는 거 알잖아요. 당신만이 당신 안에 있는 그 야수를 자기 마음대로 하게 둘 것인가 결정할 수 있죠."

내가 대답했다.

사샤는 잠시 골똘히 생각을 하다가 꿈을 여남은 가지 다른 각도로 계속 해석했다. 상담 시간이 지난 지 꽤 되었고, 다른 내담자가 기다리고 있었다. 그러나 나는 이번만은 사샤가 원하는 만큼 계속 이야기를 하게 내버려두었다. 사샤가 마침내 이야기를 마쳤을 때 사샤의 얼굴은 거의 어린아이 같은 경이로운 표정으로 가득했다. 6개월 뒤에야 심리치료가 시작된 것이었다.

"사흘 동안 쉬지 않고 계속 글을 썼어요."

그 다음 상담 시간에 사샤가 자리에 앉으며 흥분해서 말했다.

"새로운 피가 샘솟듯 글이 마구 써지더라고요. 오, 그 기분이 얼마나 황홀한지. 심장이 다시 두근거려요. 젊어진 기분, 살아 있는 기분이 들어요. 멋진 내 모습을 되찾았어요."

사샤는 마지막 상담을 하고 나서 그 다음 날 마음의 눈에 새로운 소설에 대한 '체계적인 이미지'가 선명하게 떠오르는 동시에 잠에서 깨어났다고 말했다. 한 남자가 현관문을 연다. 첫 번째 아내의 머리가 절단되어 현관 계단에 놓여 있는 것이 남자의 눈에 들어온다. 그 소설은 자신이 살인자라는 것을 차츰 알게 되는 남자에 관한 심리적 추리소설이 될 예정이었다.

"남자는 자신의 무의식을 점점 더 깊이 파고들면서 그 사실을 알게 돼요."

사샤가 내게 말했다.

물론 나는 상황이 이렇게 반전된 것이 굉장히 흡족했다. 사샤는 심리치료 과정으로 '전향'했을 뿐 아니라 이미 그 과정을 이용해 작가로서 글이 막히는 어려움을 극복하고 있었다. 치료는 사샤의 창의적인 욕구를 죽인 게 아니었다. 오히려 되살리고 있었다. 게다가 보아하니 결국 한 사람의 아내에 대한 훌륭한 소설이 나올 수도 있을 것 같았다. 비록 참수가 되기는 했지만.

사샤는 주머니에서 공책을 꺼내어 펼쳤다. 공책에는 논의하고 싶은 꿈이 몇 가지 기록되어 있었다. 우리는 한 시간 동안 꿈에 대해 이야기했다. 사샤가 전에는 한 번도 언급한 적 없는 자신의 인생 영역에 관한 내용, 즉 아버지에 대한 두려움과 질투, 신체에 대한 열등감, 어린 시절에 죽음과 죽은 동물들에 사로잡혀 있었던 일에 대해 털어놓았다. 꿈에 대한 사샤의 분석은 전과 다를 바 없이 광범위하고 훌륭했다. 그 안에는 성인이 된 사샤의 강박 상태, 강박 관념와 관계의 패턴에 대한 단서가 가득했다.

상담이 끝나자 사샤가 나갈 채비를 하며 말했다.

"그런데 집에서 나왔어요. 자넷이 이혼 소송을 했거든요."

그것은 부수적으로 따를 수밖에 없는 소식이었다.

사샤와의 상담은 2년 동안 계속되었다. 사샤는 복잡한 자신의 내면을 파내고 분석하고 연관 짓고 발견하는 최우수 내담자가 되었다. 사샤는 자신이 왜 늘 '상대방을 노예로 만드는 관계'에 갇혀 있는지 이해하기 시작했다. 자신의 나르시시즘이 결코 완전히 충족될 수 없다는 것을 '뼛속 깊이' 느끼기 시작했다. 특히 이제 어머니가 이 세상에 없다는 점도 한몫했다. 게다가 열정적인 불륜 관계를 아무리 많이 맺는다고 해도 나르시시즘으로 인해 영원히 외로워할 수밖에 없다는 사실을 깨닫기 시작했다.

그 2년 동안 사샤는 자넷과 이혼을 했고 에바와의 관계는 파리의 어느 식당에서 공개적으로 싸운 뒤에 끝났다. 그리고 젊은 미국인 대학원생과 새로운 관계를 시작했다. 그 시기에 새 소설 『야수』를 완성하기도 했다. 나는 그 책이 쓰이는 과정을 직접 목격했다. 사샤는 상담 시간에 종종 공책을 꺼내어 책에 넣을 문구를 한참 기록했다. 그 과정에서 사샤는 그 책에서 내가 주요 인물로 등장한다고 말했다. 사샤는 나를 주인공의 치료사로 설정해 놓았다.

『야수』는 파리에 있는 사샤의 출판사에 의해 천재의 작품으로 칭송을 받았다. 출판 직전에 작품을 읽어 본 동료들과 평론가들 역시 같은 의견을 내놓았다. 사샤는 그 소식을 듣고 나서 얼마 뒤에 파리에 가서 출판인을 만났다. 사샤는 돌아오자마자 공항에서 나에게 전화를 걸어 긴급 상담이 필요하다고 말했다. 나는 그날 저녁 사샤와 만나기로 했다.

사샤가 내 사무실에 들어섰을 때 나는 사샤의 얼굴에서 아주 외로운 표정을 보았다. 그 순간 그 표정을 본 지 1년도 넘었다는 사실을 깨달았다. 그러나 어느 때보다 더 엄청난 충격에 휩싸인 표정이 다시 나타났다. 사샤가 자리에 앉으면서 잠자코 있는 건 그때가 처음이었다. 나는 잠시 기다렸다가 파리에서 잘 지냈는지 물었다.

"잘 됐어요. 모두가 그 책을 무척 좋아해요. 벌써부터 네 개 언어로 외국에 저작권까지 팔렸어요."

사샤가 오만하게 말했다.

그러고 나서 사샤는 몇 분 동안 다시 조용히 있다가 마침내 입을 열었다.

"어젯밤 파리에서 무시무시한 꿈을 꾸었어요. 그날은 어머니의 기일이었어요. 깨어나 보니 식은땀으로 흠뻑 젖어 있고 오한이 나더라고요."

그 꿈의 내용은 이러했다.

"나는 프랑스 정신분석가 사무실에 있어요. 정신분석가가 내게 말해요. 내가 미국인 치료사를 만나면서 시간을 낭비하고 있다고. 너무 피상적이고 깊이가 없다고 분석가가 말해요. 분석가가 한 페이지를, 그건 내 원고의 한 페이지예요, 집어 들고 말해요. '당신은 글자 뒤에 숨은 뜻을 봐야 해요. 안 그러면 당신은 글자의 진정한 의미를 결코 알지 못해요.' 그때 나는 우리가 무덤 안에 있다는 것을 깨달아요. 어머니가 내 옆에 있어요. 우리는 둘 다 검은색 옷, 상복을 입고 있어요. 어머니가 말해요. '너는 아주 많은 것을 이루었다.' 그리고 나는 어머니를 돌아보고 말해요. '나는 아무것도 아니에요. 나는 존재하지 않아요.'"

바로 그때가 사샤가 오한을 느끼며 잠에서 깨어난 순간이다.

"그때 나는 느낄 수 있었어요. 내가 전혀 존재하지 않는다는 것을. 그러니까 내가 하는 일이 무슨 소용이 있나, 이 말입니다. 책을 몇 권 쓰고, 몇몇 여자들과 성관계를 하는 게. 결국 그 어떤 것도 정말 아무 의미가 없어요. 물론 백 권의 책을 쓸 수도 있어요. 그러고 나서 죽으면 그런다고 뭐가 달라지나요? 그래서 뭐 얻는 게 있나요?"

그 말을 듣고 내 머리에 처음 들어온 생각은 두 가지였다. 사샤는 책을 출간하고 나서 '산후' 우울증을 앓고 있었다. 나는 우울증이 오리라는 것을 예상하고 사샤가 그런 감정 변화에 대비할 수 있도록 도와주어야 했다. 나는 많은 작가들이 긴 작품을 끝내고 나서 그와 같은 엄청난 허탈감에 빠진다는 것을 알았다. 버지니아 울프는 한 작품을 다 쓰고 나면 아주 깊은 우울증에 빠진 나머지 몇 개월 동안 침대에서 나오지 못했다고 한다.

그러나 사샤에게는 그것이 전부가 아니었다. 그 이상의 뭔가가 진행 중이었고 그것은 우리가 2년 넘게 하고 있는 치료에서 한 번도 다루지 않은 것이었다. 사샤의 꿈은 그 점을 확실히 부각시켰다. 우리는 상담을 하는 동안 아주 중요한 요소, 즉 사샤가 이 세상에 존재하는 근본적인 요인을 놓쳤다.

"글자 뒤에 뭐가 있다고 생각해요?"

내가 사샤에게 물었다. 사샤가 슬픈 미소를 지어 보였다.

"멋진 꿈이지 않아요?"

사샤가 씁쓸하게 말했다.

"아주 문학적이에요. 꿈이 내 작품의 숨은 의미를 보라고 나에게 요구하고 있어요. 내가 쓴 단어 뒤에 숨은 의미. 그래서 그렇게 했어요. 지난 이틀 동안 아주 깊게, 아주 유심히 글자를 보았어요. 그 멋진 단어의 장막 뒤에서 내가 무엇을 찾아냈는지 알아요? 전혀 아무것도! 결코 존재하지 않았던 사람. 앞으로 펼쳐질 삶. 나 자신의 삶!"

사샤가 눈물을 흘리기 시작했다. 2년 넘게 사샤를 치료하면서 한 번도 본 적 없는 모습이었다. 처음에는 나직이 울었다. 이윽고 울음소리가 높아지더니 온몸을 뒤틀며 흐느꼈다. 그 상태로 몇 분이 흘렀다. 사샤의 잘생긴 얼굴이 고통으로 일그러지는 모습을 보면서 나는 불현듯 우리가 함께 상담을 하면서 무엇을 놓쳤는지 정확히 알았다. 그리고 그것이 무엇인지 사샤도 안다는 것을 나는 깨달았다.

본질적인 실존주의적 의미에서 사샤는 예술을 위해 자신의 삶을 제물로 바쳤다. 사샤의 인생을 다룬 사샤의 책이 그 책에 영감을 준 자신의 인생보다 사샤에게는 더 현실이었다. 결국 사샤가 연애를 하면서 겪은 황홀감과 고통은 페이지 위에 박힌 글자에 지나지 않았다. 사샤는 하나의 이야기로서 인생의 온갖 경험을 했다. 우리가 함께 한 심도 있는 치료도 그 이야기의 일부, 그것을 위한 '소재'였다. 결국 그 단어 뒤에는 실체도 현실적인 삶도 없었다. 결국 자전적 소설을 쓴 작가는 존재하지 않았다.

이것이 '예술 대 온전한 정신' 문제의 이면이었다. 사샤도 나도 인정하지 않은 측면이었다. 그렇다. 어쩌면 '정신 건강'은 창조적인 과정을 단축시킬 수도 있지만, 창조적인 과정이 충만하게 살아온 인생을 단축시킬 수도 있다.

우리 모두가 우리의 경험을 일화나 이야기로 바꿈으로써 어느정도 우리의 삶과 거리를 둔다고 주장할 수도 있을 것이다. 단, 우리가 그 이야기를 우리 자신에게 들려주고, 그것을 우리의 기억의 '도서관'에 넣어 둔다면 말이다. 물론 그것도 어느 정도 맞는 말이다. 그러나 나는 그 꿈을 통해 사샤에게 드러난 것은 진정한 존재론적 위기였다고 믿는다. 사샤의 무의식 깊숙한 어딘가에서 사샤는 그가 자신의 삶에서 빠져 있다는 것을 느꼈다. 사샤가 그런 위기에 처해 있다고 내가 믿는 가장 큰 이유는 사샤가 처음에 치료를 시작했을 때, 그리고 그날 내가 다시 보았던, 사샤의 얼굴에 나타난 깊은 상실감 때문이었다. 그 표정은 사샤가 다시 글을 쓰기 시작했을 때, 사샤의 인생이 소설이 되었을 때 사라졌다. 그러나 책이 완성되자 사샤의 얼굴에는 어마어마한 상실감이 다시 찾아왔다. 치료는 사샤가 다시 글을 쓰는 데 도움이 되었지만 책이 출간되자 사샤는 완전히 현실적으로 느꼈던 삶을 더 이상 누리지 못했다.

우리는 그 다음 몇 개월에 걸쳐서 그 꿈과, 그것이 사샤에게 상징하는 실존적인 위기에 대해 이야기하며 많은 시간을 보냈다. 그것은 여러 문제 중에서도 가장 미묘한 것이고, 순수한 현상학(경험적 현상과 그에 대한 의식의 구조를 연구하는 학문_옮긴이) 중 하나로 볼 수 있다. 그러나 그것은 인생의 핵심을 관통하는 문제였다. 사샤와 나는 사샤가 왜 세상에 버젓이 존재하다가, 아니 사샤의 말을 빌리자면 '열심히 살다가' 아무런 타협도 없이 그러한 삶에서 물러나게 되었는가 하는 정신적 이유에 대해 논의했다. 우리가 찾아낸 이유는 설득력 있고 대단히 흥미로웠다. 그러나 여느 때처럼 그런 논의가 끝나자 사샤는 같은 생각으로 돌아왔다. 사샤는 어떤 인생도, 심지어 자신의 인생도 위대한 예술작품보다 더 숭고할 수 없을 것이라고 생각했다.

사샤가 파리 대학교에서 명망 있는 직위를 받았을 때 우리는 여전히 그 문제를 가지고 씨름을 하고 있었다. 그 당시에 사샤는 나와 3년 넘게 치료를 하고 있었다. 사샤는 이제 또 다른 여자와 사귀고 있었고, 새로운 소설을 쓰기 시작했다. 그 소설은 자신이 존재하지 않는다는 것을 깨닫는 남자에 관한 이야기였다.

우리의 마지막 상담이 끝났을 때 사샤는 나를 껴안고 내 양 볼에 입을 맞추었다.

"책을 대신해서 당신에게 감사 인사를 하고 싶군요."

사샤가 말했다.

한 사내가 생제르맹 대로에서 발을 질질 끌며 나를 향해 걸어왔다. 나는 처음에는 그 사내가 사샤인 줄 전혀 알아보지 못했다. 몸이 구부정하고 머리가 희며 오른쪽 귀에 보청기를 끼고 있는 사내, 프랑스인들의 표현대로라면 'troisième age(노년기)'에 있는 사내였다. 물론 사샤도 꼭 나만큼 나이가 들었을 것이다. 나는 그 생각에 정신이 번쩍 들어 자리에서 일어섰다.

"오랜만이에요, 사샤."

사샤는 내 양 볼에 입을 맞추었다. 그런 다음 내가 앉아 있던 테이블 앞에 한눈에 보기에도 힘겹게 앉았다.

"로버트, 당신을 만나다니 정말 반가워요. 종종 당신 생각을 해요. 열렬히 사랑하기라도 하는 것처럼."

사샤가 미소를 지으며 말했다.

나는 싱긋 웃어 보였다. 사샤는 늘 유혹하는 사람이었고, 그건 분명 변함없는 사실이었다. 사샤가 도착하자 나는 테라스 곳곳에 있던 사람들이 고개를 들어 사샤를 바라보는 모습을 보았다. 몇몇은 고개를 끄덕이고 미소를 지었다. 사샤는 상당히 뻣뻣하게 고개를 끄덕여 인사했다.

"새 책이 출간됐어요."

사샤가 내 쪽으로 상체를 숙이며 비밀 이야기를 하듯 말했다.

"요새 텔레비전에 출연하고 신문에 나와요. 그래서 다들 나를 알아요. 여전히 프랑스에서는 작가들을 유명 인사처럼 대우해요."

"축하해요."

내가 말했다.

사샤는 어깨를 으쓱했다.

"네, 작가는 잘 지내고 있지요. 로버트, 당신이 나를 위해 엄청나게 중요한 일을 해 주었어요. 내 안에 있던 억압받은 작가를 해방시켜 주었으니까요. 당신은 내가 어머니의 소원을 이룰 수 있게 도와주었어요."

사샤가 착잡하게 말했다.

"그런데 그 남자는요, 그 남자는 어떻게 지내요?"

"여전하군요. 항상 직격탄을 날리니 말이에요."

사샤가 웃더니 잠시 테이블을 내려다보았다.

"그 남자는 작가만큼 잘 지내지 못해요. 특히 그 남자의 몸은 말이 아니죠."

"몸이 아파요?"

"그렇기도 하고 아니기도 해요. 한 의사는 이렇게 말하더군요. '알렉산드로비치, 당신 몸에는 치명적인 병은 없지만 전반적으로 기능이 떨어지고 있어요.' 나는 반만 살아 있는 셈이에요. 소화를 시키려면 알약을 먹어야 해요. 자려면 알약을 더 많이 먹어야 해요. 대변을 보려면 밤에 약을 먹어야 해요. 심지어 성관계를 할 때도 주사를 맞아야 해요. 내가 새 소설에 쓴 것처럼 나는 과학 기술로 버티는 인형이에요."

"안타깝네요."

"의사는 그게 전부 심리적인 요인이라고 해요."

사샤는 어리벙벙한 어조로 말을 이었다.

"나는 의사에게 그게 무슨 뜻이냐고 물었어요. 그러자 의사 말이 '그러니까 당신은 항우울제를 복용하든지 아니면 심리치료를 다시 받든지 해야 한다는 겁니다.' 하더군요. 그래서 알약이 또 추가되는 거죠. 프랑스 항우울제. 그 약을 먹게 되면 가장 안 좋은 점은 더 이상 와인을 마실 수 없다는 거예요."

사샤가 나를 보고 미소를 지었다.

"기억해요? 한 사람의 아내에 대해 쓴 훌륭한 소설은 없다고 내가 입버릇처럼 말했죠."

사샤가 물었다.

"물론 기억해요."

"지난번 책에서는 노인의 병약함에 관해 모조리 썼어요. 이제 보니 그 책이야말로 훌륭한 문학 작품이네요, 안 그래요?"

웨이터가 지나갔다. 나는 카페오레를 한 잔 더 주문했고, 사샤는 레몬이 들어간 생수를 청했다. 웨이터는 허리를 숙이더니 사샤의 귀에 대고 뭐라고 속삭였다.

"열렬한 팬이래요."

웨이터가 가고 나자 사샤가 미소를 지으며 말했다.

"웨이터가 어제 나온 〈르 몽드〉 지에서 내 기사를 읽었대요. 남자들이 정말로 무슨 생각을 하는지 거리낌 없이 말하는 사람은 나뿐이라고 웨이터가 말하네요."

"무슨 말을 거리낌 없이 한다는 거죠?"

"기본적으로 이런 거죠. 마흔 살이 넘은 여자는 누구를 막론하고 성관계를 할 가치가 없다고요. 그 말이 뭐가 그렇게 충격적이라고 난리법석인지 모르겠어요. 내 동료교수 중 한 명이 자기 나이의 절반인 학생과 결혼을 했는데 그 한계를 서른다섯 살에 두더라고요. 그걸 보면 나 정도는 꽤 생각이 깨어 있는 건데."

사샤가 사무적으로 말했다.

"로버트, 나는 내가 본 사실을 그대로 쓰는 것뿐이에요. 서른 살이나 마흔 살 정도는 되어야 여자로 보여요. 얼굴은 매끄러워야 하고 젖가슴도 그래야 해요. 잘 들어요, 나는 나 자신을 바꿀 수가 없어요. 어쩌면 나는 내 행동의 주인이기는 하지만 내 욕망의 주인은 절대 아니거든요. 누구든 내 말을 반박하는 사람은 거짓말을 하는 거예요. 그리고 욕망은 거짓말을 할 수 있는 주제가 아니에요. 당신은 그 부분에 대해서는 분명 동의하겠죠. 내가 다른 건 몰라도 당신한테 한 가지 배운 게 있다면, 진실이 아무리 끔찍하다고 하더라도 그것을 깊이 파고들어 찾아내는 것이에요. 한 비평가가 있어요. d'un certain age(꽤 나이가 든) 여자예요. 여자가 나를 인터뷰하러 와서 말했어요. '당신한테 솔직히 이야기해도 될까요, 알렉산드로비치?' 그래서 내가 대답했죠. '물론이죠. 솔직하게 책을 쓰는 내가 그런 걸 거부해서야 되겠어요?' 나는 여자가 사람들이 흔히 하는 말을 하리라 예상했어요. 이를 테면 당신은 정말 돼지 같은 아주 불쾌한 남성 우월주의자라고. 나는 그보다 더한 욕, 훨씬 더 심한 욕도 참았어요. 하지만 여자가 말하더군요. '나는 당신이 마흔 살이 넘은 여자들에 대해 한 말을 읽고 상처를 받았어요. 나도 마흔이 넘었거든요. 그래서 남편한테 물었어요. 나한테 무슨 일이 일어나서 당신이 재혼을 한다면 내 나이 또래의 여자와 할 건지, 아니면 더 젊은 여자와 할 건지. 그러자 남편이 당연히 더 젊은 여자와 할 거라고 하지 뭐예요. 그 진실이 당신을 자유롭게 할 수도 있고 죽일 수도 있을 거예요. 아니면 동시에 그 두 가지 일을 겪을 수도 있겠죠.'"

사샤가 부드럽게 웃었다.

"로버트, 당신이 무슨 생각하는지 알아요. 주사를 맞아야 발기하는 남자치고 사고방식이 독특하다고 놀라고 있죠? 그래요. 독특하기는 하지만 그건 내 사고방식이고 그래서 나는 그것을 글로 쓰지요."

사샤는 재킷 주머니에서 신문에서 오려낸 기사를 꺼내어 안경을 다른 것으로 바꿔 끼고, 기사를 번역해 읽기 시작했다.

알렉산드로비치의 새 소설은 젊은 사람들의 피를 빨아먹는 뱀파이어에 관한 내용이다. 그리하여 모든 책이 변신의 매개체로서 작가는 나이 든 교수를 젊은이로 변모시켜 또 다른 존재가 될 준비를 한다. 내 생각에 작가 알렉산드로비치는 알렉산드로비치라는 남자에 덧씌워진 뱀파이어가 아닌가 싶다. 그래서 작가는 남자를 갈기갈기 찢어서 난도질을 하고 내장을 제거하여 남자에게 영감을 불어넣는 것이 아닐까.

사샤가 기사를 테이블 위에 내려놓았다.

"당신한테는 이 내용이 새로울 것도 없죠. 우리는 20년 전에 그것과 똑같은 애처로운 결론을 내렸잖아요?"

나는 고개를 끄덕였다.

"로버트, 나는 별로 달라진 게 없어요."

사샤가 엄숙하게 말했다.

"그래서 당신이 너무 많이 실망하지 않으면 좋겠어요. 당신의 책을 망치지 않았으면 좋겠고요. 결국 나는 옛날과 똑같은 남자예요. 갈기갈기 찢어져 있고 분열되어 있죠. 여전히 그럭저럭 살아가고 있어요. 하지만 이제 그 남자는 엄청나게 외로워요. 누이가 잉글랜드에 살아요. 내 딸들은 뉴욕에 있고요. 마지막 아내 마리아가 죽은 뒤로 내 곁에는 아무도 없어요. 마리아는 요리 솜씨가 뛰어났어요. 마리아가 근사한 저녁 식사를 차려놓고 우리는 사람들을 초대하곤 했어요. 이제 나는 어느 모임에도 나가지 않고, 어느 작가와도 그 누구와도 어울리지 않아요. 오랜 친구들한테 새 책을 보내는데 아무도 반응이 없어요. 식사도 자꾸 미뤄서 어떤 날 밤에는 11시에 저녁을 먹기도 해요. 건강에 좋지 않은 습관이죠. 텔레비전의 심야 프로그램을 보고 나서 12시 30분에 잠자리에 들어요. 그래서 나는 유명하긴 하지만 외로워요. 사람들 말로는 외로운 남자는 아주 나쁜 친구를 사귀는 것과 같다고 해요. 외로움은 끔찍하지만 내 욕망을 생각하면 외로워질 수밖에 없는 운명이죠. 내 말은, 그래서 대안을 생각해야 한다는 거죠. 그건 바로 누군가를 수용하는 것이에요!"

사샤가 자신의 외로움에 대해 말할 때 목소리에는 자기 연민 이상의 감정이 살짝 묻어 있었다. 그 점이 새로웠다.

"당신의 책에 대해 말해 봐요."

내가 잠시 뒤에 말했다.

사샤의 표정이 순식간에 밝아졌다.

"당신은 책 속에서 계속 등장하는 인물이에요. 내가 이 카페에 있는 사람 중 아무나 붙잡고 로버트 아케렛이 누구냐고 물으면, 사람들은 '그야 셰코니에프의 치료사잖아요.'라고 대답할 거예요. 셰코니에프는 내 소설에 등장하는 나 자신에게 붙인 이름이에요. 내 대역이죠. 하지만 어떤 의미에서 당신 역시 내 대역이에요. 당신은 나의 일부가 되었어요. 내 상상 속에서 나는 당신을 내 마음대로 요리하죠. 아니 어쩌면 내가 당신에게 요리되고 있어요. 그게 문제예요, 그렇죠? 두 의식 세계가 한데 섞이면 누가 책임을 져야 하는 건가요?"

사샤가 웃었다.

"당신이 프랑스어로 쓴 책을 읽지 못한다는 게 참 아쉬워요. 아니 어쩌면 차라리 잘된 일인지도 몰라요. 아마 당신은 내가 당신의 입을 빌어 서술한 생각 중 일부분을 읽고 기겁할 수도 있어요. 『야수』에는 내가 실제로 꾼 꿈을 우리가 함께 분석하는 장면이 250페이지에 걸쳐 실려 있어요. 그 꿈은 우리가 치료를 할 때 내가 거론했던 꿈이 아니었어요. 그래서 나는 당신이 뭐라고 말할까, 추측을 해야 했어요. 그러니까 그 말은 곧 치료가 결국 성공했다는 거잖아요? 내가 당신의 도움 없이도 스스로 분석을 계속할 수 있다면 그게 바로 치료가 성공했다는 의미잖아요? 그 내용을 당신 책에 써요, 로버트. 사샤 알렉산드로비치에 대한 치료가 전적으로 성공했다고요! 아!"

사샤는 페리에 생수가 든 유리잔을 들어 건배하는 시늉을 했다.

"나는 당신을 책에 등장시킬 때 당신이 실제로 말한 문장을 쓰곤 해요. 당신은 치료사로서 말을 할 때 나름의 스타일이 있어요. 미국식 스타일이죠. 그래서 모든 프랑스 분석가들이 당신의 말투에 꽤 호기심을 느꼈어요. 심지어 어떤 분석가들은 이 인물에 관한 학술적인 논문을 쓰기도 해요, 아케렛. 이제 분석가들은 내가 소설 속에 지어낸 분석 내용을 분석하고 있다니까요!"

"뭐라고 분석을 하던가요?"

"분석가들은 당신이 너무 개입을 많이 한다고 말해요. 프랑스 분석가들은 결코 한마디 말도 안 하거든요. 좀비 같다니까요! 만일 내가 프랑스 남자한테 분석되었다면 진작부터 내가 직접 분석을 했을 거예요! 이곳 사람들의 삶에는 프로이트가 스며들어 있어요. 프로이트에 대해 정작 잘 알지도 못하면서요. 그래서 난 늘 말해요. 결국 히틀러와 스탈린, 프랑코 같은 20세기의 모든 독재자들이 지금은 사라졌지만 여전히 우리 모두를 정복한 한 남자가 있는데 그것이 프로이트라고. 어떤 면에서 프로이트의 사고 패턴에 빠져들지 않고 스스로 생각할 줄 아는 사람은 전혀 없어요. 일부 프랑스 사람들은 이제 슬슬 그것을 못 견디고 있지만, 그건 사실이에요. 마리아와 결혼했을 때 나는 독일어를 배우기로 결심했어요. 프로이트의 책을 원서로 읽기 시작했는데, 그건 정말 놀라운 경험이었어요. 프로이트는 다른 훌륭한 면도 있지만 기가 막히게 멋진 문장가였어요. 나는 문학적인 관점에서 일종의 프로이트 학파 학자가 되었어요. 그래서 작가 프로이트에 관한 강의를 했어요. 그리고 이윽고 작가 프로이트는 내 비평 관점에 전적으로 영향을 미쳤어요. 전에는 실존주의적 관점에서 참고용으로 문학에 접근했어요. 이제는 정신분석학적 관점으로 바뀌었어요. 나는 프루스트의 정신분석적 해석을 써서 파문을 불러일으켰죠. 하지만 내 소설을 보면 프로이트에게 가장 큰 영향을 받았다는 것을 알 수 있어요. 텔레비전 인터뷰를 할 때마다 프로이트가 플리스에게 쓴 편지를 인용했어요. '무의식의 세계를 발견한 뒤로 나는 나 자신이 훨씬 더 흥미롭더군요.' 맞아요. 그와 똑같은 일이 나에게 일어났어요. 우리가 정신적으로 약간 줄다리기를 하기 전까지 나는 전혀 내성적인 사람이 아니었어요. 별안간 내면에서 완전히 새로운 세계가 발견되었어요. 그건 지적인 결정이 아니었어요. 사람들이 나에게 물어요. '당신은 왜 당신 자신에 대해 글을 쓰나요?' 사람들은 오늘 오후 5시에 텔레비전 인터뷰를 할 때에 그 질문을 또 할 거예요. 그러면 나는 이렇게 말하죠. '왜 내가 상상의 인물에 대해 글을 써야 하나요? 모든 사람이 자신의 내면 깊숙이 들어가 자신을 완전히 드러낼 때 소설이 되는데.' 나는 그 과정을 지칭하는 이름까지 붙였어요. 자전소설이라고. 그 이름이 프랑스에서 용어로 자리매김했어요."

사샤가 갑자기 말을 멈추더니 나를 응시했다.

"좋아요, 로버트. 당신의 그 회의적인 눈빛을 잊지 않았어요. 무슨 생각을 해요? 어서 말해 봐요!"

"당신이 왜 당신 자신에 대해 글을 쓰는가 하는 문제에 대한 답은 그것뿐이지요. 그러나 당신이 왜 글을 쓰는가 하는 문제에 대한 답은 되지 못해요."

내가 말했다.

사샤는 짓궂은 미소를 내게 얼핏 보였다.

"로버트, 당신이 불어를 하지 못한다는 게 다행이에요. 불어를 했다면 사람들이 당신을 텔레비전 프로그램에 출연시켜 작가들에게 인터뷰를 하게 했을 거예요. 당신은 작가들을 몹시 당혹스럽게 했을 걸요. 내가 글을 쓰는 건 하루라도 더 살기 위해서라고 예전에 말했잖아요. 하지만 이제 더 이상 그 말은 안 해요. 한 비평가가 글을 쓰는 진정한 이유를 내게 알려주었기 때문이에요. 그 비평가는 만일 내가 글 속에서나 자신을 불멸의 존재로 만들고 있다고 생각한다면 안타깝게도 내가 착각하는 거라고 말했어요. 어쩌면 그 비평가가 옳을 수도 있어요. 하지만 그래서 그게 뭐 어떻다는 건가요? 사람이 죽고 나면 무슨 일이 생기든 누가 신경이나 쓴대요? 그게 뭐가 중요하죠?"

오래전에 보았던 절망적인 표정이 또다시 사샤의 얼굴에 스쳤다. 그게 정말 뭐가 중요할까?

"좀 걸어야겠어요. 어때요?"

내가 잠시 뒤에 말했다.

"좋아요. 하지만 너무 멀리 가지 말고 천천히 걸어야 해요. 우선 소변을 보고 올 테니 잠깐 기다려요."

나는 사샤가 카페 안에 있는 화장실로 천천히 걸어가는 모습을 바라보았다. 사샤는 아주 노쇠해 보이고 악의가 없어 보였다. 사샤가 여자들에 대해서 아무리 터무니없는 혐오스런 말을 한다고 해도 사샤를 괴물로 생각하기 힘들었다.

우리는 잠깐 걷고 나서 작은 공원에 있는 벤치에 앉아서 잘 차려 입은 파리 시민들이 천천히 걸으며 행진하는 모습을 구경했다. 그리고 나서 사샤는 마리아에 대해 이야기하기 시작했다. 마리아는 사샤가 결혼했던 젊은 오스트리아 여자로 5년 전에 세상을 떠났다.

사샤는 쉰일곱 살이 되었을 때 격조 높은 문학잡지에 여자 친구를 구하는 광고를 냈다. 광고에는 자신이 유명한 작가이고 재정적으로 안정적이며 문학과 여행에 취미가 있는, 스물다섯 살에서 마흔 살까지의 유럽 여성을 찾는다고 적었다. 예순여덟 명의 여자가 응답을 했고, 사샤는 한 번에 한 명씩 가장 젊은 여자부터 인터뷰하기 시작했다.

"응답을 한 정신분석가가 열두 명은 됐을 거예요. 외로운 여자 정신분석가들이 파리에 아주 많다는 사실이 오싹해요."

사샤가 말했다.

스물여섯 살의 인턴 의사, 마리아는 처음부터 사샤의 호기심을 강하게 끌었다. 마리아는 아름답고 3개 국어에 능통했다. 그러나 가장 중요한 것은 마리아가 두 사람의 첫 만남이 끝날 무렵에 사샤에게 한 말이었다.

"마리아가 카페 테이블 위로 허리를 숙이더니 말했어요. '당신은 이제 충격을 받을 거예요.' 그래서 내가 대답했죠. '난 웬만해선 충격을 받지 않아요.' 그러자 마리아가 말했어요. '나는 당신의 냄새가 참 좋아요. 지금 당장 나와 성관계를 해요.'"

그 말을 하는 사샤의 눈에 눈물이 가득했다.

"그 순간 내 기분이 얼마나 묘했을지 이해하겠어요, 로버트? 그건 늘 내가 하던 말이고 내가 걸던 작업이었어요. 순간 한 대 얻어맞은 기분이었어요."

"아마 당신은 마음속으로 스스로가 매력이 있다고 더 이상 믿지 않았을지도 모르죠."

"더 이상?"

사샤가 침울하게 웃으며 내 말을 따라했다.

마리아와의 연애는 그날 밤 시작되었다. 사샤와 마리아는 열정적으로 성관계를 했다. 옛날에 그랬던 것처럼 사샤는 나에게 그 이야기를 상세히 묘사했다. 마리아는 그 주에 사샤의 집에 들어와 살았다. 두 사람은 매일 성관계를 했다. 그들은 3개월 뒤에 결혼을 했고, 그해 말에 마리아는 임신을 했다.

그 대목에서 사샤는 말을 멈추고 침을 꿀꺽 삼켰다. 이야기를 계속하는 것이 힘든 게 분명했다.

"이 부분을 이야기하는 게 왜 그렇게 힘든지 모르겠어요."

사샤가 마침내 입을 열었다.

"내 책을 읽은 사람들이라면 다 아는 공개된 내용인데."

사샤는 심호흡을 하다가 계속 이야기를 했다.

"우리는 아이를 낳지 않기로 합의를 보았어요. 더 이상 내 인생에 아이 문제가 불거지는 건 원하지 않았어요. 아무튼 나는 예전에 아이들을 잘 챙기지 못했잖아요. 우리가 결혼을 할 때 마리아는 그 문제에 전적으로 동의했어요. 애초에 그 생각을 한 건 마리아였을 거예요. 마리아는 공부도 해야 하고 일도 있어서 아이들을 키울 시간이 없었어요. 하지만 임신을 하고 갑자기 호르몬이 달라져서 그런지 아이를 낳고 싶어 했어요. 나는 나를 택하거나 태어나지 않은 아이를 택하라고 마리아에게 딱 잘라 말했어요. 그러자 마리아는 동의하고 낙태를 했어요. 마리아는 개인 병원에서 낙태 수술을 받았어요. 그런데 그 병원이 수술을 엉망으로 해서 결국 의료 당국에 의해 폐업이 되었어요. 그 일이 있고 나서 우리는 스위스에 가서 요양을 했고, 마리아는 극심한 고통에 시달렸어요. 의사가 마리아에게 알약을 처방해 주었지만 아무 소용이 없었어요. 그러고 나서 마리아는 그 고통을 느끼지 않을 방법은 술을 마시는 것밖에 없다는 것을 알게 됐어요."

"그래서 마리아는 계속 술을 마셨나요?"

"네. 마리아는 술을 끼고 살았어요. 그리고 임신을 하려고 계속 노력하기도 했고요. 마리아는 끊임없이 노력을 했지만 이제 임신을 포기해야 했어요. 낙태 수술을 엉망으로 해서 더 이상 임신할 수 없을 정도로 몸이 망가졌거든요. 마리아는 술을 더 많이 마셨어요. 하룻밤에 보드카 1리터를 마셨어요. 물론 일은 그만둬야 했어요. 얼마 뒤에 상황이 걷잡을 수 없이 악화되었어요. 나는 내 인생이 파탄이 나기 시작할 때 내가 할 수 있는 유일한 일을 했어요. 새 책을 쓰기 시작했죠. 물론 우리, 마리아와 나에 관한 책이었어요. 나는 각 장을 쓰고 나면 마리아에게 보여줬고, 우리는 가끔씩 그 내용에 관해 이야기를 나누었어요. 그것은 문학적인 관점에서 아주 흥미로운 과정이었어요. 등장인물이 자기 자신에 관해 논평을 하니까요. 마리아는 아주 날카로운 비평가였어요. 책에 마리아가 꼬박 하루 동안 만취해 있는 내용이 한 장에 걸쳐 나와요. 부자연스러운 몸짓과 걸려 넘어지는 동작, 앞뒤가 안 맞는 발언을 하나하나 일어난 순서대로 연이어 기술했어요. 예쁜 장면은 아니지만 정확한 장면이었죠. 나는 그 내용을 전에 했던 것처럼 마리아에게 보여 주었어요. 그러고는 함부르크에 있는 회의에 참석하러 떠났어요. 호텔에 도착하자마자 우리가 사는 아파트에 전화를 했는데 도무지 전화를 받지 않았어요. 그 다음 날도 마찬가지였고요. 그래서 경찰에 전화를 했죠. 경찰이 아파트 현관문을 두드리니 아무 대답이 없더래요. 그래서 문을 부수고 들어가니 마리아가 바닥에 누워 있었다고 하더군요. 죽은 지 이미 하루가 되었다고 했어요."

사샤는 멀리 허공을 응시했다.

"물론 그 부분도 내 소설에 실었어요. 말할 수 없는 것들이 있어요. 그런 부분은 보통 직업상 비밀을 철저히 지키는 정신분석가에게 말하죠. 하지만 나는 그 부분을 책에 썼어요. 그리고 그 책이 출간되었을 때, 그때가 1989년이었어요, 사람들이 전부 그 내용에 대해 이야기했어요. 마리아의 죽음. 마리아의 자살."

"확실히 자살이었나요?"

"아무도 모르죠."

사샤가 어깨를 으쓱하며 대답했다.

"마리아의 피는 알코올로 가득했어요. 죽음에 이를 만큼. 하지만 마리아의 의도가 무엇이었는지는 마리아만이 알죠. 소설에는 자살이라고 적었어요."

"왜 그랬죠?"

사샤가 다시 어깨를 으쓱했다.

"그게 옳다고 생각했으니까요. 자살이라고 적어야 내가 느끼는 죄책감과 일맥상통하니까요. 문학적으로도 그 편이 더 의미가 있고."

문학적으로 더 의미가 있다고? 그 순간 내가 억눌러왔던, 그러나 직업상 영원히 억눌러야 하는 모든 혐오감이 내 안에서 일어났다. 나는 혐오감을 숨기려고 최선을 다했지만 사샤가 내 얼굴에서 그 표정을 본 것이 분명했다. 하지만 사샤는 그 점에 대해 아무 말도 하지 않았다.

"그 책은 꽤 논란을 일으켰어요. 인기 있는 토크쇼에서 사회자가 나를 비난했어요. 그 장을 보여줘서 마리아를 살해했다고."

"그래서 당신은 뭐라고 반응했나요?"

"이렇게 말했죠. '맞아요. 그 내용은 마리아를 힘들게 했지만 나는 훨씬 더 힘들었어요.'라고. 그 다음 날 난리가 났어요. 신문에 독자들 편지가 날아오고, 사람들은 분개했어요. 물론 그 모든 일이 책 홍보에는 아주 그만이었죠. 책은 베스트셀러가 되었어요. 그리고 이 대목에서 당신이 흥미를 느낄 이야기가 있어요. 책이 유명해지고 판매가 오르자 나는 우울증이 점점 더 깊어졌어요. 엄청난 돈을 벌고 있고 아름다운 여자들을 만나고 있었지만 내 몸은 죽어갔어요. 그러다 결국 내 성기 역시 죽고 말았어요."

"새로운 여자를 만나고 있었어요?"

"네. 마리아 장례식을 치르고 나서 딱 5개월 뒤에 벨기에 여자와 사귀었어요. 사람들은 그 사실을 좋아하지 않았어요. 책에 나오는 인물에 대해 그런 말을 하면 별 문제가 없어요. 하지만 자기 자신에 대해 그런 말을 하는 작가가 있으니 탈이었죠. 나는 황금 시간대에 방송되는 텔레비전 프로그램에 출현해서 가장 끔찍한 말을 했어요. '나는 아내를 여전히 사랑해요. 하지만 죽은 사람들을 죽이지 않으면 그 사람들이 당신을 죽일 거예요.' 그리고 바로 그 무렵에 나는 더 이상 성관계를 할 수가 없었어요. 그때 주사를 맞기 시작했어요. 그 분야만큼은 프랑스가 미국보다 의학적으로 앞서 있더군요. 왜냐하면 발기불능으로 고통받는 사람들이 미국보다 프랑스에 훨씬 더 많거든요. 주사를 맞는 것은 고통스럽지 않았어요. 그래도 여자는 그걸 싫어해요. 자연스럽게 들어오기를 원하거든요. 하지만 그것까지 과학이 해 주지는 못하죠. 과학이 욕구를 일으키지는 못해요. 아니, 아니, 욕구가……."

사샤는 말끝을 흐리더니 입을 다물었다.

나는 손목시계를 보았다. 4시가 지났다. 사샤가 텔레비전 인터뷰를 하러 가야 할 시간이 다가왔다.

"앞으로 어떻게 할 계획인가요?"

내가 물었다.

사샤는 고통스러운 미소를 지어 보였다.

"한 가지는 확실해요. 나는 20세기의 남자예요. 21세기에서는 단 1분도 살고 싶지 않아요. 그건 나의 시대가 아니에요. 언론에서 기자들이 물어요. '알렉산드로비치가 후기에 뭐라고 쓸까요? 알렉산드로비치는 자신에 관한 소설을 다섯 권 썼어요. 작품이 또 나올까요?' 네, 책이 한 권 더 나올 겁니다. 그 책이 출간되는 걸 나는 결코 못 보겠지만. 사람이 익사를 하면 머릿속에서 자신의 인생 전체가 보인다고 해요. 나는 다른 책에 내가 쓴 글을 다시 쓰고 싶어요. 하지만 마침표는 찍지 않을 거예요. 내 인생 전체가 순식간에 읽히도록. 나는 그 책에 『자살 일기』라고 제목을 달 거예요. 그리고 그 책에는 어떤 자서전 작가도 일찍이 한 적 없는 내용이 실릴 거예요. 나 자신의 죽음에 대해 묘사하는 거죠. 그 책은 내가 죽음의 알약을 삼키는 순간까지 기술될 거예요. 출판사에서 아주 감격할 걸요. 그 책은 대대적인 관심을 받게 될 거예요. 아주 큰 영향을 미칠 거예요."

"분명히 그럴 거예요. 당신은 앞으로도 기억될 겁니다."

내가 말했다. 사샤는 내 눈을 뚫어지게 바라보았다.

"로버트, 그래서 내가 글을 쓰는 거예요."

사샤가 말했다.

"그 책이 나오기 전에 다른 책이 몇 권 나오기를 바라요."

내가 말했다. 사샤가 웃었다.

우리는 몇 분 더 이야기를 나누었고, 이제 사샤가 갈 시간이 되었다. 애초에 우리는 그 다음 날 또 만날 계획을 잠정적으로 세워둔 적이 있었다. 그러나 사샤가 바쁘다고 해서 나는 더 이상 채근하지 않았다. 나는 사샤와 함께 다시 생제르맹 대로까지 걸어갔다. 우리가 지하철역까지 거의 다 왔을 때 카페에 앉아 있던 매력적인 젊은 여자가 벌떡 일어나더니 사샤에게 다가왔다. 여자는 사샤의 팔에 손을 얹으며 불어로 빠르게 말하기 시작했다. 나는 여자의 말을 많이 알아듣지 못했지만 여자가 사샤의 독자이고 열렬한 팬이라는 것, 그리고 여자가 사샤의 솔직함을 크게 존경한다는 것 정도는 알아들을 수 있었다. 여자가 말을 하는 동안 작가의 얼굴은 절망적인 노인의 얼굴에서 젊은 연인의 얼굴로 바뀌었다.

에필로그: 최종 분석

내가 과거의 나일 거라고 생각하지 말라.
— 윌리엄 셰익스피어, 『헨리 4세』 2부

나는 일주일 넘게 사무실에 앉아서 소파가 잠잠해지기를 기다리고 있다. 여행 중에 있었던 일을 음미하는 동안 이야기 여행으로 안내하는 소파가 시간과 장소에 따라 이리저리 계속 요동을 친다. 여행을 하면서 큰 기쁨을 느낀 순간도 있고 내 자신이 겸손해질 수밖에 없었던 순간도 있었다. 감화를 받은 적도 있고 혼란스러웠던 때도 있었다.

내가 사무실을 비운 사이 책상에 우편물이 쌓여 있었다. 한 동료가 내게 〈뉴요커〉 만화를 보내 주었다. 그 만화에서 내담자가 소파에 앉아 치료사에게 이렇게 말한다. '똑같은 꿈을 자꾸 꿔요. 어느 날 내가 어떤 결과를 볼 수도 있다는 꿈이요.'

아, 그렇다, 결과. 이 여행은 단순히 이야기의 결말을 지나치게 궁금해하는 60대 남자의 무모한 결정에서 비롯된 행동이 아니었다. 그것은 답을 찾기 위한 순례였다. 내가 내담자들에게 한 치료가 실제로 지속적으로 도움이 되었을까? 내담자들은 그들이 추구하는 삶을 찾았을까? 우리가 만나지 않았더라면 더 달콤하고 만족스러운 삶을 살았을까?

그것은 아주 중요한 질문이지만 할 수도 없는 질문이었다.

내 편지 더미에는 프레드릭 크루스의 기사도 있었다. 한 친구가 〈뉴욕 리뷰 오브 북스〉에서 오려낸 기사였다. 기사는 다음과 같이 시작한다.

> 치료 방법으로서의 정신분석이 제도적으로 설 자리를 잃어가고 있은 지 한참 되었다는 사실은 더 이상 심각한 논쟁거리가 아니다. 그 이유도 마찬가지이다. 어떤 내담자들은 깊은 통찰력이 생겼고 성격까지 바뀌었다고 주장한다. 그러나 전반적으로 정신분석은 신경증 증상을 제거하는, 굉장히 비효율적인 방법이며 설사 성공하더라도 결과가 변변치 않다는 것이 증명되었다. 정신분석은 또한 '신경증 증상이 끝났을 때 끝날' 가능성이 가장 적은 방법이기도 하다. 집중적인 분석을 받는 경험은 시간이 연장된 명상의 형태로는 진정으로 가치가 있을 수도 있다. 그러나 그럴 경우 치유보다는 더 많은 전향자를 양산할 가능성이 있다.

잡지에 그 기사가 나간 뒤로 그 기사가 촉발한 열띤 질문과 그에 반응하는 대답이 수개월 동안 그 기사 밑에 대거 실렸다. 즉 심리치료사들이 화를 내며 자신의 영역을 지키려는 주장을 폈다. 한편 크루스 교수는 그 치료사들을 과학적인 방법에 대해서는 무지한 사이비 과학자들이라고 공격한다. 이상하게도 그 글 중 어느 한 곳도 내 마음에 와 닿는 부분이 없다. 나는 내가 하는 이 일이 과학적인 실험이라는 착각은 하지 않는다.

사실 치료의 결과를 판단하는 과학적인 방법 역시 나에게는 전혀 큰 의미가 없다. 물론 그 이유가 아주 단순하고 꽤 순진할 수도 있다. 그것은 나는 개인의 삶을 비교할 수 없다고 믿기 때문이다. 치료를 받아온 사람 A와 치료를 받지 않은 사람 B, '플라시보(플라시보는 가짜 약을 뜻하며 플라시보 효과는 가짜 약을 복용한 뒤 심리적인 효과로 치료가 되는 현상을 말한다_옮긴이)' 치료를 받아온 사람 C의 결과를 비교하는 어떤 실험도 나에게 의미 있는 자료를 내놓을 수 있다고는 생각하지 않는다. 그것은 A와 B와 C라는 사람들이 그들이 당면한 문제와 성격 면에서 서로 아무리 비슷하다고 할지라도 나는 어김없이 그들의 차이, 그들 각각을 고유하게 만드는 차이, 평생 그들을 따라다닐 차이에 끌릴 것이기 때문이다.

나오미를 누구와 비교할까? 대안으로 다른 정체성을 택함으로써 낮은 자존감에 병적으로 대처하는 또 다른 여자와 비교할까? 다른 정체성을 택하면 그걸로 충분할까, 아니면 꼭 플라멩코 댄서를 택해야만 할까? 만일 그렇다면 자기혐오에 빠진 어머니 손에서 학대받으며 자란 어린 시절로부터 달아나는 플라멩코 댄서여야 할까? 이러한 특성과는 거리가 먼 정체성은 나오미에게 절대적으로 중요한 것을 간과하는 걸까? 그것은 상황에 대처하고 변하는 나오미 특유의 능력을 설명할 수 있을까? 그리고 누가 찰스를 위해 나의 '통제 집단'이 되어줄까? 그저 또 다른 동물성애자이면 될까? 혹은 북극곰에 강한 욕정을 느끼는 또 다른 남자여야 할까? 세스를 위해서는 누가? 사샤를 위해서는 누가?

좋든 나쁘든 나는 늘 심리치료를 과학보다는 예술로, 나 자신을 교조적인 이론가라기보다는 서정적인 치료사로 여겼다. 그래서 나는 치료의 결과를 내가 다른 예술 작품을 평가할 때처럼 똑같은 방식으로 평가하고 싶다. 즉 주관적으로, 직관적으로, 미학적으로, 상상력을 발휘해 평가하고, 그 평가를 맹신하고 싶다. 그러나 이러한 파악하기 힘든 맥락 내에서조차 치료의 결과를 평가하는 잣대가 명확하지 않음에도 나는 여전히 과학자들처럼 치료가 과연 도움이 되었는지의 여부를 알고 싶다. 더 나은 삶이 무엇을 의미하든 나에게 치료를 받았던 내담자들이 치료를 통해 '더 나은' 삶을 살게 되었을까?

내담자가 치료를 받고 나서 기분이 더 좋고, 그 뒤로도 몇 년 동안 대체로 그런 기분이 유지되었다고 말한다면 그것 역시 더 나은 삶이라고 할 수 있을 것이다. 예를 들어 나오미는 치료를 받은 뒤에 평생 동안 자기 증오의 감정에서 벗어났다. 세스는 자신을 무기력하게 만드는 우울증을 떨쳐낼 수 있었다. 메리는 더 이상 분노와 죄책감에 휩싸이지 않았다.

그러나 이 세 내담자 중 아무도 '완벽하게 치료되었다'고 말할 수는 없었다. 나오미는 나중에 또다시 8년 동안 어머니의 욕설을 겪으며 병이 재발했다. 그 기간 동안 끔찍한 자기증오 감정이 돌아와 나오미를 괴롭혔다. 그리고 세스는 수십 년 동안 점점 더 강하고 더 행복하고 더 긍정적인 기분으로 살아가다가 어느 날 갑자기 끔찍한 우울증에 빠졌다. 그는 그것을 가리켜 '신의 어두운 그림자'라고 칭했다. 그것에는 오로지 시간만이 약이었다. 세 내담자 중에서 메리만이 애당초 내 사무실을 찾아오게 만든 감정, 즉 가족 내에서 열등한 아이로 취급받았다는 사실에 대한 분노와 아버지의 죽음을 '빌었던' 것에 대한 죄의식이 치료를 받은 뒤에 영원히 메리를 떠났다고 말할 수 있었다. 그러나 메리도 마음 깊은 곳에서 아버지를 영원히 갈망하리라는 사실을 인정했다. 메리는 치료가 그 허전한 마음을 누그러뜨릴 수 있다고 생각하지 않았다. 그렇다, 세 내담자들 중 누구도 영원히 완벽하게 행복한 삶을 살지는 않았다.

그러나 여기서 주안점을 두어야 할 것은 대체로라는 말이다. 이 세 명의 내담자들은 치료를 받기 전의 몇 년 동안의 삶보다 치료를 받고 난 이후의 삶이 대체로 훨씬 더 좋았다고 말했다. 아니, 치료 결과로 나타난 이러한 감정을 비교할 통제 집단이 없어서 나는 이 세 내담자들 중 누군가가 혹은 그들 모두가 단순히 시간이 지나서 더 나아진 것은 아니라고 확실히 말할 수가 없다. 시간이 흐르면 인생의 어두운 시기를 상당히 '잊게 되는 법'이긴 하지만. 나는 단지 이 내담자들과 내가 나눈, 직감에 따른 대답, 그리고 치료에는 어떻게든 내담자들이 대체로 훨씬 더 좋은 감정을 느끼게 할 책임이 있다는 것에 의거해 판단할 수 있을 뿐이다.

그러나 나는 내가 재회한 다른 두 내담자들에 대해서는 분명 그런 말을 할 수가 없었다. 찰스도 사샤도 내가 두 사람을 처음 만났을 때 그들이 느꼈던 기분보다 내가 그들을 수십 년 뒤에 만났을 때의 기분이 크게 좋아지지는 않았다. 사샤는 이제 극단적인 외로움과 절망을 느끼며 고통받고 있었다. 하루하루 버티기 위해 항우울제를 복용했고, 자살을 생각하고 있었다. 우울증을 피하기 위한 것도 있지만 그것 못지않게 문학적인 이유도 있었다. 그리고 찰스 역시 외로워했고 약간 무감각해지기도 했다. 내가 처음에 찰스를 봤을 때 찰스는 '제정신이 아니기는' 했지만 지금보다 그때가 더 열정적이었고, 더 열정적으로 사랑을 했으며, 따라서 내 생각에 더욱 열정적으로 살고 있었다. 한창 혼외정사에 빠져 있던 사샤도 마찬가지였다. 사샤는 열정적이고 감정이 풍부했다. 두 사람 모두 예전에 더 열정적인 인생을 살았다. 그러나 공정하게 말하면 개인의 생존이라는 명목하에 찰스의 가장 강렬하고 깊은 감정을 박탈하고 무감각하게 할 수 있었던 것은 확실히 치료 덕택이다.

사샤는 '좋은 기분'과 '열정적인 기분'을 구분한 최초의 내담자일 것이다. 사샤에게 '좋은 기분'은 열정적으로 살 때의 기분에 비교하면 시시하고 대수롭지 않은 것이다. 사샤의 실존주의적 관점에서 보면, 아무 생각 없이 지복을 누리는 것보다는 열정적으로 비참한 것이 더 낫다. 많은 심리치료사들이 그런 사샤의 의견에 쌍수를 들어 동의한다. 심리치료사들 입장에서 단순히 '좋은 기분'이라는 말에서는 '멋진 신세계주의' 기미가 풍긴다. 프로작(우울증 치료제의 상품명_옮긴이)과 졸로푸트(체내 신경전달 물질의 양을 조절함으로써 항우울 효과를 나타내는 약_옮긴이) 같은 '분위기를 밝게 해주는 약'이 심도 있는 치료를 대신해 부상하고 있는 이 시대에는 특히 더하다. 프로작의 부수 이익 중 하나는 '대화' 치료를 하는 우리들이 프로작으로 인해 우리가 하려고 노력하고 있는 것이 단지 내담자들에게 더 좋은 기분을 느끼게 하는 것이 아니라면 대체 무엇을 위해서인지 더 자세히 규정할 수밖에 없다는 것이다.

프롬 박사가 치료의 목적을 생명애로 상정했을 때 프롬 박사는 단지 좋은 기분에 대해 이야기한 것이 아니었다. 생명애는 완전히 살아 있는 기분을 느끼는 것, 다양한 감정(대단한 행복감과 열정, 기쁨은 물론이고 비통과 연민, 슬픔을 포함해)에 더더욱 동참할 수 있는 것, 생산적으로 살 수 있는 것을 의미한다. 그것은 삶의 가능성을 인식하는 것, 삶을 향한 희망과 사랑의 태도를 의미한다. 생명애의 반대말인 시체성애증은 절망과 부정의 태도, 삶을 포기하는 것, 삶의 가능성을 좌절시키는 존재 방식을 의미한다.

이 기준에 따르면, 내가 찾아간 다섯 명의 내담자들 중에서 세스가 아마도 치료 중에, 그리고 그 이후로도 시체성애증에서 생명애로 가장 큰 변화를 보였다고 할 수 있다. (나는 프롬 박사의 지도 하에서 함께 치료를 했던 이 그룹의 한 내담자가 세스가 된 것은 우연이 아니라고 생각한다.) 내가 세스를 처음 만났을 때, 그는 자기 자신을 기계적인 물건으로 여기는 공상에 빠져 있었다. 내가 수십 년 뒤에 뉴멕시코에서 세스를 만났을 때 세스는 확실히 내가 만난, 마음의 중심이 가장 확고히 서 있고 삶을 포용하는 사람들 중 하나였다. 우리가 앨버커키에서 함께 긴 밤을 지내는 동안 세스에게 그동안 살면서 만일 치료를 받지 않았다면 겪지 못했을 경험이었겠구나, 하고 생각한 적이 있는지 물어본 적이 있다. 그러자 세스는 "치료를 받고 나서 내가 한 모든 경험이 치료 덕택에 가능해졌다."고 대답했다. 세스는 자신이 중년에 치명적인 우울증에 심하게 빠져든 것도 궁극적으로 더욱 완전하게 생동감 있는 삶을 아직 받아들일 준비가 되지 않아서, 즉 너무 빨리 '창문을 열어서' 그러한 삶을 살기 위해 겪은 과정으로 여겼다. 크루스 교수가 분석을 단순히 '연장된 명상의 한 형태'로 폄하하는 것을 세스가 듣는다면 보나마나 이런 반응을 보일 것이다.

"맙소사, 연장된 명상보다 삶을 더 풍요롭게 할 수 있는 게 뭐가 있죠?"

프롬 박사의 시체성애증–생명애 관점에서 메리 역시 논쟁의 여지가 없는 승자인 것 같다. 메리는 분노를 폭발하고 다른 '행동을 표출함으로써'만 덜 수 있었던 깊은 우울증에 빠진 상태로 치료를 시작했다. 그리고 치료가 끝났을 때는 강하고 다정한 여자로 변모했고 자신이 개척한 일과 가족에 전념하며 행복을 느꼈다. 내가 캘리포니아 북부로 메리를 찾아갔을 때 나는 삶에 대한 사랑으로 충만할 뿐 아니라 열심히 사랑을 전하며 살아가는 한 여자를 발견했다. 메리는 애정 어린 보살핌을 쏟으면 '연쇄 반응'이 일어나는 곳이라고 자신이 믿는 일터에 안착해 있었다. 메리는 삶에 대한 '애정 어린 태도'라고 프롬 박사가 규정한 치료의 목적을 확실히 달성했다. 이 말을 연하장에 적힌 입에 발린 이상적인 인사성 문구로 해석해서는 안 된다. 오히려 그것은 충만한 삶을 살기 위해 인생을 사랑해야만 하는, 실존주의적 삼단논법의 논리적인 결론이다.

나오미 역시 프롬 박사의 기준으로 보면 성공한 사례였다. 나오미는 소외감에 빠진 생기 없는 모습으로 시티 칼리지 사무실에 왔다가 활기차고 자신감 넘치는 모습으로 떠났다. 누구처럼 활기차고 자신감이 넘친다는 것이 마음에 걸리기는 했지만! 그 뒤로 나오미는 수십 년을 살면서 시체성애증 증상이 있는 어머니의 영향을 다시 잠깐 동안 받았다. 내가 플로리다로 나오미를 찾아갔을 때에도 나오미는 여전히 유대인으로서의 자신의 타고난 정체성을 완전히 포용하지 못했다. 그러나 그날 내가 겪은 나오미는 삶으로부터 뒷걸음치지 않고 한껏 충만하게 살고 있었다. 나오미가 기뻐하며 나에게 '놀랍지 않아요? 한 번 사는 인생에 그렇게 많은 사람이 될 수 있다는 것이?'라고 단언했을 때보다 생명애를 입증할 수 있는 더 나은 증거가 무엇이 있을 수 있을까?

그 말을 듣고 '제정신이 아니라고', 다중 인격 장애를 가진 여자의 헛소리라고 말할 치료사가 분명히 많을 것이다. 그러나 내 생각은 다르다. 나는 그 말을 삶에 대한 사랑의 선언이라고 받아들인다. 그리고 프롬 박사 역시 나와 동의할 거라고 생각하고 싶다.

치료가 얼마나 효과적이었나를 판단하는 또 한 가지 기준은 치료를 통해 내담자의 성격에 '핵심적인 변화'를 가져왔는가의 여부이다. 그 기준을 판단하는 것은 유독 어려운 일이다. 프롬 박사는 내담자의 행동을 '뜯어고치는 것'을 빈민가를 수리하는 일에 비교하면서 그러한 사실을 내비쳤다. '여기저기 몇 군데 손본다고 해도 빈민가는 여전히 빈민가일 뿐이죠.'

나는 그 기준을 구분할 때도 있고 구분하지 못할 때도 있다. 지속적인 '핵심적인' 자아를 구성하는 요소는 그리스인들 이후로 철학자들과 심리학자들을 몹시 괴롭혔다. 사샤가 나에게 '어설프게 손보는 것'을 조금만 하기를 원했을 때 그것이 잘못됐다고 느꼈다는 것을 나는 잘 안다. 나는 사샤의 인생에서 어떤 의미 있는 변화를 끌어내기 위해서는 그것보다 더 깊숙이 들어가야 할 거라고 믿었다. 그리고 내가 추호의 의심도 없이 말할 수 있는 한 가지는 나오미는 논쟁의 여지없는 핵심적인 변화를 이루었다는 것이었다. 나오미는 정체성을 바꾸었다. 아니, 그것은 너무 큰 변화일까?

나는 파리에서 돌아오는 비행기에서 어떤 책을 보다가 밀튼 에릭슨의 사례를 언급한 대목을 읽었다. 그 내용은 이러했다. 혈기왕성한 젊은 내담자가 자신이 예수님이라고 주장했다. 에릭슨의 치료법은 젊은이에게 목사 일을 찾아주는 것이었다. 아마 에릭슨은 예수님에게 영감을 받아 최고의 경지에 이른 치료를 실천했던 것 같다. 에릭슨은 내담자를 판단하지 않고 젊은이가 자아실현을 할 수 있도록 도와주기만 할 뿐 젊은이에게 어떤 개인적인 식견도 제시하지 않고 있었다.

프로작은 결코 할 수 없지만 심리치료가 할 수 있는 한 가지는 내담자에게 그 자신에 대한 지식을 제공하는 것이다. 프롬 박사는 정신분석은 '치료가 아니라 자아를 이해하는 도구…… 삶의 기술에 쓰이는 도구'로 간주되어야 한다고 썼다.

그 지식에는 자신의 인생에서 가장 중요한 주제, 자신의 진정한 욕망과 그 욕망을 둘러싼 갈등에 대한 인지, 외적인 현실이 초래하는 어려움과 내면의 공상이 초래하는 어려움의 차이가 포함될 것이다.

그러나 자아를 이해한다고 해서 반드시 기분이 더 좋아진다거나 심지어 파괴적인 행동 패턴이 바뀌는 것은 아니다. 사샤를 떠올리면 그 말이 이해가 될 것이다. 물론 사샤는 치료가 자신에게 엄청나게 도움이 되었다고 믿기는 했지만.

그것은 내담자가 나아졌다는 것이 무엇을 의미하는가, 하는 문제의 핵심을 찌른다. '더 나아졌다는 것'은 누구의 생각인가,

나의 생각인가 아니면 내담자의 생각인가? 칼 로저스는 다음과 같은 경고를 했다.

'다른 누군가에게 무엇이 가장 좋은지를 스스로 결정할 수 있는 권위가 있다고 생각하는 것은 위험한 철학이다.'

그리고 사스 박사는 그것을 더욱 직설적으로 표현했다.

'치료는 종교와 같다. 자유롭게 선택할 수 있어야 한다.'

그러나 만일 내가 내담자들에게 그들이 치료를 받는 목적을 선택하라고 허락한다고 치자. 그러면 나는 언제 그들이 그런 선택을 할 준비가 되어 있다고 자신할 수 있을까? 깊은 우울증에 빠져 있을 때? 조증이 가장 심각해졌을 때?

나는 개인적으로 또 다른 애매한 대답을 내놓을 수밖에 없다. 내담자들은 그 결정에 함축된 의미를 이해할 만큼 그들 자신을 잘 아는 시점에 그런 결정을 내릴 준비가 되어 있다. 그러나 그 이후에는 사스의 말이 옳다. 자유로운 선택이 보장되어야 한다.

35년 동안 심리치료를 하면서 이 문제에 있어서 사샤만큼 나를 강력히 시험한 사람은 없었다. 나는 지금도 파리에서 사샤를 만나고 나면 갈등을 한다. 무엇보다도 사샤가 치료를 받은 목적은 예술을 창조하는 능력을 되찾기 위해서였다. 사샤는 기가 막히게 그 목적을 달성하는 데 성공했다. 그리고 그 모든 성공을 나와 치료한 덕택으로 돌리는 확실한 사례로 남았다. 사샤의 예술의 소재는 그 자신이다. 그리하여 사샤는 치료를 통해 자신이 예술로 변모할 수 있는 방식을 알아냈다. 따라서 사샤의 관점에서 볼 때는 치료가 놀랄 만큼 크게 성공한 것이었다. 그러나 그러한 사례를 통해 나는 치료가 '치유보다는 전향자들을' 얻어낸다는 크루스 교수의 주장에 대해 생각하게 된다. 사샤는 심리치료에 대한 생각이 바뀌어 자기 자신과 다른 사람들을 이해하는 정신분석적인 틀을 만들었다. 그러나 그러한 이해를 통해 사샤의 삶이 바뀐 것은 전혀 없는 듯하다. 그래서 나는 사샤의 인생이 가장 마음 아프다. 그것은 극단적인 시체성애증으로 보인다. 사샤는 자기 자신을 알약을 먹고 주사를 맞는 대상으로 다루고, 또 다른 인간을 진정으로 사랑하지 못한다. 사샤는 삶을 그다지 사랑하지 않아서 좋은 책을 위해 자신의 삶을 희생할 것이다. 프롬 박사의 기준에서 보면 사샤에 대한 치료는 참담하게 실패한 걸까? 만일 사샤의 입장에서 초월적인 예술을 창조하는 것이 인식과 삶의 최고의 경지라면 사샤에게 시체성애증이 있다고 말하는 나는 누구일까? 차라리 사샤의 시체성애증이 있는 삶이 사샤의 생명애의 예술을 키우고, 예술은 사샤가 선택한 삶이라고 말해야 하지 않을까? 그러나 나는 결코 그 생각을 아주 편안하게 받아들이지는 못할 것이다. 맙소사, 사샤가 자살 일기를 정말로 쓴다면 나는 내가 사샤에게 도움을 못 주었다는 기분이 들 것이다.

찰스에 대해 내가 마음 아파하는 것은 사샤와는 정반대의 이유 때문이다. 찰스가 자신의 생물학적인 삶을 구하도록 내가 도운 것은 분명한 사실이다. 내 도움이 없었다면 찰스에게는 아무것도 남아 있지 않았을 것이다. 그러나 나는 찰스가 열정적인(몹시 위험하기는 했지만) 삶으로부터 돌아서도록 해 놓고 그것을 대신할 아주 만족스러운 삶을 찾도록 도와주지는 못했다. 나는 찰스가 맞닥뜨린 위기에 개입했을 뿐 그 이상의 도움을 줄 충분한 시간이 없었다. 찰스에게 더 많은 도움을 주지 못한 것이 아쉽다. 그러나 솔직히 찰스에게 얼마나 더 도움을 줄 수 있었을지도 확신이 서지 않는다.

그 생각을 하니 근본적인 의문이 떠올랐다. 내담자들이 인생에서 어떤 진전을 보이든 그것이 내 덕분인지 내가 어떻게 알 수 있을까? 즉 '나아진다는 것'이 무엇을 의미하는지 내가 아주 확실하게 알고 있다고 하더라도 다른 어떤 것이 아닌, 치료가 나아지게 된 원인이라고 내가 어떻게 확신할 수 있겠는가?

세스가 그 질문에 딱 들어맞는 흥미로운 사례를 제공한다. 나는 1968년에 마지막으로 세스를 보고 나서 26년 뒤에 세스를 찾아갔다. 그 사이에 세스는 롤핑 요법에서 영계와의 교류를 구하는 의식에 이르는, 무려 스물네 가지의 다양한 치료와 정신적 성장 프로그램에 심취해 있었다. 오히려 세스가 나와 치료를 한 덕택에 세스의 인생에서 엄청난 변화가 일어난 것이라면?

나는 세스와 재회했을 때 어느 시점에 세스에게 그 질문을 했다. 세스는 웃으며 대답했다.

"그 모든 것이 한몫했어요. 내가 만난 모든 사람 역시 그 점에서 도움이 되었고요. 나는 내 모든 경험의 총체예요. 그러나 당신과 함께 치료를 한 덕택에 나는 이 길로 들어섰고, 그 점에 있어서 당신에게 늘 감사하게 생각하죠."

물론 나도 세스의 말을 철석같이 믿고 싶다.

크루스 교수는 레스터 루보르스키가 시행한 치료 결과에 대한 연구를 인용하며 다음과 같은 문제를 제기한다. 우리가 특정한 내용의 치료를 받은 뒤에 어떤 식으로 '치유'가 되었든 그 치료가 얼마만큼 기여를 했다고 볼 수 있을까? 크루스 교수는 말한다.

"고객들에게 믿음을 심어주는 건 현존하는 각각의 무수한 심리치료에 동기를 부여한다는 점에서 분명 유용할 것이다. 그 심리치료가 유아기에 겪은 억압을 해소하는 일, 내면의 아이와 접촉하는 일, 집단 무의식에 넘어가는 일, 혹은 전생을 다시 체험하는 일에 관한 것이든 아니든. 그러나 루보르스키의 생각처럼 그러한 개념은 더 세속적이고 효과가 미미한 과정을 거쳐 세심한 조력자를 임대받기 위한 겉치레에 불과하다."

그런 식의 공격에 분노하는 것이 마땅하지만 나는 분노하지 않는다. 아마 나도 나이가 들어가다 보니 불같이 화를 내는 일에 무뎌지는 모양이다. 그러나 나는 내담자들에 대한 내 애정이 커져서 결국 누구 혹은 무엇 때문에 그들이 성공적으로 치료가 되었는지의 문제는 나에게 그다지 중요하지 않다고 생각하고 싶다. 이유야 어찌되었든 내담자들이 만족스러운 삶을 사는 모습을 보는 것만으로도 나는 아주 감사하고 행복할 따름이다.

사실을 말하자면, 설사 크루스 교수가 내가 내담자들에게 제공한 치료가 알고 보니 손을 잡아 주고 귀로 들으며 공감해주는, '세심한 조력자'의 단순한 역할에 지나지 않았다는 것을 입증한다고 해도 나는 정말 개의치 않을 것이다. 어쩌면 나는 그 점에 대해 큰 자부심을 느낄 것이다. 나는 내가 그런 일을 잘한다고 생각한다.

내가 추적 연구를 위해 떠난 여행을 돌아보니 세스가 한 말이 떠오른다.

"당신은 평생을 바쳐 한 일이 어떤 성과를 거두었는지 결국 알아내야 직성이 풀릴 만큼 정말 욕심이 많아요!"

나는 내가 내담자들에게 영향을 주었다고 생각한다. 앞으로 21세기에 심리치료가 어떤 신비로운 마법, 즉 변신과 자기 인식을 하기 위한 맹탕의 어설픈 방식으로 간주되는 건 아닌지 가끔씩 생각한다. 그러니까 내가 지금 악령 쫓는 의식을 연상하듯 내손주들이 심리치료에 대해 그런 식으로 생각하게 될지 모른다. 그러나 설사 그런 생각을 한다고 해도 기분이 언짢지는 않다. 나는 메리의 아들 제어드가 나에게 했던 질문을 계속 떠올린다.

"그래서 평결이 어떻게 나왔나요? 심리치료가 효과가 있는 건가요?"

그리고 맬이 나 대신에 대답한다.

"효과가 있을 때만 효과가 나타나는 게 아닐까요."

결국 그것만이 내가 찾을 수 있었던 대답이다.

내 사무실의 소파가 마침내 요동치지 않는다. 프롬 박사가 예전에 내게 했던 말이 문득 떠오른다.

"나는 내담자 한 사람 한 사람을 서사시의 영웅으로 생각해요."

나는 그 생각이 늘 마음에 들었지만 여행을 떠나기 전까지는 그 말을 완전히 이해하지 못했던 것 같다. 나는 한 사람의 인생이 순수한 서사시와 다를 게 없다는 것을 이제야 알았다. 나오미와 찰스, 세스, 메리, 사샤가 그들이 직면한 온갖 장애물에도 불구하고 젊은 시절부터 중년에 이르기까지 꿋꿋이 인생을 헤쳐나갈 수 있었다는 사실만으로도 나는 크게 감동을 받았다. 나는 여행을 하고 돌아오면서 인간의 생존 능력에 경외감을 느꼈다. 그 능력이야말로 영웅적이라는 생각이 든다. 그리고 치료는 효과가 있든 없든 그 능력에 비할 바가 못 된다.